Como as democracias morrem

Steven Levitsky e Daniel Ziblatt

Como as democracias morrem

Tradução:
Renato Aguiar

Prefácio:
Jairo Nicolau
Professor titular do Departamento de Ciência Política da UFRJ

20ª reimpressão

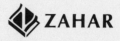

*A nossas famílias: Liz Mineo e Alejandra Mineo-Levitsky
& Suriya, Lilah e Talia Ziblatt*

Copyright © 2018 by Steven Levitsky e Daniel Ziblatt

Tradução autorizada, mediante acordo com Baror International, da primeira edição americana, publicada por Crown Publishing, uma divisão de Penguin Random House LLC, de Nova York.

A editora não se responsabiliza por links ou sites aqui indicados, nem pode garantir que eles continuarão ativos e/ou adequados, salvo os que forem propriedade da Editora Schwarcz S.A.

Grafia atualizada segundo o Acordo Ortográfico da Língua Portuguesa de 1990, que entrou em vigor no Brasil em 2009.

Título original
How Democracies Die

Capa
Estúdio Insólito

Preparação
Diogo Henriques

Revisão
Carolina Sampaio
Édio Pullig

CIP-Brasil. Catalogação na publicação
Sindicato Nacional dos Editores de Livros, RJ

L647c	Levitsky, Steven, 1968-
Como as democracias morrem / Steven Levitsky, Daniel Ziblatt; tradução Renato Aguiar. — 1ª ed. — Rio de Janeiro: Zahar, 2018.
Tradução de: How Democracies Die.
Inclui índice
ISBN 978-85-378-1800-8
1. Democracia – Estados Unidos. 2. Cultura política – Estados Unidos. 3. Estados Unidos – Política e governo – 2017-. I. Ziblatt, Daniel. II. Aguiar, Renato. III. Título.		
		CDD: 321.80973
18-50974		CDU: 321.7(73)

Meri Gleice Rodrigues de Souza – Bibliotecária – CRB-7/6439

Todos os direitos desta edição reservados à
EDITORA SCHWARCZ S.A.
Praça Floriano, 19, sala 3001 – Cinelândia
20031-050 – Rio de Janeiro – RJ
Telefone: (21) 3993-7510
www.companhiadasletras.com.br
www.blogdacompanhia.com.br
facebook.com/editorazahar
instagram.com/editorazahar
twitter.com/editorazahar

Sumário

Prefácio, por Jairo Nicolau   7

Introdução   13

1. Alianças fatídicas   23
2. Guardiões da América   41
3. A grande abdicação republicana   59
4. Subvertendo a democracia   76
5. As grades de proteção da democracia   99
6. As regras não escritas da política norte-americana   117
7. A desintegração   141
8. Trump contra as grades de proteção   169
9. Salvando a democracia   194

Notas   219
Agradecimentos   260
Índice remissivo   261

Prefácio

Democracias tradicionais entram em colapso? Essa é a questão que Steven Levitsky e Daniel Ziblatt – professores de Harvard e estudiosos importantes da área – respondem aqui. Publicado nos Estados Unidos e na Inglaterra no começo de 2018, *Como as democracias morrem* rapidamente se transformou no trabalho com maior repercussão sobre o assunto, o que pode ser atestado pelas resenhas elogiosas nos principais jornais e pelo grande número de entrevistas dos autores disponíveis no YouTube. É sintomático que um estudo sobre a crise das democracias tenha despertado tanto interesse nas duas mais tradicionais democracias do mundo.

Para nós brasileiros, essa é uma questão histórica que voltou a ser muito presente de 2013 para cá, período em que temos vivido com a sensação permanente de que algumas coisas estão fora de lugar no nosso sistema político. Por isso, é fundamental aprender sobre os riscos enfrentados pelas democracias tradicionais, em especial a norte-americana.

Lembro que quando comecei a cursar o mestrado, no final dos anos 1980, a literatura sobre transição democrática estava em alta. Uma das principais preocupações da ciência política na época era entender em que condições um regime político autoritário torna-se democrático. Os textos de Juan Linz e Guillermo O'Donnell eram lidos em todo o mundo, mas conquistaram interesse especial em países que, como o Brasil, faziam a passagem de um governo militar para um regime político aberto.

De lá para cá, o número de países democráticos não parou de crescer. O aumento se deveu, sobretudo, à transição dos países comunistas do Leste Europeu, ao fim das ditaduras latino-americanas e à criação de instituições democráticas em diversos países africanos recém-independentes. Segundo o *Polity Project* (projeto que classifica o regime político dos países ao longo do tempo), em 1985 havia 42 democracias, onde moravam 20% da população mundial. Em 2015, o número saltou para 103, com 56% da população mundial.

A maré democrática motivou uma outra corrente de estudos: as pesquisas sobre a qualidade e a performance desses governos. O propósito era, sobretudo, comparar democracias, de modo a identificar fatores associados ao melhor desempenho de algumas delas em uma série de quesitos. Por que as mulheres e minorias étnicas são representadas em maior número em alguns países? Existe alguma relação entre as regras eleitorais e o grau de corrupção? Por que mais cidadãos comparecem para votar em alguns países do que em outros? O investimento em políticas sociais é maior em países federalistas e descentralizados?

A última onda de entusiasmo com a transição de regimes fechados para a democracia foi a Primavera Árabe (fim de 2010 e começo de 2011). Naquele momento seria difícil imaginar que, poucos anos depois, um dos temas centrais da reflexão política seria a "recessão democrática" – expressão cunhada pelo cientista político norte-americano Larry Diamond para descrever o fim do processo contínuo de ampliação de democracias no mundo. O fracasso da democratização nos países que promoveram a Primavera Árabe (apenas a Tunísia conseguiu fazer uma passagem bem-sucedida) e a reversão de experiências similares incipientes na África, no Leste Europeu e na Ásia ensejaram um novo ciclo de análises, em geral pessimistas, sobre os Estados democráticos.

Inicialmente, a ideia de recessão democrática estava associada às dificuldades de surgimento de novos governos desse tipo desde meados da década de 2000. Nos últimos anos, porém, a preocupação dos estudiosos passou a ser a crise das democracias consolidadas. A pergunta agora é: democracias tradicionais entram em colapso? Há uma diferença fundamental entre saber por que ela não se consolidou no Egito e em que medida poderia entrar em colapso na Itália. Mas, de uma forma ou de outra, o termo recessão democrática passou a designar os dois processos.

Em *Como as democracias morrem*, Levitsky e Ziblatt fazem referência a diversos contextos de declínio democrático no mundo, mas sua preocupação central é com a crise do sistema político norte-americano – sobretudo a partir das ameaças trazidas pela ascensão de Donald Trump. Dessa forma, a campanha eleitoral de Trump, em 2016, e seus primeiros meses de governo, em 2017, recebem atenção especial dos autores, ocupando espaço privilegiado em sua análise.

Entre os diversos achados do livro, destaco dois. O primeiro diz respeito à mudança nas regras de escolha dos candidatos a presidente e como isso teria "facilitado" a ascensão de um outsider como Trump. Durante décadas, os candidatos que concorriam pelos dois partidos eram escolhidos por um pequeno grupo de dirigentes partidários; escolha que, nas palavras dos autores, acontecia "em conversas de bastidores em salas enfumaçadas". A partir de 1972 a vasta maioria dos delegados das convenções dos partidos Republicano e Democrata passou a ser escolhida em primárias. Ou seja, a decisão de quem será o candidato do partido deixou de ser feita por um pequeno grupo de dezenas de dirigentes para ser feita por milhões de eleitores.

Se as primárias garantem que cidadãos comuns influenciem na escolha do candidato que concorrerá pelo partido, por outro lado, elas podem ocorrer de modo tal que os líderes tradicionais percam o controle do processo de escolha do candidato. Foi o que aconteceu com Trump. Embora sem suporte dos "caciques" do partido, ele garantiu sua indicação por conta do grande apoio que recebeu dos eleitores. Com a meteórica ascensão de Trump, dizem Levitsky e Ziblatt, os dirigentes republicanos acabaram por perder sua função de "guardiões da democracia".

Sou de uma geração fortemente influenciada pelo *institucionalismo*, que é o nome de uma das principais correntes da ciência política contemporânea. A maioria dos estudos de corte institucionalista enfatiza o peso das normas legais e arranjos institucionais para explicar o comportamento político. Mas, contrariando um pouco essa ideia, os autores conferem um papel primordial às regras informais em *Como as democracias morrem*. Esse é o segundo ponto que destaco do livro.

Em uma passagem em que analisam o papel das regras informais, os autores lembram as normas que regem o basquete de meia quadra nos

Estados Unidos. Impossível não fazer analogia com as regras informais que regem a famosa pelada jogada no Brasil. Na minha infância o esquema era dez minutos ou dois gols, o que acontecesse primeiro determinava o fim da partida; o time que ganha fica, o de fora entra; se nenhum jogador quiser ir para o gol, o rodízio é compulsório. Para Levitsky e Ziblatt, em um regime democrático é esperado que os dirigentes políticos acatem as normas informais do jogo: "A democracia, claro, não é basquete de rua", dizem eles, "porém, regras escritas e árbitros funcionam melhor, e sobrevivem mais tempo, em países em que as constituições escritas são fortalecidas por suas próprias regras não escritas do jogo."

As duas regras informais decisivas para o funcionamento de uma democracia seriam a tolerância mútua e a reserva institucional. Tolerância mútua é reconhecer que os rivais, caso joguem pelas regras institucionais, têm o mesmo direito de existir, competir pelo poder e governar. A reserva institucional significa evitar as ações que, embora respeitem a letra da lei, violam claramente o seu espírito. Portanto, para além do texto da Constituição, uma democracia necessitaria de líderes que conheçam e respeitem as regras informais.

Outro tema central presente no livro é a reforma política. Para os brasileiros, que há duas décadas ouvem falar da reforma política no imperativo, as passagens sobre o assunto mostram como duas democracias podem ter desafios tão diferentes. Nos Estados Unidos, por exemplo, um ponto fundamental é definir como os distritos eleitorais serão delineados, uma vez que evitar o *gerrymandering* – manipulação do desenho dos distritos para favorecer determinados grupos – é uma das principais questões para países que usam o voto distrital. Esse não é o nosso caso, já que escolhemos nossos deputados utilizando o sistema proporcional.

Os norte-americanos também precisam lidar com o grande número de adultos não registrados como eleitores, pois as regras de inscrição variam de estado para estado e são muito exigentes em alguns deles, excluindo um contingente expressivo de eleitores. Já no Brasil, com o registro obrigatório e o cadastro nacional de eleitores, esse problema não existe. Para combater a situação, os autores defendem, entre outras medidas, a introdução do

Prefácio

voto obrigatório nos Estados Unidos; esse mesmo que usamos desde os anos 1930, e que para muitos (não para mim) é um dos maiores problemas da democracia brasileira.

Como disse no início, estamos atravessando desde 2013 um momento turbulento que nos faz ter a sensação de que algo está fora da ordem em nossa democracia. E isso torna o livro de Steven Levitsky e Daniel Ziblatt ainda mais importante para nós. Entender o modo com que regimes democráticos tradicionais e consolidados são enfraquecidos de modo "legal", por dentro, é fundamental. E *Como as democracias morrem* realmente nos ajuda nessa tarefa.

JAIRO NICOLAU[*]

---

[*] Jairo Nicolau é cientista político, professor titular do Departamento de Ciência Política da Universidade Federal do Rio de Janeiro (UFRJ) e pesquisador do CNPq. Autor de diversos livros, publicou pela Zahar *História do voto no Brasil* (2002), *Eleições no Brasil* (2012) e *Representantes de quem?* (2017).

Introdução

A DEMOCRACIA NORTE-AMERICANA está em perigo? Essa é uma pergunta que nós nunca pensamos que faríamos. Somos colegas há quinze anos, refletindo, escrevendo, ensinando aos alunos sobre fracassos da democracia em outros lugares e tempos – os sombrios anos 1930 na Europa, os repressivos anos 1970 na América Latina. Passamos anos pesquisando novas formas de autoritarismo que surgiam em todo o mundo. Para nós, tem sido uma obsessão estudar como e por que as democracias morrem.

Agora, contudo, voltamos a atenção para o nosso próprio país. Ao longo dos últimos dois anos, vimos políticos dizendo e fazendo coisas sem precedentes nos Estados Unidos – mas que reconhecemos como precursoras de crises democráticas em outros países. Sentimos medo, como muitos de nossos compatriotas, mesmo quando tentamos nos tranquilizar, repetindo a nós mesmos que *as coisas aqui não podem estar tão ruins assim*. Afinal de contas, embora saibamos que as democracias são sempre frágeis, a democracia em que vivemos de certo modo conseguiu desafiar a gravidade. Nossa Constituição, nosso credo nacional de liberdade e igualdade, nossa classe média historicamente robusta, nossos altos níveis de saúde e educação, nosso setor privado diversificado – tudo isso deveria nos imunizar contra o tipo de colapso democrático que aconteceu em outras partes do mundo.

No entanto, estamos preocupados. Os políticos norte-americanos agora tratam seus rivais como inimigos, intimidam a imprensa livre e ameaçam rejeitar o resultado de eleições. Eles tentam enfraquecer as salvaguardas institucionais de nossa democracia, incluindo tribunais, serviços de inteligência, escritórios e comissões de ética. Os estados norte-americanos, outrora louvados pelo grande jurista Louis Brandeis como "laboratórios de democracia", correm o risco de se tornar laboratórios de autoritarismo, à medida que os que estão no poder reescrevem regras eleitorais, redesenham distritos eleitorais e até mesmo rescindem direitos eleitorais para garantir que não perderão. E em 2016, pela primeira vez na história dos Estados Unidos, um homem sem nenhuma experiência em cargos públicos, com aparente pouco compromisso no que diz respeito a direitos constitucionais e dono de claras tendências autoritárias foi eleito presidente.

O que significa tudo isso? Estamos vivendo o declínio e queda de uma das mais velhas e mais bem-sucedidas democracias do mundo?

Ao meio-dia de 11 de setembro de 1973, depois de meses de tensão crescente nas ruas de Santiago, no Chile, jatos Hawker Hunter de fabricação britânica mergulharam em rasantes, lançando bombas sobre La Moneda, o palácio presidencial neoclássico no centro da cidade. Enquanto as bombas continuavam a cair, o edifício ardeu em chamas. O presidente Allende, eleito três anos antes como líder de uma coalizão de esquerda, estava entrincheirado no palácio. Ao longo do seu mandato, o Chile estivera tomado pela inquietação social, a crise econômica e a paralisia política. Allende dissera que não abandonaria o posto até ter cumprido seu dever – mas agora chegara o momento da verdade. Sob o comando do general Augusto Pinochet, as forças armadas chilenas estavam tomando o controle do país. De manhã cedo naquele dia fatídico, Allende propôs palavras de desafio num pronunciamento em cadeia nacional de rádio, esperando que seus muitos apoiadores fossem às ruas em defesa da democracia. Mas a resistência nunca se materializou. A polícia militar que guardava o palácio o abandonara; seu pronunciamento foi recebido com silêncio. Em poucas horas, Allende estava morto. E, desse modo, também a democracia chilena.

É assim que tendemos a pensar na morte de democracias: nas mãos de homens armados. Durante a Guerra Fria, golpes de Estado foram responsáveis por quase três em cada quatro colapsos democráticos. As democracias em países como Argentina, Brasil, Gana, Grécia, Guatemala,

Nigéria, Paquistão, Peru, República Dominicana, Tailândia, Turquia e Uruguai morreram dessa maneira. Mais recentemente, golpes militares derrubaram o presidente egípcio Mohamed Morsi em 2013 e a primeira-ministra tailandesa Yingluck Shinawatra em 2014. Em todos esses casos, a democracia se desfez de maneira espetacular, através do poder e da coerção militares.

Porém, há outra maneira de arruinar uma democracia. É menos dramática, mas igualmente destrutiva. Democracias podem morrer não nas mãos de generais, mas de líderes eleitos – presidentes ou primeiros-ministros que subvertem o próprio processo que os levou ao poder. Alguns desses líderes desmantelam a democracia rapidamente, como fez Hitler na sequência do incêndio do Reichstag em 1933 na Alemanha. Com mais frequência, porém, as democracias decaem aos poucos, em etapas que mal chegam a ser visíveis.[1]

Na Venezuela, por exemplo, Hugo Chávez era um outsider político que atacava o que ele caracterizava como uma elite governante corrupta, prometendo construir uma democracia mais "autêntica", que usasse a imensa riqueza em petróleo do país para melhorar a vida dos pobres. Com habilidade, e tirando proveito da ira dos venezuelanos comuns, muitos dos quais se sentiam ignorados ou maltratados pelos partidos políticos estabelecidos, Chávez foi eleito em 1998. Como disse uma mulher em Barinas, o estado natal de Chávez, na noite da eleição: "A democracia está infectada. E Chávez é o único antibiótico que temos."[2]

Quando Chávez lançou a sua prometida revolução, ele o fez democraticamente. Em 1999, realizou eleições para uma nova Assembleia Constituinte, na qual seus aliados conquistaram uma maioria esmagadora. Isso permitiu que os chavistas escrevessem sozinhos uma nova Constituição. Foi uma Constituição democrática, contudo, e, para fortalecer sua legitimidade, novas eleições presidenciais e legislativas foram realizadas no ano 2000. Chávez e seus aliados também as ganharam. O populismo de Chávez desencadeou uma intensa oposição, e, em abril de 2003, ele foi brevemente derrubado pelos militares. Mas o golpe falhou, permitindo que reivindicasse para si uma legitimidade ainda maior.

Foi somente em 2003 que Chávez deu seus primeiros passos claros rumo ao autoritarismo. Com o apoio público enfraquecendo, ele postergou um referendo liderado pela oposição que o teria destituído – adiando-o para o ano seguinte, quando os preços do petróleo, em forte alta, impulsionaram sua posição o bastante para que ele ganhasse. Em 2004, o governo fez uma lista negra dos que tinham assinado a petição para o referendo e aparelhou a Suprema Corte, alterando sua composição, mas a reeleição esmagadora de Chávez em 2006 permitiu que ele mantivesse um verniz democrático. O regime chavista se tornou mais repressivo depois de 2006, fechando uma importante emissora de televisão, prendendo ou exilando políticos, juízes e figuras da mídia oposicionistas com acusações dúbias e eliminando limites aos mandatos presidenciais para que Chávez pudesse permanecer indefinidamente no poder. Quando Chávez, então morrendo de câncer, foi reeleito em 2012, a disputa foi livre, mas não justa: o chavismo controlava grande parte da mídia e desdobrou a vasta máquina do governo em seu favor. Após a morte de Chávez um ano depois, seu sucessor, Nicolás Maduro, ganhou outra eleição questionável, e, em 2014, seu governo prendeu um dos principais líderes da oposição. Ainda assim, a vitória acachapante da oposição nas eleições legislativas de 2015 pareceu desmentir a afirmação dos críticos de que a Venezuela não era mais democrática. Só quando uma Assembleia Constituinte unipartidária usurpou o poder do Congresso em 2017, quase duas décadas depois de Chávez ter sido eleito presidente pela primeira vez, a Venezuela foi amplamente reconhecida como uma autocracia.

É assim que as democracias morrem agora. A ditadura ostensiva – sob a forma de fascismo, comunismo ou domínio militar – desapareceu em grande parte do mundo.[3] Golpes militares e outras tomadas violentas do poder são raros. A maioria dos países realiza eleições regulares. Democracias ainda morrem, mas por meios diferentes. Desde o final da Guerra Fria, a maior parte dos colapsos democráticos não foi causada por generais e soldados, mas pelos próprios governos eleitos.[4] Como Chávez na Venezuela, líderes eleitos subverteram as instituições democráticas em países como Geórgia, Hungria, Nicarágua, Peru, Filipinas, Polônia, Rússia, Sri Lanka, Turquia e Ucrânia. O retrocesso democrático hoje começa nas urnas.

A via eleitoral para o colapso é perigosamente enganosa. Com um golpe de Estado clássico, como no Chile de Pinochet, a morte da democracia é imediata e evidente para todos. O palácio presidencial arde em chamas. O presidente é morto, aprisionado ou exilado. A Constituição é suspensa ou abandonada. Na via eleitoral, nenhuma dessas coisas acontece. Não há tanques nas ruas. Constituições e outras instituições nominalmente democráticas restam vigentes. As pessoas ainda votam. Autocratas eleitos mantêm um verniz de democracia enquanto corroem a sua essência.

Muitos esforços do governo para subverter a democracia são "legais", no sentido de que são aprovados pelo Legislativo ou aceitos pelos tribunais. Eles podem até mesmo ser retratados como esforços para *aperfeiçoar* a democracia – tornar o Judiciário mais eficiente, combater a corrupção ou limpar o processo eleitoral. Os jornais continuam a ser publicados, mas são comprados ou intimidados e levados a se autocensurar. Os cidadãos continuam a criticar o governo, mas muitas vezes se veem envolvidos em problemas com impostos ou outras questões legais. Isso cria perplexidade e confusão nas pessoas. Elas não compreendem imediatamente o que está acontecendo. Muitos continuam a acreditar que estão vivendo sob uma democracia.[5] Em 2011, uma pesquisa da Latinobarómetro perguntou aos venezuelanos que nota dariam a seu país de 1 ("nada democrático") a 10 ("completamente democrático"), e 51% das respostas deram nota 8 ou mais.

Como não há um momento único – nenhum golpe, declaração de lei marcial ou suspensão da Constituição – em que o regime obviamente "ultrapassa o limite" para a ditadura, nada é capaz de disparar os dispositivos de alarme da sociedade. Aqueles que denunciam os abusos do governo podem ser descartados como exagerados ou falsos alarmistas. A erosão da democracia é, para muitos, quase imperceptível.

ATÉ QUE PONTO a democracia norte-americana é vulnerável a essa forma de retrocesso? Suas fundações são sem dúvida mais fortes do que as de países como Venezuela, Turquia ou Hungria. Mas serão fortes o bastante?

Responder a essa pergunta exige que nos afastemos das manchetes e plantões de notícias cotidianos para ampliar nossa visão, tirando lições das experiências de outras democracias mundo afora e ao longo da história. Estudar crises em outras democracias permite uma melhor compreensão dos desafios enfrentados pela própria democracia americana. Com base na experiência histórica de outras nações, por exemplo, fomos capazes de conceber uma prova dos nove para ajudar a identificar potenciais autocratas antes de eles chegarem ao poder. Nós podemos aprender com os erros cometidos por líderes democráticos do passado ao abrirem a porta para intenções autoritárias, mas também com as estratégias usadas por outras democracias para manter os extremistas fora do poder. Uma abordagem comparativa também revela como autocratas eleitos em diferentes partes do mundo empregam estratégias notavelmente semelhantes para subverter as instituições democráticas. À medida que esses padrões se tornam visíveis, os passos rumo ao colapso se tornam menos ambíguos – e mais fáceis de combater. Saber como cidadãos em outras democracias resistiram com sucesso a autocratas eleitos, ou por que tragicamente não conseguiram fazê-lo, é essencial para aqueles que procuram defender a democracia norte-americana hoje.

Nós sabemos que demagogos extremistas surgem de tempos em tempos em todas as sociedades, mesmo em democracias saudáveis. Os Estados Unidos tiveram o seu quinhão, incluindo Henry Ford, Huey Long, Joseph McCarthy e George Wallace. O teste essencial para a democracia não é se essas figuras surgem, mas, antes de tudo, se líderes políticos e especialmente os partidos políticos trabalham para evitar que eles acumulem poder – mantendo-os fora das chapas eleitorais dos partidos estabelecidos, recusando-se a endossar ou a se alinhar com eles e, quando necessário, juntando forças com rivais para apoiar candidatos democráticos. Isolar extremistas populares exige coragem política. Porém, quando o medo, o oportunismo ou erros de cálculo levam partidos estabelecidos a trazerem extremistas para as correntes dominantes, a democracia está em perigo.

Uma vez que um aspirante a ditador consegue chegar ao poder, a democracia enfrenta um segundo teste crucial: irá ele subverter as instituições democráticas ou ser constrangido por elas? As instituições isoladamente não são o bastante para conter autocratas eleitos. Constituições têm que ser defendidas – por partidos políticos e cidadãos organizados, mas também por normas democráticas. Sem normas robustas, os freios e contrapesos constitucionais não servem como os bastiões da democracia que nós imaginamos que eles sejam. As instituições se tornam armas políticas, brandidas violentamente por aqueles que as controlam contra aqueles que não as controlam. É assim que os autocratas eleitos subvertem a democracia – aparelhando tribunais e outras agências neutras e usando-os como armas, comprando a mídia e o setor privado (ou intimidando-os para que se calem) e reescrevendo as regras da política para mudar o mando de campo e virar o jogo contra os oponentes. O paradoxo trágico da via eleitoral para o autoritarismo é que os assassinos da democracia usam as próprias instituições da democracia – gradual, sutil e mesmo legalmente – para matá-la.

Os Estados Unidos fracassaram no primeiro teste em novembro de 2016, quando elegemos um presidente cuja sujeição às normas democráticas é dúbia. A surpreendente vitória de Donald Trump foi viabilizada não apenas pela insatisfação das pessoas, mas também pelo fracasso do Partido Republicano em impedir que um demagogo extremista em suas próprias fileiras conquistasse a indicação.

Até que ponto a ameaça é séria agora? Muitos analistas se fiam na Constituição, que foi projetada justamente para frustrar e conter demagogos como Donald Trump. O sistema madisoniano de freios e contrapesos do país já durou mais de dois séculos. Sobreviveu à Guerra Civil, à Grande Depressão, à Guerra Fria e a Watergate. Então, com certeza será capaz de sobreviver a Trump.

Não temos tanta certeza. Historicamente, o sistema de freios e contrapesos *tem funcionado* bastante bem – mas não, ou não inteiramente, em função do sistema constitucional projetado pelos fundadores. As democracias funcionam melhor – e sobrevivem mais tempo – onde as constituições são reforçadas por normas democráticas não escritas. Duas normas básicas preservaram os freios e contrapesos dos Estados Unidos, a ponto de as tomarmos como naturais: a tolerância mútua, ou o entendimento de que partes concorrentes se aceitem umas às outras como rivais legítimas, e a contenção, ou a ideia de que os políticos devem ser comedidos ao fazerem uso de suas prerrogativas institucionais. Essas duas normas sustentaram a democracia dos Estados Unidos durante a maior parte do século XX. Os líderes dos dois maiores partidos se aceitaram como legítimos e resistiram à tentação de usar seu controle temporário das instituições em favor da máxima vantagem partidária. Normas de tolerância e comedimento serviam como grades flexíveis de proteção da democracia norte-americana, ajudando a evitar o tipo de luta sectária mortal que destruiu democracias em outras partes do mundo, inclusive a Europa nos anos 1930 e a América do Sul nos anos 1960 e 1970.

Hoje, contudo, as grades de proteção da democracia nos Estados Unidos estão se enfraquecendo. A erosão das normas democráticas começou nos anos 1980 e 1990 e se acelerou nos anos 2000. Na época em que Barack Obama foi eleito presidente, muitos republicanos questionaram a legitimidade de seus rivais do Partido Democrata e abandonaram a contenção em nome de uma estratégia de ganhar por quaisquer meios necessários. Donald Trump pode ter acelerado esse processo, mas não o causou. Os desafios que confrontam a democracia norte-americana são de um nível mais profundo. O enfraquecimento de nossas normas democráticas está enraizado na polarização sectária extrema – uma polarização que se estende além das diferenças políticas e adentra conflitos de raça e cultura. Os esforços dos Estados Unidos para alcançar a igualdade racial enquanto a sociedade norte-americana se torna cada vez mais diversa alimentaram uma reação insidiosa e a intensificação da polarização.[6] E, se uma coisa é clara ao estudarmos colapsos ao longo da história, é que a polarização extrema é capaz de matar democracias.

Portanto, há, sim, razões para alarme. Não apenas os norte-americanos elegeram um demagogo em 2016, mas o fizeram numa época em que as normas que costumavam proteger a nossa democracia já estavam perdendo suas amarras. Contudo, se as experiências de outros países nos ensinam que a polarização é capaz de matar as democracias, elas nos ensinam também que esse colapso não é inevitável nem irreversível. Tirando lições de outras democracias em crise, este livro sugere estratégias que os cidadãos devem – e *não* devem – seguir para defender a democracia nos Estados Unidos.

Muitos norte-americanos estão amedrontados, e não sem motivo, pelo que está acontecendo com o nosso país. Porém, proteger nossa democracia exige mais do que medo ou indignação. Nós temos que ser humildes *e* ousados. Precisamos aprender com a experiência de outros países a ver os sinais anunciadores – e a reconhecer os alarmes falsos. Temos que estar vigilantes e cientes das condutas equivocadas que arruinaram outras democracias. E temos que ver como os cidadãos se levantaram para responder às crises democráticas do passado, superando divisões profundamente arraigadas entre si para evitar o colapso. Dizem que a história não se repete, mas rima. A promessa da história e a esperança deste livro é que possamos encontrar as rimas antes que seja tarde demais.

1. Alianças fatídicas

> Surgira uma séria disputa entre o cavalo e o javali; então, o cavalo foi a um caçador e pediu ajuda para se vingar. O caçador concordou, mas disse: "Se deseja derrotar o javali, você deve permitir que eu ponha esta peça de ferro entre as suas mandíbulas, para que possa guiá-lo com estas rédeas, e que coloque esta sela nas suas costas, para que possa me manter firme enquanto seguimos o inimigo." O cavalo aceitou as condições e o caçador logo o selou e bridou. Assim, com a ajuda do caçador, o cavalo logo venceu o javali, e então disse: "Agora, desça e retire essas coisas da minha boca e das minhas costas." "Não tão rápido, amigo", disse o caçador. "Eu o tenho sob minhas rédeas e esporas, e por enquanto prefiro mantê-lo assim."
>
> "O javali, o cavalo e o caçador", *Fábulas de Esopo*

ÀS 10H55 DO DIA 30 de outubro de 1922, Benito Mussolini chegou a Roma a bordo de um vagão-dormitório vindo de Milão.[1] Ele fora convidado à capital pelo rei, para aceitar a posição de primeiro-ministro da Itália e formar um novo gabinete. Acompanhado por um pequeno grupo de guardas, Mussolini parou primeiro no Hotel Savoia e, depois, trajando paletó negro, camisa negra e chapéu-coco negro, caminhou triunfalmente para o Palácio do Quirinal, a residência do rei. Roma fervilhava de rumores e agitação. Bandos de fascistas – muitos em uniformes diferentes – perambulavam pelas ruas da cidade. Mussolini, consciente do poder do espetáculo, avançou a passos largos no piso de mármore do palácio residencial do rei e o cumprimentou: "Senhor, perdoe-me. Estou vindo do campo de batalha."[2]

Este foi o começo da lendária "Marcha sobre Roma" de Mussolini. A imagem de multidões de camisas-negras atravessando o Rubicão para tomar o poder do Estado liberal italiano tornou-se um cânone fascista, repetido em feriados nacionais e nos livros escolares infantis ao longo dos anos 1920 e 1930. Mussolini fez sua parte para sacralizar o mito. Na última parada do trem antes de Roma naquele dia, ele considerou a possibilidade de desembarcar e entrar na cidade montado a cavalo, cercado por seus guardas.³ Embora o plano tenha sido abandonado, posteriormente ele fez tudo que pôde para fortalecer a lenda de sua ascensão ao poder como, nas suas próprias palavras, uma "revolução" e um "ato insurrecional" que lançou uma nova era fascista.⁴

A verdade era mais mundana. O grosso dos camisas-negras de Mussolini, com frequência mal-alimentados e desarmados, só chegou depois que ele foi convidado a ser primeiro-ministro. Os pelotões de fascistas em todo o país eram uma ameaça, mas as maquinações de Mussolini para tomar as rédeas do Estado nada tiveram de revolução. Ele usou os 35 votos parlamentares do seu partido (em um total de 535), as divisões entre os políticos, o medo do socialismo e a ameaça de violência dos 30 mil camisas-negras para capturar a atenção do tímido rei Vítor Emanuel III, que viu em Mussolini uma estrela política ascendente e um meio de neutralizar a agitação.

Com a ordem política restaurada pela nomeação de Mussolini e o socialismo em retirada, o mercado de ações italiano subiu fragorosamente. Estadistas mais velhos do establishment liberal, como Giovanni Giolitti e Antonio Salandra, se viram aplaudindo a virada dos acontecimentos. Eles encaravam Mussolini como um aliado útil. Contudo, como o cavalo da fábula de Esopo, a Itália logo se viu sob rédeas e esporas.

Versões semelhantes dessa história se repetiram em todo o mundo ao longo do último século. Um elenco de outsiders políticos, incluindo Adolf Hitler, Alberto Fujimori no Peru e Hugo Chávez na Venezuela, chegou ao poder da mesma maneira: a partir de dentro, via eleições ou alianças com figuras políticas poderosas. Em cada caso, as elites acreditaram que o convite para exercer o poder *conteria* o outsider, levando a uma restauração do controle pelos políticos estabelecidos. Contudo, seus planos saíram pela culatra. Uma mistura letal de ambição, medo e cálculos equivocados conspirou para levá-las ao mesmo erro: entregar condescendentemente as chaves do poder a um autocrata em construção.

POR QUE ESTADISTAS VETERANOS experientes cometem esse erro? Há poucos exemplos tão ilustrativos quanto a ascensão de Adolf Hitler em janeiro de 1933. Sua capacidade de insurreição violenta foi demonstrada no Putsch de Munique, já em 1923 – um ataque surpresa ao anoitecer em que seu grupo de seguidores armados tomou o controle de vários prédios do governo e de uma cervejaria em Munique onde se reuniam oficiais bávaros. O ataque malconcebido foi contido pelas autoridades, e Hitler passou nove meses na cadeia, onde escreveu seu infame testamento *Minha luta*. Depois disso, ele assumiu publicamente o compromisso de chegar ao poder via eleições. De início, o seu movimento nacional-socialista teve poucos votos. O sistema político de Weimar fora fundado em 1919 por uma coalizão pró-democrática de católicos, liberais e social-democratas. Contudo, a partir de 1930, com a economia alemã cambaleante, a centro-direita caiu presa de lutas internas, e comunistas e nazistas ganharam popularidade.

O governo eleito caiu em março de 1930 em meio às dores da crise da Grande Depressão. Com a pane do sistema político impedindo a ação governamental, o presidente decorativo Paul von Hindenburg, herói da Primeira Guerra Mundial, tirou partido de um artigo constitucional que conferia autoridade ao chefe de Estado para nomear chanceleres na circunstância especial em que o Parlamento não tivesse logrado constituir maiorias governamentais. O objetivo desses chanceleres não eleitos – e do presidente – era não só governar, mas marginalizar radicais de esquerda e de direita. Primeiro, o economista do Partido do Centro Heinrich Brüning (que posteriormente fugiria da Alemanha e se tornaria professor em Harvard) tentou restaurar o crescimento econômico, mas fracassou; seu período como chanceler teve vida curta. O presidente Von Hindenburg se voltou em seguida para o nobre Franz von Papen e, depois, num desânimo progressivo, para o general Kurt von Schleicher, ex-ministro da Defesa, além de amigo íntimo e rival de Papen. Não obstante, sem maiorias parlamentares no Reichstag, persistiu o impasse. Os líderes, por boas razões, temiam a eleição seguinte.

Convencidos de que "alguma coisa tem que dar certo", um conluio de conservadores rivais se reuniu no final de janeiro de 1933 e chegou a uma solução: é preciso pôr um outsider popular na chefia do governo. Eles o desprezavam, mas sabiam que ao menos ele tinha apoio popular. E, acima de tudo, pensavam que podiam controlá-lo.

Em 30 de janeiro de 1933, Von Papen, um dos principais arquitetos do plano, mandou às favas as preocupações com a aposta que faria de Adolf Hitler o chanceler de uma Alemanha dominada pela crise com palavras tranquilizadoras: "Nós o recrutamos para nós mesmos ... Em dois meses, nós [o] teremos colocado contra a parede de tal modo que ele vai gritar."[5] É difícil imaginar um erro de cálculo mais categórico.

As experiências italiana e alemã realçam o tipo de "aliança fatídica"[6] que frequentemente eleva autoritários ao poder. Em qualquer democracia, políticos irão às vezes enfrentar desafios graves. Crise econômica, insatisfação popular crescente e declínio dos partidos políticos estabelecidos podem pôr à prova o discernimento até mesmo dos insiders mais experientes. Se surge um outsider carismático, ganhando popularidade ao desafiar a velha ordem, é tentador para os políticos do establishment, que percebem que seu controle está se desfazendo, buscar cooptá-lo. Se um insider se rebelar para seguir o insurgente antes que seus rivais o façam, ele pode usar a energia e a base do outsider para sobrepujar seus pares. Em seguida, esperam os políticos do establishment, o insurgente poderá ser redirecionado para apoiar o programa deles.

Este tipo de barganha com o diabo frequentemente sofre mutação em benefício do insurgente, na medida em que alianças propiciam aos outsiders respeitabilidade suficiente para se tornarem competidores legítimos pelo poder. Na Itália do começo dos anos 1920, a velha ordem liberal estava desmoronando em meio a greves e agitação social crescentes. O fracasso dos partidos tradicionais em formar maioria parlamentar desesperou o ultrapassado Giovanni Giolitti, em seu quinto mandato de primeiro-ministro, e, contra a vontade dos seus conselheiros, ele convocou eleições antecipadas em maio de 1921. Com o objetivo de tirar proveito do apelo de massas do fascismo, Giolitti decidiu oferecer ao movimento arrivista de Mussolini um lugar no "bloco burguês"[7] de nacionalistas, fascistas e liberais de seu grupo eleitoral. A estratégia não vingou – o bloco burguês conquistou menos de 20% dos votos, levando à renúncia de Giolitti. Contudo, o lugar de Mussolini na chapa deu ao seu desordenado grupo a legitimidade de que ele precisaria para viabilizar sua ascensão.

Alianças fatídicas dessa ordem não estão propriamente confinadas à Europa entreguerras. Elas também ajudam a explicar a ascensão de Hugo Chávez. A Venezuela se orgulhava de ser a democracia mais duradoura da América do Sul, vigente desde 1958. Chávez, oficial de baixa patente e líder de um golpe fracassado que nunca havia ocupado um cargo público, era um outsider político. Sua ascensão, porém, contou com um impulso crucial de um consumado insider: o ex-presidente Rafael Caldera, um dos fundadores da democracia venezuelana.

A política venezuelana era há muito dominada por dois partidos, a Ação Democrática, de centro-esquerda, e o Partido Social Cristão, de centro-direita, de Caldera (conhecido como Copei). Os dois se alternaram no poder pacificamente por mais de trinta anos, e, nos anos 1970, a Venezuela era vista como uma democracia modelo numa região infestada por golpes de Estado e ditaduras. Durante os anos 1980, entretanto, dependente do petróleo, a economia do país afundou numa prolongada depressão, crise que persistiu por mais de uma década, quase dobrando a taxa de pobreza. Não é de surpreender, os venezuelanos ficaram cada vez mais insatisfeitos. Distúrbios maciços em fevereiro de 1989 sugeriam que os partidos estabelecidos estavam em dificuldades. Três anos depois, em fevereiro de 1992, um grupo de oficiais de baixa patente se rebelou contra o presidente Carlos Andrés Pérez. Liderados por Hugo Chávez, os rebeldes se autodenominaram "bolivarianos", em homenagem ao reverenciado herói da independência Simón Bolívar. O golpe fracassou. Porém, quando o então detido Chávez apareceu ao vivo na televisão e disse a seus apoiadores para depor as armas (declarando, em termos que se tornaram lendários, que a missão deles tinha fracassado "por enquanto"), ele se tornou um herói aos olhos de muitos venezuelanos, particularmente os mais pobres. Na sequência de um segundo golpe fracassado em novembro de 1992, o encarcerado Chávez mudou de curso, optando por buscar o poder pela via eleitoral. Ele precisaria de ajuda.

Embora o ex-presidente Caldera fosse um estadista veterano bem-conceituado, sua carreira política estava em declínio em 1992. Quatro anos antes, ele não havia conseguido assegurar sua nomeação como candidato presidencial do partido, passando pouco depois a ser considerado uma relíquia política. Mas o senador de 76 anos ainda sonhava retornar à Presidência, e o surgimento de Chávez deu a ele uma tábua de salvação. Na noite do golpe inicial de Chávez, o ex-presidente se levantou durante uma sessão conjunta de emergência do Congresso e abraçou a causa dos rebeldes, declarando:

> É difícil pedir ao povo para se sacrificar em nome da liberdade e da democracia quando ele pensa que essa liberdade e essa democracia são incapazes de lhe dar alimento para comer, de conter a alta astronômica do custo de vida ou de acabar definitivamente com a corrupção, que, aos olhos de todo o mundo, está corroendo as instituições da Venezuela a cada dia que passa.[8]

O discurso político surpreendente ressuscitou a carreira política de Caldera. Tendo capitalizado a base antissistema de Chávez, o apoio público ao ex-presidente aumentou, o que lhe permitiu concorrer com êxito à Presidência em 1993.

O flerte público de Caldera com Chávez fez mais do que impulsionar a posição de Caldera nas pesquisas; também deu nova credibilidade a Chávez. Chávez e seus camaradas tinham tentado destruir a democracia de 34 anos de seu país. Porém, em vez de denunciar os líderes do golpe como uma ameaça extremista, o ex-presidente ofereceu a eles a sua solidariedade pública – e, com ela, uma abertura para a política convencional.

Caldera também ajudou a abrir os portões do palácio presidencial para Chávez, desferindo um golpe mortal nos partidos estabelecidos da Venezuela. Numa reviravolta surpreendente, ele abandonou o Copei, partido que havia fundado quase meio século antes, e lançou sua candidatura presidencial independente. Sem dúvida, os partidos já estavam em crise, mas a saída de Caldera e sua campanha antiestablishment subsequente ajudaram a sepultá-los.[9] O sistema partidário entrou em colapso depois da eleição de Caldera em 1993 como independente antipartido, pavimentando o caminho para futuros outsiders. Cinco anos mais tarde, seria a vez de Chávez.

Contudo, voltando a 1993, Chávez ainda tinha um problema maior. Estava preso, esperando julgamento por traição. Em 1994, entretanto, o presidente Caldera retirou todas as acusações contra ele. O ato final de Caldera ao empoderar Chávez foi literalmente abrir os portões – da prisão – para ele. Logo após a soltura de Chávez, um repórter lhe perguntou aonde estava indo. "Para o poder", respondeu ele.[10] Libertar Chávez era uma medida popular, e Caldera tinha prometido fazê-lo durante a campanha. Como a maior parte das elites venezuelanas, ele via em Chávez uma moda passageira – alguém que provavelmente já teria perdido a simpatia do público nas eleições seguintes.[11] Mas, ao retirar todas as acusações em vez de permitir que Chávez fosse julgado e, depois, perdoá-lo, Caldera o elevou, transformando o ex-líder do golpe da noite para o dia em um candidato presidencial viável.[12] Em 6 de dezembro de 1998, Chávez ganhou a Presidência, derrotando com facilidade um candidato apoiado pelo establishment. No dia da posse, Caldera, o presidente que se retirava, não conseguiu ter forças para tomar o juramento de Chávez, conforme ditava a tradição. Em vez disso, afastou-se melancolicamente para o lado.[13]

Apesar de suas enormes diferenças, Hitler, Mussolini e Chávez percorreram caminhos que compartilham semelhanças espantosas para chegar ao poder. Não apenas todos eles eram outsiders com talento para capturar a atenção pública, mas cada um deles ascendeu ao poder porque políticos do establishment negligenciaram os sinais de alerta e, ou bem lhes entregaram o poder (Hitler e Mussolini), ou então lhes abriram a porta (Chávez).

A abdicação de responsabilidades políticas da parte de seus líderes marca o primeiro passo de uma nação rumo ao autoritarismo. Anos depois da vitória de Chávez, Rafael Caldera explicou seus erros de maneira simples: "Ninguém pensava que o sr. Chávez tivesse a mais remota chance de se tornar presidente."¹⁴ E, apenas um dia depois de Hitler se tornar chanceler, um conservador destacado que o ajudara admitiu: "Acabei de cometer a maior estupidez da minha vida; aliei-me ao maior demagogo da história mundial."¹⁵

NEM TODAS AS DEMOCRACIAS caíram nessa armadilha. Algumas delas – incluindo Bélgica, Grã-Bretanha, Costa Rica e Finlândia – enfrentaram a ameaça de demagogos, mas conseguiram mantê-los fora do poder. Como elas fizeram? É tentador pensar que essa sobrevivência esteja enraizada na sensatez coletiva dos eleitores. Talvez belgas e costa-riquenhos fossem simplesmente mais democráticos que alemães e italianos. Afinal, nós gostamos de acreditar que o destino de um governo esteja nas mãos de seus cidadãos. Se o povo abraça valores democráticos, a democracia estará salva. Se o povo está aberto a apelos autoritários, então, mais cedo ou mais tarde, a democracia vai ter problemas.

Essa visão está errada. Ela espera demais da democracia – que "o povo" possa dar forma, como lhe aprouver, ao tipo de governo que possui. É difícil encontrar qualquer evidência de apoio majoritário ao autoritarismo na Alemanha e na Itália nos anos 1920. Antes de os nazistas e os fascistas tomarem o poder, menos de 2% da população eram membros de partidos, e nenhum partido alcançara nada sequer próximo de uma maioria de votos em eleições livres e justas. Ao contrário, maiorias eleitorais sólidas se opuseram a Hitler e a Mussolini – antes de os dois homens alcançarem o poder com o apoio de insiders do mundo político cegos para o perigo de suas próprias ambições.

Hugo Chávez foi eleito por uma maioria de eleitores, mas há pouca evidência de que a Venezuela estivesse à procura de um ditador. Na época, o apoio público à democracia era maior na Venezuela do que no Chile – um país que era, e permanece, estavelmente democrático. Segundo a pesquisa de 1998 da Latinobarómetro,¹⁶ 60% dos venezuelanos concordavam com a afirmação "a democracia é sempre a melhor forma de governo", ao passo que só 25% concordavam que, "sob certas circunstâncias, um governo autoritário pode ser preferível a um governo democrático". Em contraste, só 53% dos chilenos entrevistados concordavam que "a democracia é sempre a melhor forma de governo".

Demagogos potenciais existem em todas as democracias, e, ocasionalmente, um ou mais de um deles faz vibrar a sensibilidade pública. Em algumas democracias, porém, líderes políticos prestam atenção aos sinais e tomam medidas para garantir que os autoritários fiquem à margem, longe dos centros de poder. Ao serem confrontados com extremistas e demagogos, eles fazem um esforço orquestrado para isolá-los e derrotá-los. Embora as respostas populares aos apelos extremistas sejam importantes, mais importante é saber se as elites políticas, e sobretudo os partidos, servem como filtros. Resumindo, os partidos políticos são os guardiões da democracia.

SE OS AUTORITÁRIOS devem ser mantidos fora, primeiro eles têm que ser identificados. Não existe, infelizmente, nenhum sistema de alarme prévio totalmente seguro. Muitos autoritários podem ser reconhecidos com facilidade antes de chegarem ao poder. Eles têm um histórico claro: Hitler estivera na liderança de um golpe de Estado fracassado; Chávez liderara uma insurreição militar frustrada; os camisas-negras de Mussolini se envolveram em violência paramilitar; e, na Argentina em meados do século XX, Juan Perón ajudou a liderar um golpe bem-sucedido dois anos e meio antes de concorrer à Presidência.

Contudo, nem sempre os políticos revelam toda a plenitude do seu autoritarismo antes de chegar ao poder. Alguns aderem a normas democráticas no começo de suas carreiras, só para depois abandoná-las. Pensemos no primeiro-ministro húngaro Viktor Orbán. Orbán e seu partido Fidesz começaram como democratas liberais no final dos anos 1980; e em seu primeiro mandato como primeiro-ministro, entre 1998 e 2002, Orbán governou democraticamente. Sua guinada autoritária depois de retornar ao poder em 2010 foi uma genuína surpresa.

Assim, como identificar autoritarismo em políticos que não têm um histórico obviamente antidemocrático? Aqui, nós nos voltaremos para o eminente cientista político Juan Linz. Nascido em Weimar, na Alemanha, e criado em meio à guerra civil na Espanha, Linz conheceu bem até demais os perigos de perder a democracia. Como professor em Yale, ele dedicou grande parte de sua carreira a tentar entender como e por que as democracias morrem. Muitas das conclusões de Linz podem ser encontradas num livro pequeno, mas seminal, intitulado *The Breakdown of Democratic Regimes*. Publicado em 1978, o livro salienta o papel dos políticos, mostrando que seu comportamento pode reforçar a democracia ou colocá-la em risco. Ele também propôs, mas nunca desenvolveu plenamente, uma "prova dos nove"[17] para identificar políticos antidemocráticos.

Baseados no trabalho de Linz, desenvolvemos um conjunto de quatro sinais de alerta que podem nos ajudar a reconhecer um autoritário.[18] Nós devemos nos preocupar quando políticos: 1) rejeitam, em palavras ou ações, as regras democráticas do jogo; 2) negam a legitimidade de oponentes; 3) toleram e encorajam a violência; e 4) dão indicações de disposição para restringir liberdades civis de oponentes, inclusive a mídia. A Tabela 1, a seguir, mostra como avaliar políticos nos termos desses quatro fatores.

Um político que se enquadre mesmo em apenas um desses critérios é motivo de preocupação. Que tipo de candidato tende a dar positivo no teste do autoritarismo? Com grande frequência, os outsiders populistas. Populistas são políticos antiestablishment – figuras que, afirmando representar a "voz do povo", entram em guerra contra o que descrevem como uma elite corrupta e conspiradora. Populistas tendem a negar a legitimidade dos partidos estabelecidos, atacando-os como antidemocráticos e mesmo antipatrióticos. Eles dizem aos eleitores que o sistema não é uma democracia de verdade, mas algo que foi sequestrado, corrompido ou fraudulentamente manipulado pela elite. E prometem sepultar essa elite e devolver o poder "ao povo". Esse discurso deve ser levado a sério. Quando populistas ganham eleições, é frequente investirem contra as instituições democráticas. Na América Latina, por exemplo, todos os quinze presidentes eleitos na Bolívia, no Equador, no Peru e na Venezuela entre 1990 e 2012 eram outsiders populistas: Alberto Fujimori, Hugo Chávez, Evo Morales, Lucio Gutiérrez e Rafael Correa. Todos os cinco acabaram enfraquecendo as instituições democráticas.[19]

TABELA 1. Os quatro principais indicadores de comportamento autoritário

1. **Rejeição das regras democráticas do jogo (ou compromisso débil com elas)**	Os candidatos rejeitam a Constituição ou expressam disposição de violá-la?
	Sugerem a necessidade de medidas antidemocráticas, como cancelar eleições, violar ou suspender a Constituição, proibir certas organizações ou restringir direitos civis ou políticos básicos?
	Buscam lançar mão (ou endossar o uso) de meios extraconstitucionais para mudar o governo, tais como golpes militares, insurreições violentas ou protestos de massa destinados a forçar mudanças no governo?
	Tentam minar a legitimidade das eleições, recusando-se, por exemplo, a aceitar resultados eleitorais dignos de crédito?
2. **Negação da legitimidade dos oponentes políticos**	Descrevem seus rivais como subversivos ou opostos à ordem constitucional existente?
	Afirmam que seus rivais constituem uma ameaça, seja à segurança nacional ou ao modo de vida predominante?
	Sem fundamentação, descrevem seus rivais partidários como criminosos cuja suposta violação da lei (ou potencial de fazê-lo) desqualificaria sua participação plena na arena política?
	Sem fundamentação, sugerem que seus rivais sejam agentes estrangeiros, pois estariam trabalhando secretamente em aliança com (ou usando) um governo estrangeiro – com frequência um governo inimigo?
3. **Tolerância ou encorajamento à violência**	Têm quaisquer laços com gangues armadas, forças paramilitares, milícias, guerrilhas ou outras organizações envolvidas em violência ilícita?
	Patrocinaram ou estimularam eles próprios ou seus partidários ataques de multidões contra oponentes?
	Endossaram tacitamente a violência de seus apoiadores, recusando-se a condená-los e puni-los de maneira categórica?
	Elogiaram (ou se recusaram a condenar) outros atos significativos de violência política no passado ou em outros lugares do mundo?

4. Propensão a restringir liberdades civis de oponentes, inclusive a mídia	Apoiaram leis ou políticas que restrinjam liberdades civis, como expansões de leis de calúnia e difamação ou leis que restrinjam protestos e críticas ao governo ou certas organizações cívicas ou políticas?
	Ameaçaram tomar medidas legais ou outras ações punitivas contra seus críticos em partidos rivais, na sociedade civil ou na mídia?
	Elogiaram medidas repressivas tomadas por outros governos, tanto no passado quanto em outros lugares do mundo?

É mais fácil falar do que manter políticos autoritários fora do poder. Democracias, afinal, não devem banir partidos ou proibir candidatos de concorrer em eleições – e nós não advogamos medidas desse tipo. A responsabilidade de separar o joio do trigo está, antes, nas mãos dos partidos e dos líderes partidários: os guardiões da democracia.

A guarda bem-sucedida dos portões da democracia exige que partidos estabelecidos isolem e derrotem forças extremistas, um comportamento que a cientista política Nancy Bermeo chama de "capacidade de se distanciar".[20] Partidos pró-democráticos podem se distanciar de várias maneiras. Primeiro, eles podem manter autoritários em potencial fora das chapas eleitorais em época de eleição. Isso exige que os partidos resistam à tentação de nomear esses extremistas para cargos de escalão superior, mesmo quando eles tenham potencial de captar votos.

Segundo, os partidos podem erradicar extremistas nas bases de suas fileiras. Tomemos o exemplo do Partido Moderado sueco (na época, chamado Liga Eleitoral Geral) durante o perigoso período entreguerras. O grupo de juventude da Liga (uma organização de ativistas em idade de votar), chamado Organização da Juventude Nacionalista Sueca, radicalizou-se cada vez mais a partir do começo dos anos 1930, criticando a democracia parlamentar, apoiando Hitler abertamente e até mesmo criando grupos de assalto.[21] A Liga respondeu em 1933, expulsando a organização. A perda de 25 mil membros pode ter custado votos ao partido nas eleições municipais de 1934, mas a estratégia de distanciamento reduziu a influência das forças antidemocráticas no maior partido de centro-direita da Suécia.[22]

Terceiro, partidos pró-democráticos podem evitar toda e qualquer aliança com partidos e candidatos antidemocráticos. Como vimos na Itália e na Alemanha, partidos pró-democráticos ficam às vezes tentados a se aliar com extremistas do seu flanco ideológico para ganhar votos ou, em sistemas parlamentares, formar governos. Essas alianças, porém, podem ter consequências devastadoras no longo prazo. Como escreveu Linz, a morte de muitas democracias pode ser remontada ao fato de um partido ter "maior afinidade por extremistas do seu lado do espectro político do que por partidos [de correntes predominantes] próximos do outro lado".[23]

Quarto, partidos pró-democráticos podem atuar para isolar sistematicamente extremistas, em vez de legitimá-los. Isso exige que os políticos evitem atos – como os comícios conjuntos dos conservadores alemães com Hitler no começo dos anos 1930 ou o discurso de Caldera simpatizando com Chávez – que ajudem a "normalizar" ou propiciar respeitabilidade pública a figuras autoritárias.

Por fim, sempre que extremistas emergem como sérios competidores eleitorais, os partidos predominantes devem forjar uma frente única para derrotá-los. Para citar Linz, eles devem estar dispostos a "juntar-se com oponentes ideologicamente distantes, mas comprometidos com a ordem política democrática".[24] Em circunstâncias normais, isso é quase inimaginável. Pensem no senador Edward Kennedy e outros liberais do Partido Democrata fazendo campanha com Ronald Reagan, ou o Partido Trabalhista britânico e seus aliados sindicais apoiando Margaret Thatcher. Cada simpatizante do partido ficaria furioso com essa aparente traição de seus princípios. Contudo, em tempos extraordinários, a liderança partidária corajosa significa pôr a democracia e o país à frente e explicar claramente aos eleitores o que está em jogo. Quando um partido ou um político dá resultado positivo em nossa prova dos nove como uma ameaça eleitoral séria, não há muitas alternativas. Frentes democráticas unidas podem impedir que extremistas conquistem o poder, o que pode significar salvar a democracia.

Embora os fracassos sejam mais memoráveis, algumas democracias europeias foram guardiãs bem-sucedidas no entreguerras. Lições surpreendentemente importantes podem ser tiradas de pequenos países. Pensem na Bélgica e na Finlândia. Nos anos de crise política e econômica da Europa nas décadas de 1920 e 1930, ambos os países experimentaram um sinal de advertência precoce de decadência democrática – a ascensão de extremistas antissistema. Porém, à diferença da Itália e da Alemanha, foram salvos por suas elites políticas, que defenderam as instituições democráticas (pelo menos até a invasão nazista vários anos mais tarde).

Durante as eleições belgas de 1936, quando o contágio do fascismo estava se espalhando da Itália e da Alemanha para toda a Europa, os eleitores produziram um resultado estridente. Dois partidos autoritários de extrema direita – o Partido Rex e o Vlaams Nationaal Verbond (VNV), o partido nacionalista flamengo – obtiveram grandes resultados na apuração, capturando quase 20% dos votos populares e desafiando o predomínio histórico dos três partidos estabelecidos: o Partido Católico, de centro-direita, os socialistas e o Partido Liberal. As diatribes do líder do Partido Rex, Léon Degrelle, um jornalista católico que se tornaria colaborador nazista, foram especialmente fortes. Degrelle, um crítico virulento da democracia parlamentar, tinha rompido com a ala direita do Partido Católico e começou a atacar seus líderes como corruptos. Ele foi estimulado e recebeu apoio financeiro tanto de Hitler quanto de Mussolini.

A eleição de 1936 abalou os partidos centristas, que sofreram perdas que afetaram o conjunto de suas organizações. Conscientes dos movimentos antidemocráticos nas vizinhas Itália e Alemanha e temendo pela própria sobrevivência, eles fizeram frente à temerosa tarefa de decidir como responder. O Partido Católico, em particular, enfrentou um difícil dilema: colaborar com seus adversários de longa data, os socialistas e os liberais, ou forjar uma aliança de direita que incluía os rexistas, partido com o qual eles compartilhavam certas afinidades ideológicas, mas que rejeitava os valores da política democrática.

Ao contrário dos políticos convencionais, que bateram em retirada na Itália e na Alemanha, a liderança católica declarou que qualquer cooperação com os rexistas seria incompatível com a permanência da filiação ao partido e, em seguida, desenvolveu uma estratégia de duas vertentes para combater o movimento. Internamente, os líderes do Partido Católico fortaleceram a disciplina, fazendo a triagem dos candidatos com simpatias rexistas e expulsando aqueles que expressavam opiniões extremistas. Além disso, a liderança do partido assumiu uma posição forte contra a cooperação com a extrema direita.[25] Externamente, o Partido Católico disputou com o Rex na raia do próprio Rex, ao adotar novas táticas de propaganda e campanha voltadas para os jovens católicos que antes faziam parte da base rexista. Em dezembro de 1935, eles criaram a Frente da Juventude Católica e começaram a opor a Degrelle seus antigos aliados.[26]

O choque final entre o Rex e o Partido Católico, no qual o Rex foi efetivamente afastado (até a ocupação nazista), teve como centro a formação de um novo governo depois das eleições de 1936. O Partido Católico apoiou o primeiro-ministro católico em exercício, Paul van Zeeland.[27] Depois que Van Zeeland reconquistou a posição, havia duas opções principais para formar o governo: a primeira era uma aliança com os rivais socialistas, na linha da "Frente Popular" na França, o que Van Zeeland e outros líderes católicos inicialmente esperaram poder evitar. A segunda era uma aliança de direita de forças antissocialistas que incluiria o Rex e o VNV. Não era uma escolha fácil; a segunda opção era apoiada pela facção tradicionalista, que buscava desequilibrar o frágil gabinete de Zeeland reunindo as bases católicas, organizando uma "Marcha sobre Bruxelas" e forçando uma eleição suplementar na qual o líder Degrelle concorreria contra Van Zeeland.[28] Esses planos foram frustrados em 1937, quando Degrelle perdeu a eleição suplementar, em grande parte porque os parlamentares do Partido Católico tinham tomado uma posição: eles se recusaram a apoiar o plano nacionalista e, em vez disso, se uniram aos liberais e socialistas pelas costas de Van Zeeland. Essa foi a ação mais importante do Partido Católico como guardião da democracia.

A posição do Partido Católico à direita também foi viabilizada pelo rei Leopoldo III e pelo Partido Socialista. A eleição de 1936 tinha deixado o Partido Socialista com a maior bancada do Legislativo, o que lhe dava a prerrogativa de formar um governo. Entretanto, quando ficou evidente que os socialistas não conseguiriam obter apoio parlamentar suficiente, em vez de convocar uma nova eleição[29] – situação que poderia entregar mais cadeiras a partidos extremistas – o rei se reuniu com os líderes dos partidos maiores para convencê-los a formar um gabinete de poder compartilhado, liderado pelo primeiro-ministro em exercício, Van Zeeland. O gabinete incluiria tanto católicos conservadores quanto socialistas, mas excluiria partidos antissistema dos dois lados. Embora não confiassem em Van Zeeland, um homem do Partido Católico, os socialistas puseram a democracia à frente de seus próprios interesses e endossaram a grande coalizão.

Uma dinâmica semelhante se desdobrou na Finlândia, onde o Movimento de Lapua, de extrema direita, irrompeu no cenário político em 1929, ameaçando a frágil democracia do país.[30] O movimento buscava a destruição do comunismo por qualquer meio necessário, ameaçando partir para a violência se suas demandas não fossem atendidas e atacando políticos convencionais que considerava colaboradores dos socialistas.[31] De início, os políticos da União Agrária, de centro-direita, governante, flertaram com o Movimento de Lapua,[32] considerando o seu anticomunismo politicamente útil; eles atenderam as demandas de negar direitos políticos aos comunistas e, ao mesmo tempo, toleravam a violência da extrema direita. Em 1930, P.E. Svinhufvud, um conservador que os líderes do Lapua consideravam "um dos seus", se tornou primeiro-ministro e lhes ofereceu duas cadeiras no gabinete ministerial.[33] Um ano mais tarde, Svinhufvud se tornou presidente. O Lapua, contudo, manteve seu comportamento extremista;[34] com os comunistas proscritos, começou a atacar o Partido Social-Democrata, mais moderado.[35] Criminosos do Lapua sequestraram mais de mil social-democratas, incluindo líderes sindicais e membros do Parlamento. O movimento também organizou uma marcha de 12 mil pessoas sobre Helsinque (nos moldes da mítica Marcha sobre Roma)[36] e, em 1932, apoiou um golpe fracassado destinado a derrubar o governo e substituí-lo por uma administração "apolítica" e "patriótica".

Entretanto, visto que o Movimento de Lapua se radicalizava, os partidos conservadores tradicionais da Finlândia romperam com ele de maneira decisiva. No final de 1930, o grosso da União Agrária, o Partido do Progresso, liberal, e grande parte do Partido dos Povos Suecos se aliaram com o seu principal rival, os social-democratas, na assim chamada Frente da Legalidade, visando defender a democracia contra extremistas violentos.[37] Até mesmo o presidente conservador, Svinhufvud, rejeitou com veemência – e por fim proibiu – seus antigos aliados.[38] O Movimento de Lapua restou isolado e a breve eclosão fascista na Finlândia foi abortada.[39]

Mas não é só em casos históricos distantes que encontramos exemplos de guardiões bem-sucedidos. Na Áustria, em 2016, o principal partido de centro-direita (o Partido Popular Austríaco, ÖVP) efetivamente manteve o direitista radical Partido da Liberdade (FPÖ) fora da Presidência. A Áustria tem um longo histórico de políticas de extrema direita, e o FPÖ é um dos partidos de extrema direita mais fortes da Europa. O sistema político da Áustria tornava-se cada vez mais vulnerável, pois os dois partidos principais, o social-democrata (SPÖ) e o democrata-cristão (ÖVP), que se alternaram na Presidência ao longo do período pós-guerra, estavam se enfraquecendo. Em 2016, sua predominância foi desafiada por dois arrivistas – o ex-presidente do Partido Verde, Alexander Van der Bellen, e o líder extremista do FPÖ, Norbert Hofer.

Para surpresa da maior parte dos analistas, o primeiro turno deixou Van der Bellen e o outsider de direita Hofer para a disputa no segundo. Depois de um erro processual em outubro de 2016, o segundo turno foi realizado em dezembro. A esta altura dos acontecimentos, vários políticos de peso, inclusive alguns do ÖVP, conservador, sustentavam que era necessário derrotar Hofer e seu Partido da Liberdade. Hofer incitava a violência contra imigrantes e muitos se perguntavam se, caso eleito, privilegiaria seu partido e violaria as normas há muito vigentes de que o presidente deveria permanecer acima da política. Face a essa ameaça, alguns líderes importantes do ÖVP trabalharam para derrotar Hofer, apoiando o seu principal rival ideológico, o candidato verde com inclinações de esquerda, Van der Bellen. O candidato presidencial do ÖVP, Andreas Khol, endossou Van der Bellen, assim como o presidente do partido, Reinhold Mitterlehner, a ministra Sophie Karmasin e dezenas de prefeitos do ÖVP no interior da

Áustria. Numa carta, o ex-presidente Erhard Busek escreveu que apoiava Van der Bellen "não com paixão, mas após cuidadosa deliberação", e que, além disso, sua decisão era motivada pelo sentimento de que "nós não queremos receber congratulações de Le Pen, Jobbik, Wilders e o do AfD [e outros extremistas] depois das nossas eleições presidenciais".[40] Van der Bellen ganhou por uma diferença de apenas 300 mil votos.

Essa atitude exige uma coragem política considerável. Segundo um prefeito do Partido Católico de uma pequena cidade nas cercanias de Viena, Stefan Schmuckenschlager, que apoiou o candidato do Partido Verde, foi uma decisão que dividiu famílias.[41] Seu irmão gêmeo, outro líder partidário, apoiara Hofer. Como explicou Schmuckenschlager, a política de poder tem que ser deixada de lado para fazer a coisa certa.

Os apoios dados pelo ÖVP ajudaram? Há evidências de que sim. Segundo pesquisas de boca de urna, 55% daqueles que se identificaram como simpatizantes do ÖVP disseram que tinham votado em Van der Bellen, e 48% dos eleitores de Van der Bellen disseram que votaram nele para impedir a vitória de Hofer. Além disso, a forte divisão urbano-rural que sempre marcou a política austríaca (entre áreas urbanas de esquerda e áreas rurais de direita) foi dramaticamente reduzida no segundo turno em dezembro de 2016, com um número surpreendente de estados rurais conservadores mudando seu voto para Van der Bellen.

Em resumo, em 2016, líderes responsáveis no ÖVP resistiram à tentação de se aliar a um partido extremista do seu próprio flanco ideológico, e o resultado foi a derrota desse partido. O forte desempenho do FPÖ nas eleições parlamentares de 2017, que o habilitou a tornar-se um parceiro menor no novo governo de direita, deixou claro que o dilema enfrentado pelos partidos conservadores austríacos persiste.

De sua parte, os Estados Unidos têm um histórico impressionante de guarda bem-sucedida dos portões. Tanto democratas como republicanos enfrentaram figuras extremistas em suas fileiras, algumas das quais com considerável apoio público. Durante décadas, ambos os partidos conseguiram manter essas figuras fora da corrente dominante. Até 2016, é claro.

2. Guardiões da América

Em *Complô contra a América*, o romancista Philip Roth se baseia em acontecimentos históricos reais para imaginar como poderia ter sido o fascismo nos Estados Unidos pré-guerra.

Um antigo herói dos meios de comunicação de massa, Charles Lindbergh, é a figura central do romance. Ele surge vertiginosamente para a fama com seu voo solo através do Atlântico em 1927 e, depois, se torna um eloquente isolacionista e simpatizante nazista. Contudo, é aqui que a história toma um rumo fantástico nas mãos de Roth: em vez de se dissipar na obscuridade, Lindbergh chega de avião à convenção do Partido Republicano em 1940 às 15h14, quando o salão lotado se encontra em impasse já na vigésima votação. Gritos de "Lindy! Lindy! Lindy!" irrompem durante trinta incontidos minutos no plenário da convenção, e, num momento de fervor coletivo, seu nome é proposto, formalmente indicado e aprovado por aclamação como candidato do partido à Presidência. Lindbergh, um homem sem experiência política, mas com um faro sem paralelo para a mídia, ignora seus conselheiros e faz campanha pilotando o seu icônico avião, *Spirit of St. Louis*, de estado em estado, com seus óculos, botas de cano alto e macacão de aviador.

Naquele mundo virado de cabeça para baixo, Lindbergh derrota Franklin Delano Roosevelt, o presidente em exercício, e se torna presidente. E Lindbergh, cuja campanha, revela-se mais tarde, era ligada a Hitler, segue adiante e assina tratados de paz com os inimigos da América. Uma onda de antissemitismo e violência é desencadeada em todo o país.

Muitos norte-americanos viram paralelos entre a eleição presidencial de 2016 e o trabalho de ficção de Roth. A premissa – um outsider com credenciais democráticas dúbias chega ao poder com a ajuda de uma nação estrangeira – não poderia deixar de repercutir. Porém, a comparação levanta uma questão adicional impressionante: considerando a gravidade da crise econômica dos anos 1930 no país, por que isso realmente *não* aconteceu aqui?

A RAZÃO POR QUE nenhum demagogo extremista conquistou a Presidência antes de 2016 não é a ausência de competidores para o papel. Tampouco é a falta de apoio público. Ao contrário, figuras extremistas há muito pontilham a paisagem da política norte-americana. Só nos anos 1930, havia não menos que oitocentos grupos extremistas nos Estados Unidos.[1] Entre as figuras mais importantes a surgirem nesse período esteve o padre Charles Coughlin, um sacerdote católico antissemita cujo veemente programa de rádio nacionalista alcançava até 40 milhões de ouvintes por semana. O padre Coughlin era abertamente antidemocrático, reclamando a abolição dos partidos políticos e questionando o valor de eleições. Seu jornal, *Social Justice*, adotava posições fascistas nos anos 1930, tendo declarado Mussolini seu "Homem da Semana",[2] e defendia com frequência o regime nazista. Apesar de seu extremismo, o padre Coughlin era imensamente popular. A revista *Fortune* disse que "ele era praticamente a maior coisa que jamais acontecera no rádio".[3] Ele fazia discursos para estádios e auditórios lotados em todo o país;[4] ao viajar de cidade em cidade, seus fãs se portavam nas estradas para vê-lo passar.[5] Alguns comentaristas da época o caracterizavam como a figura mais influente dos Estados Unidos depois de Roosevelt.

A Depressão também deu lugar ao governador da Louisiana e senador Huey Long, que se autodenominava o "Kingfish", o chefão. Long foi descrito pelo historiador Arthur M. Schlesinger Jr. como "o grande demagogo do momento, um homem que parece ... um ditador da América Latina, um Vargas ou um Perón".[6] O Kingfish era um talentoso orador de palanque e com frequência zombava do estado de direito.[7] Como governador, Long construiu o que Schlesinger descreveu como "o mais perto que a república norte-americana já chegou de um Estado totalitário", usando uma mistura de suborno e ameaças para submeter o Legislativo do estado, juízes e a imprensa.⁸ Perguntado por um deputado de oposição se ele já ouvira falar da Constituição do estado, Long respondeu: "Neste exato momento, eu sou a Constituição."⁹ O editor de jornal Hodding Carter chamou Long de "o primeiro verdadeiro ditador oriundo do solo norte-americano".¹⁰ Ao encontrar-se com Mussolini em Roma em 1933, o administrador da campanha de Franklin Roosevelt, James A. Farley, escreveu que o ditador italiano "me fez lembrar Huey Long".¹¹

Long construiu um grupo maciço de seguidores com sua reivindicação pela redistribuição da riqueza. Em 1934, dizia-se que ele tinha "recebido mais correspondência do que todos os outros senadores juntos, até mesmo mais que o presidente".¹² O seu movimento Share Our Wealth (Compartilhar nossa riqueza) tinha então mais de 27 mil células em todo o país e uma mala direta de quase 8 milhões de nomes.¹³ Long planejava disputar a Presidência,¹⁴ dizendo a um repórter do *New York Times*: "Eu posso pegar esse Roosevelt ... Posso prometer mais do que ele. E ele sabe disso."¹⁵ Roosevelt via o adversário como uma ameaça séria, mas foi poupado com o assassinato de Long em setembro de 1935.¹⁶

A tendência autoritária dos Estados Unidos persistiu através da era de ouro do período pós-Segunda Guerra Mundial. O senador Joseph McCarthy, que usou o medo da subversão comunista que marcava a Guerra Fria para promover listas negras, censura e proibição de livros, desfrutava de amplo apoio entre a população.¹⁷ No apogeu do poder político de McCarthy, as pesquisas mostravam que quase a metade dos norte-americanos o apoiava. Mesmo depois da censura do Senado contra ele em 1954, McCarthy tinha 40% de apoio nas pesquisas do Gallup.¹⁸

Uma década depois, a postura segregacionista desafiadora do governador do Alabama George Wallace o fez saltar para a proeminência nacional, levando-o a candidaturas surpreendentemente vigorosas à Presidência em 1968 e 1972. Wallace se engajou no que o jornalista Arthur Hadley chamou de "a velha e honrada tradição norte-americana de odiar os poderosos".¹⁹ Ele era, escreveu Hadley, um mestre ao explorar "o velho e manifesto ódio americano". Wallace muitas vezes incitava a violência e exibia uma desconsideração casual pelas normas constitucionais, declarando:

Há uma coisa mais poderosa do que a Constituição ... É a vontade do povo. Ora, o que é uma Constituição? É produto do povo, o povo é a primeira fonte de poder e o povo pode abolir a Constituição se quiser.[20]

A mensagem de Wallace, que misturava racismo com apelos populistas e o sentimento de vitimização e ódio econômico da classe trabalhadora branca, o ajudou a fazer incursões na base operária tradicional do Partido Democrata.[21] As pesquisas mostravam que, grosso modo, 40% dos norte-americanos aprovavam Wallace em sua candidatura de terceiro partido em 1968; em 1972, ele chocou o establishment ao surgir como um concorrente sério nas primárias do Partido Democrata.[22] Quando a campanha de Wallace foi atropelada por uma tentativa de assassinato em maio de 1972,[23] ele estava à frente de George McGovern nas primárias por mais de 1 milhão de votos.

Em resumo, os norte-americanos têm há muito uma veia autoritária. Não era incomum figuras como Coughlin, Long, McCarthy e Wallace ganharem apoio de uma minoria considerável – de 30% ou mesmo 40% – do país. Costumamos dizer a nós mesmos que a cultura política nacional norte-americana de algum modo nos imuniza contra esses apelos, mas isso exige que leiamos a história com óculos cor-de-rosa. A verdadeira proteção contra autoritários em potencial não foi o firme comprometimento da população com a democracia, mas, antes, os guardiões da democracia – os nossos partidos.

EM 8 DE JUNHO DE 1920, quando a presidência de Woodrow Wilson estava no fim, os delegados republicanos se reuniram para escolher sua indicação no Chicago Coliseum, cheio de bandeiras mas malventilado, onde o calor abrasador chegava a mais de 38 graus. Depois de nove votações ao longo de quatro dias, a convenção continuava indecisa. Na noite de sexta-feira, na suíte 404 do 13º andar do Blackstone Hotel, o presidente do Comitê Nacional Republicano, Will Hays, e George Harvey, o poderoso editor do semanário *Harvey's Weekly*, recebiam um grupo de senadores e líderes partidários dos Estados Unidos que se alternavam para conversas de bastidores na "sala enfumaçada" original.²⁴ A Velha Guarda, como os jornalistas os chamavam, se servia drinques, fumava charutos e negociava até tarde da noite sobre como romper o impasse e arranjar o candidato de que os 493 delegados precisavam para a indicação.

O competidor que liderava no plenário da convenção era o major-general Leonard Wood, um velho aliado de Theodore Roosevelt, que provocara entusiasmo popular nas primárias e dominava as votações no começo da semana, com 287 delegados. Depois dele vinham o governador de Illinois, Frank Lowden, o senador da Califórnia, Hiram Johnson, e o senador de Ohio, Warren G. Harding, num distante quarto lugar, com apenas 65½ delegados. No plenário da convenção, os repórteres escreveram: "Ninguém está falando de Harding ... [Ele não é] sequer considerado entre os azarões mais promissores."²⁵ Contudo, como os repórteres ouviam rumores sobre as discussões que aconteciam no Blackstone, os mais motivados entre eles conseguiram abrir caminho até o 13º andar do hotel e se reunir silenciosamente nos corredores do lado de fora da suíte 404, para observar brevemente enquanto os senadores mais importantes – incluindo Henry Cabot Lodge, de Massachusetts, McCormick, de Illinois, Phipps, do Colorado, Calder, de Nova York, o ex-senador Crane, de Massachusetts, e outros – iam e vinham.

No interior da suíte 404, as desvantagens de cada candidato eram cuidadosamente examinadas e debatidas (Knox era velho demais; Lodge não gostava de Coolidge). À uma da manhã, sete membros da Velha Guarda permaneciam no aposento e procederam à votação, cada um deles se levantando na sua vez de dar seu voto. Chamado às 2h11 da manhã por George Harvey, um atônito Harding foi informado de que havia sido escolhido. A notícia se espalhou. Na noite seguinte, na cabine de votação e para grande alívio dos suarentos delegados, Warren G. Harding conquistou esmagadores 692½ delegados da convenção, em meio a saudações entusiásticas. Embora só tenha recebido 4% da votação inicial, ele agora era o candidato presidencial indicado em 1920 pelo Partido Republicano.

Ninguém gosta de bastidores enfumaçados hoje em dia – e por boas razões. Eles não eram muito democráticos. Os candidatos eram escolhidos por um pequeno grupo de figuras influentes que não prestava contas nem às bases do partido nem aos cidadãos comuns. E salas fumacentas nem sempre produziram bons presidentes – o mandato de Harding, afinal, foi marcado por escândalos. No entanto, a seleção de candidatos em bastidores enfumaçados tinha uma virtude que hoje costuma ser esquecida: prestava-se a uma função guardiã, mantendo figuras comprovadamente impróprias fora da votação e longe do cargo. Com toda certeza, a razão para isso não era o espírito elevado dos líderes partidários. Antes, os "chefes", como seus oponentes os chamavam, estavam mais interessados em escolher candidatos capazes de vencer. Era, antes de tudo, a sua aversão a riscos que os levava a evitar extremistas.

As instituições guardiãs remontam à fundação da república norte-americana. A Constituição de 1787 criou o primeiro sistema presidencial do mundo. O presidencialismo propõe desafios distintos para a guarda bem-sucedida dos portões. Em democracias parlamentares, o primeiro-ministro é membro do Parlamento e selecionado pelos principais partidos do Parlamento mesmo, o que praticamente assegura que ele ou ela seja aceitável para os insiders da política.[26] O próprio processo de formação do governo serve como um filtro. Presidentes, em contraste, não são membros do Congresso e tampouco são eleitos pelo Congresso. Pelo menos em teoria, eles são eleitos pelo povo, qualquer um pode concorrer à Presidência e – se obtiver apoio bastante – vencer.

Nossos fundadores estavam profundamente preocupados com a salvaguarda da democracia. Ao projetarem a Constituição e o sistema eleitoral, eles se debateram com um dilema que, em muitos aspectos, nos acompanha até hoje. Por um lado, eles não procuravam um monarca, mas um presidente eleito – alguém que se alinhasse às suas ideias de um governo popular republicano, refletindo a vontade do povo. Por outro, não confiavam plenamente na capacidade do povo de avaliar a aptidão de candidatos para o cargo. Alexander Hamilton se preocupava com a possibilidade de que uma presidência eleita pelo voto popular pudesse ser muito facilmente capturada por aqueles que jogassem com o medo e a ignorância para ganhar as eleições e, depois, governar como tiranos.²⁷ "A história nos ensinará", escreveu Hamilton em *O federalista*, que, "entre os homens que subverteram a liberdade de repúblicas, a maioria começou carreira cortejando obsequiosamente o povo; começaram demagogos e terminaram tiranos." Para Hamilton e seus colegas, eleições exigiam algum tipo de dispositivo integrado de triagem.²⁸

O dispositivo que os fundadores propuseram foi o Colégio Eleitoral. O artigo II da Constituição criou um sistema de eleição indireta que refletia o pensamento de Hamilton no artigo 68 de *O federalista*.

> A eleição imediata deve ser feita pelos homens mais capazes de analisar as qualidades propícias ao cargo e agir sob circunstâncias favoráveis à deliberação e à combinação judiciosa de razões e estímulos que sejam adequados para governá-los.²⁹

O Colégio Eleitoral, formado em cada estado por homens proeminentes da região, seria, assim, responsável por escolher o presidente. Sob esse arranjo, raciocinou Hamilton, "o cargo de presidente raramente caberá a homens que não sejam dotados em grau eminente das qualificações necessárias". Homens com talento para "intrigas baixas e as pequenas artes de popularidade" seriam removidos por filtragem. O Colégio Eleitoral tornou-se assim o guardião original de nossa democracia.

Esse sistema, contudo, revelou-se de vida curta, devido a duas insuficiências do projeto original dos fundadores. Primeiro, a Constituição silencia sobre a questão de como devem ser selecionados os candidatos presidenciais. O Colégio Eleitoral entra em operação *depois* que o povo vota, não desempenhando nenhum papel no que diz respeito a quem busca a Presidência. Segundo, a Constituição jamais menciona partidos políticos. Embora Thomas Jefferson e James Madison tenham mais tarde aberto as trilhas do nosso sistema de dois partidos, os fundadores não contemplaram seriamente a sua existência.

A ascensão de partidos no começo dos anos 1800 mudou a maneira como nosso sistema eleitoral funcionava. Em vez de eleger notáveis locais como delegados para o Colégio Eleitoral, como os fundadores haviam imaginado, cada estado começou e eleger seguidores partidários. Os eleitores se tornaram agentes partidários, o que significa que o Colégio Eleitoral cedeu a autoridade de guardião aos partidos. E os partidos a mantiveram desde então.

Os partidos se tornaram, então, os administradores da democracia norte-americana. Uma vez que selecionam os candidatos presidenciais, os partidos têm a capacidade – e, nós acrescentaríamos, a responsabilidade – de manter figuras perigosas longe da Casa Branca. Eles precisam, portanto, encontrar um equilíbrio satisfatório entre dois papéis: um papel democrático, em que escolhem o candidato que melhor representa os eleitores do partido, e o que o cientista político James Ceaser chama de um papel de "filtragem",[30] no qual removem aqueles que representam uma ameaça para a democracia ou de algum outro modo sejam inadequados para assumir o cargo.

Esses imperativos duais – escolher um candidato popular e obstar demagogos – podem, às vezes, entrar em conflito. E se o povo escolher um demagogo? Esta é a tensão recorrente no núcleo do processo de indicação presidencial, desde a época dos fundadores até hoje. Em si mesmo, o excesso de confiança em guardiões é antidemocrático – pode criar um mundo de chefes partidários que ignoram as bases e não logram representar o povo. Porém, um excesso de confiança na "vontade popular" também pode ser perigoso, pois arrisca levar à eleição de um demagogo que ameace a própria democracia. Não há escapatória dessa tensão. Há sempre compromissos.

Durante a maior parte da história dos Estados Unidos, os partidos políticos priorizaram a guarda dos portões em detrimento da abertura. Sempre havia algum tipo de sala enfumaçada. No começo do século XIX, os candidatos presidenciais eram escolhidos por grupos de congressistas em

Washington, num sistema conhecido como Convenção Congressional. O sistema foi logo criticado por ser fechado demais, de modo que, a partir dos anos 1830, os candidatos passaram a ser indicados em convenções partidárias nacionais compostas por delegados de cada estado. Os delegados não eram eleitos pelo voto popular; eram escolhidos por comitês partidários estaduais e locais e não eram obrigados a apoiar candidatos específicos. De modo geral, eles seguiam as instruções dos líderes partidários estaduais que os enviavam para as convenções.[31] Dessa forma, o sistema favorecia os insiders, ou os candidatos apoiados pelos líderes partidários que controlavam os delegados. Candidatos sem apoio entre os membros da rede partidária de políticos estaduais e locais não tinham nenhuma chance de sucesso.

O sistema de convenções também foi criticado por ser fechado e antidemocrático, e não faltaram esforços para reformá-lo. Eleições primárias foram introduzidas durante a era progressista: a primeira teve lugar em Wisconsin em 1901, e, em 1916, primárias foram realizadas em duas dezenas de estados. Contudo, isso trouxe poucas mudanças – em parte porque muitos estados não as empregaram, mas sobretudo porque não se exigia que os delegados eleitos apoiassem o candidato que vencera a primária.[32] Eles permaneciam "desobrigados", livres para negociar no plenário da convenção. Os líderes partidários – com seu controle sobre empregos públicos, prerrogativas e outros benefícios – estavam bem posicionados para agenciar essas negociações, de modo que assumiram o papel de guardiões da Presidência.[33] Como não tinham força vinculante sobre as indicações para a corrida presidencial, as primárias representavam pouco mais que concursos de beleza. O poder real permanecia nas mãos de insiders dos partidos, ou de "homens da organização", como os contemporâneos os chamavam. Para candidatos em potencial, assegurar o apoio dos homens da organização era o único caminho viável para a indicação.

O velho sistema de convenções salienta os compromissos inerentes à guarda bem-sucedida dos portões. Por um lado, não era muito democrático. Os homens da organização não eram propriamente representativos da sociedade norte-americana. Com efeito, eles seriam a própria definição de uma rede de "velhos amigos". A maioria dos membros da base partidária, sobretudo os pobres e sem conexões políticas, as mulheres e as minorias, não era representada nas salas enfumaçadas e, assim, era excluída do processo de indicação para a corrida presidencial.

Por outro lado, o sistema de convenções era um guardião eficiente, pois filtrava de maneira sistemática candidatos perigosos. Os insiders partidários proviam o que os cientistas políticos chamam de "revisão por pares".[34] Prefeitos, senadores e representantes parlamentares conheciam os candidatos pessoalmente. Tinham trabalhado com eles, sob diversas circunstâncias, ao longo de anos, estando, por isso, bem posicionados para avaliar seu caráter, discernimento e capacidade de operar sob pressão.[35] As conversas de bastidores em salas enfumaçadas serviam como um mecanismo de triagem, ajudando a manter de fora o tipo de demagogos e extremistas que descarrilaram a democracia em outras partes do mundo. A guarda dos portões pelo partido era tão eficiente que outsiders simplesmente não podiam ganhar. Em consequência, a maioria deles nem mesmo tentava.

Pensemos em Henry Ford, o fundador da Ford Motor Company. Um dos homens mais ricos do mundo no século XX, Ford era uma versão moderna do tipo de demagogo extremista contra o qual Hamilton advertira. Usando o seu semanário *Dearborn Independent* como um megafone, ele vociferava contra banqueiros, judeus e bolcheviques, publicando artigos que afirmavam que os interesses bancários judaicos estavam conspirando contra os Estados Unidos. Suas opiniões atraíram elogios de racistas em todo o mundo.[36] Ele foi mencionado com admiração por Adolf Hitler em *Minha luta* e descrito pelo futuro líder nazista Himmler como "um dos nossos combatentes mais valorosos, importantes e engenhosos".[37] Em 1938, o governo nazista o condecorou com a Ordem de Mérito da Águia Alemã.

Contudo, Ford também era uma figura amplamente admirada, até amada, nos Estados Unidos, sobretudo no Meio-Oeste.[38] Um "menino pobre de fazenda que soube prosperar",[39] o homem de negócios sem papas na língua era reverenciado por muitos norte-americanos do campo como um herói popular, lado a lado com presidentes como Washington e Lincoln.

A impetuosidade agitada de Ford o levou enfim para a política. Ele começou fazendo oposição à Primeira Guerra Mundial, enviando à Europa uma "missão de paz" amadorística, mas que chamou muita atenção. Frequentou a política depois da guerra, quase conquistando uma cadeira no Senado em 1918 e, depois, flertando com a possibilidade de concorrer à Presidência (pelo Partido Democrata, em 1924). A ideia logo gerou entusiasmo, especialmente nas partes rurais do país. Clubes "Ford para Presidente" surgiram em 1923, e a imprensa começou a falar em uma "Ford Mania".[40]

Naquele verão, a popular revista *Collier's* deu início a uma pesquisa nacional semanal com seus leitores, que sugeriram que a celebridade de Ford, sua reputação para os negócios e a atenção incessante da mídia poderiam se traduzir numa candidatura presidencial popular. Os resultados saíam toda semana e eram acompanhados por manchetes cada vez mais reverentes: "Caos na política com o crescimento dos votos em Ford" e "Ford lidera na dura disputa presidencial".[41] Ao final da votação de dois meses com a participação de mais de 250 mil leitores, Henry Ford deixou a competição, superando todos os doze competidores, inclusive o presidente Warren Harding e o futuro presidente Herbert Hoover. Com esses resultados, o editor da *Collier's* concluiu: "Henry Ford passou a ser *a* questão da política americana."[42]

Porém, se Ford nutria ambições presidenciais sérias, nasceu um século antes da hora. O que importava muito mais do que a opinião pública, então, era a opinião dos líderes partidários, e os líderes partidários o rejeitaram categoricamente. Uma semana depois de publicar os resultados da pesquisa entre seus leitores, numa série de artigos, um deles intitulado "Os políticos escolhem o presidente", a *Collier's* reportou os resultados de sua pesquisa entre os insiders mais significativos – um grupo de 116 líderes de ambos os partidos, inclusive todos os membros do Comitê Nacional tanto do Partido Republicano quanto do Democrata, quatorze governadores de peso e senadores e deputados de ambos os partidos. Entre essas eminências pardas, Ford ficava para trás, num distante quinto lugar. O editor da *Collier's* observou naquele outono:

Quando perguntam aos caciques do [Partido] Democrata: "E quanto a Ford?", todos eles dão de ombros. Quase sem uma única exceção, os homens que constituem o que em geral é conhecido como a "organização" se opõem a Ford em todos os estados. *Em todos os estados, exceto naqueles onde há primárias presidenciais, esses homens praticamente escolhem a dedo os delegados para as convenções nacionais* ... Ninguém nega a importância do sentimento pró-Ford entre as massas populares – democratas e republicanas. Todo líder democrata sabe que seu estado está repleto desse sentimento – e ele tem medo disso. Entretanto, ele pensa que, por causa da máquina de seleção de delegados, é baixa a probabilidade de que Ford tenha bom desempenho.[43]

A despeito do entusiasmo popular por sua candidatura, Ford foi efetivamente impedido de disputar. O senador James Couzens chamou a ideia da candidatura dele de absurda. "Como pode um homem de mais de sessenta anos, que ... não tem nenhuma preparação, nenhuma experiência, aspirar a tal cargo?", perguntou ele. "Isso é um grande absurdo."[44]

Portanto, não é de surpreender que, ao ser entrevistado pela *Collier's* no final daquele longo verão, as ambições presidenciais de Ford fossem moderadas:

> Não sou capaz de me imaginar aceitando hoje qualquer indicação. É claro, não posso dizer ... o que vou fazer amanhã. Pode acontecer uma guerra ou alguma crise do tipo, uma situação em que legalismo, constitucionalismo e tudo o mais não figurem, e a nação queira uma pessoa capaz de fazer coisas e de fazê-las rápido.[45]

O que Ford estava dizendo, para todos os efeitos, é que só ia considerar a possibilidade de concorrer se o sistema de guardiões que estava bloqueando seu caminho fosse de algum modo removido. Então, na realidade, ele nunca teve uma chance.

Huey Long não viveu o bastante para experimentar as águas presidenciais, mas, apesar de suas extraordinárias habilidades, popularidade e ambição políticas, há boas razões para se pensar que também teria sido barrado pelos guardiões do partido. Ao ser eleito para o Senado em 1932, sua postura de desrespeito às normas rapidamente o isolou de seus pares.[46] Sem apoio entre os líderes do Partido Democrata, Long não teria tido nenhuma chance de derrotar Roosevelt na convenção de 1936, a menos que preparasse uma campanha presidencial independente, o que teria sido extraordinariamente difícil. As pesquisas sugerem que a candidatura de Long podia dividir a votação no Partido Democrata e jogar a corrida de 1936 no colo do Partido Republicano, mas que o próprio Long tinha poucas chances de vencer.[47]

Os guardiões do partido ajudaram a limitar George Wallace às margens da política. O governador segregacionista participou de algumas poucas rodadas nas primárias do Partido Democrata em 1964, com desempenho surpreendentemente bom. Concorrendo contra direitos civis e com o slogan "Defenda a América", Wallace chocou as autoridades no assunto ao ganhar quase um terço dos votos em Wisconsin e Indiana e impressionantes 43% em Maryland.[48] Contudo, as primárias tinham pouca importância em 1964, e Wallace logo renunciou em face da inevitável candidatura de Lyndon Johnson. Ao longo dos quatro anos seguintes, contudo, Wallace fez campanha pelo país em antecipação à corrida presidencial de 1968. Sua combinação de populismo com nacionalismo branco ganhou forte apoio entre alguns eleitores brancos da classe trabalhadora. Em 1968, cerca de 40% dos norte-americanos o aprovavam.[49] Em outras palavras, Wallace tinha um apelo semelhante ao de Trump, e gozava de níveis similares de apoio público.

Contudo, Wallace operava num mundo político diferente. Sabendo que o establishment do Partido Democrata jamais apoiaria a sua candidatura, ele concorreu como candidato do Partido da Independência Americana, o que foi sua ruína.[50] Seu desempenho – 13,5% dos votos – foi robusto para um candidato de terceiro partido, mas o deixou longe da Casa Branca.

Agora podemos compreender plenamente o salto imaginativo de Philip Roth em *Complô contra a América*. O fenômeno Lindbergh não chegava a ser uma invenção da imaginação de Roth. Lindbergh, um defensor da "pureza racial"[51] que excursionou pela Alemanha nazista em 1936 e foi condecorado com uma medalha de honra por Hermann Göring, surgiu como um dos isolacionistas mais proeminentes dos Estados Unidos em 1939 e 1940, falando nacionalmente em nome do comitê America First. Gozava de extraordinária popularidade. Seus discursos atraíam grandes multidões,[52] e, em 1939, segundo o editor Paul Palmer, da *Reader's Digest*, suas falas no rádio geravam mais correspondência do que as de qualquer outra pessoa no país. Como formula um historiador: "A sabedoria popular entendera que Lindbergh finalmente concorreria a um cargo público",[53] e, em 1939, o senador William Borah, de Idaho, sugeriu que Lindbergh daria um bom candidato presidencial.[54] Porém, aqui é onde nós retornamos à realidade. A convenção de 1940 do Partido Republicano não foi nem sequer remotamente parecida com a convenção ficcional descrita em *Complô contra a América*. Não apenas Lindbergh não apareceu na convenção, como seu nome não foi nem mesmo aventado. A guarda dos portões funcionou.

Na conclusão de sua história da política da direita radical nos Estados Unidos, *The Politics of Unreason*, Seymour Martin Lipset e Earl Raab descrevem os partidos norte-americanos como o "principal bastião prático" contra extremistas. Eles estavam certos. Mas Lipset e Raab publicaram seu livro em 1970, no momento em que os partidos iniciavam a mais dramática reforma dos seus sistemas de indicação em bem mais de um século. Tudo estava prestes a mudar, com consequências que iriam muito além do que qualquer um poderia ter imaginado.

O PONTO CRÍTICO SE DEU em 1968. Foi um ano dilacerante para os norte-americanos. O presidente Lyndon Johnson promovera uma intensificação da guerra no Vietnã, que estava saindo de controle – 16.592 norte-americanos morreram no Vietnã só em 1968, mais do que em qualquer ano anterior. As famílias americanas se sentavam em suas salas de estar a cada anoitecer para assistir aos noticiários, agredidas por cenas cada vez mais explícitas de combate. Em abril de 1968, um assassino atirou em Martin Luther King Jr. Então, em junho, horas depois de sua vitória nas primárias presidenciais da Califórnia, a campanha de Robert Kennedy foi abruptamente interrompida pela arma de um segundo assassino. Os gritos de desespero no salão de baile do Ambassador Hotel em Los Angeles naquela noite foram sintetizados pelas palavras do romancista John Updike: era como se "Deus talvez tivesse retirado Sua bênção da América".[55]

Nesse ínterim, os democratas se dividiram cada vez mais entre apoiadores da política externa de Johnson e os que haviam adotado a posição antiguerra de Robert Kennedy. A divisão se desenvolveu de maneira particularmente disruptiva na Convenção do Partido Democrata em Chicago. Com Kennedy tragicamente morto, a organização tradicional do partido tratou de substituí-lo. Os insiders do partido, que dominavam o plenário da convenção, favoreciam o vice-presidente Hubert Humphrey, mas Humphrey era profundamente impopular entre os delegados antiguerra, por conta de sua associação com as políticas do presidente Johnson no Vietnã. Além disso, ele não tinha concorrido numa única primária sequer. Sua campanha, como disse um dos analistas, se limitou a "líderes partidários, chefes de sindicatos e outros insiders".[56] Todavia, com o apoio da militância do partido, inclusive da máquina do poderoso prefeito de Chicago, Richard Daley, ele ganhou a nomeação na primeira votação.

Humphrey não foi propriamente o primeiro candidato a conquistar uma indicação sem competir em primárias. Entretanto, seria o último. Os acontecimentos que se desdobraram em Chicago – exibidos em telas de TV em todo o país – feriram de morte o sistema de seleção presidencial por insiders do partido. Mesmo antes do início da convenção, o golpe esmagador do assassinato de Robert Kennedy, a escalada do conflito no Vietnã e a energia dos manifestantes antiguerra no Grand Park de Chicago solaparam qualquer fé pública remanescente no velho sistema. Em 28 de agosto, os manifestantes marcharam para a convenção: policiais de capacetes azuis atacaram manifestantes e espectadores, e homens, mulheres e crianças ensanguentados buscaram refúgio em hotéis próximos. A assim chamada Batalha da Avenida Michigan transbordou para o próprio salão da convenção. O senador Abraham Ribicoff, de Connecticut, em seu discurso de indicação do candidato antiguerra George McGovern, censurou as "táticas ao estilo Gestapo" da polícia de Chicago, encarando diretamente – ao vivo na televisão – o prefeito Daley. Quando a confrontação explodiu no plenário da convenção, policiais uniformizados arrastaram vários delegados, tirando-os do auditório. Assistindo em choque, o âncora da NBC Chet Huntley observou: "Esta é sem dúvida a primeira vez em todos os tempos que policiais entraram no plenário de uma convenção." O seu coâncora, David Brinkeley, acrescentou ironicamente: "Nos Estados Unidos."[57]

A calamidade de Chicago desencadeou reformas de longo alcance. Na sequência da derrota de Humphrey na eleição de 1968, o Partido Democrata criou a Comissão McGovern-Fraser, encarregando-a de repensar o sistema de indicação. O relatório final da comissão, publicado em 1971, citava o velho adágio: "A cura para os males da democracia é mais democracia."[58] Com a legitimidade do sistema político em jogo, os líderes partidários sofreram imensa pressão para abrir o processo de indicação presidencial.[59] Como formulou George McGovern, "a menos que mudanças sejam feitas, a próxima convenção vai fazer a última parecer um piquenique de escola no domingo". Se não obtiver poder real de decidir, advertia sombriamente o relatório McGovern-Fraser, o povo se voltará para "a antipolítica das ruas".[60]

A Comissão McGovern-Fraser emitiu um conjunto de recomendações que os dois partidos adotaram antes da eleição de 1972. O que emergiu foi um sistema de primárias presidenciais vinculantes. A partir de 1972, a vasta maioria dos delegados das convenções democrata e republicana seria eleita em primárias e assembleias no âmbito estadual. Os delegados seriam pré-selecionados pelos próprios candidatos para garantir sua lealdade. Isso significava que, pela primeira vez, as pessoas que escolhiam os candidatos presidenciais dos partidos não estariam nem submetidas a líderes partidários nem livres para fazer acordos de bastidores na convenção; em vez disso, elas refletiriam fielmente a vontade dos eleitores nas primárias dos seus estados. Havia diferenças entre os partidos, como a adoção pelos democratas de regras proporcionais em muitos estados e de mecanismos para aumentar a representação de mulheres e minorias.[61]

Porém, ao adotarem primárias vinculantes, ambos os partidos afrouxaram de maneira substancial o controle de seus líderes sobre o processo de seleção dos candidatos – abrindo-o, alternativamente, para os eleitores. O presidente do Comitê Nacional Democrata, Larry O'Brien, caracterizou as reformas como "as mais formidáveis mudanças desde o sistema partidário". George McGovern, que inesperadamente ganhou a indicação democrata em 1972, qualificou o novo sistema de primárias de "o mais aberto processo político da história do país".[62]

McGovern estava certo. O caminho para a indicação não tinha mais que passar pelo establishment do partido. Pela primeira vez, os guardiões dos portões da democracia podiam ser contornados e derrotados.

Os democratas, cujas primárias iniciais foram voláteis e desagregadoras,[63] retrocederam um tanto no começo dos anos 1980, estipulando que uma parcela dos delegados nacionais fosse de mandatários eleitos – governadores, prefeitos de grandes cidades, senadores e representantes parlamentares – nomeados pelo partido nos estados, em vez de eleitos em primárias. Esses "superdelegados", representando entre 15% e 20% dos delegados nacionais, serviriam como um contrapeso aos eleitores nas primárias – e como um mecanismo para os líderes partidários afastarem candidatos que desaprovassem. Os republicanos, em contraste, estavam voando alto sob Reagan no começo dos anos 1980. Sem ver a necessidade de superdelegados, o GOP* optou, fatidicamente, por manter um sistema de indicação mais democrático.

Alguns cientistas políticos se mostraram preocupados com o novo sistema. Primárias vinculantes eram certamente mais democráticas. Mas não seriam democráticas *demais*? Ao colocar as indicações presidenciais nas mãos dos eleitores, as primárias vinculantes enfraqueceram a função dos partidos como guardiões da democracia, eliminando potencialmente o processo de revisão por pares e abrindo a porta para outsiders. Pouco antes do início dos trabalhos da Comissão McGovern-Fraser, dois proe-

---

* Abreviatura de Grand Old Party, Grande Partido Antigo, como costuma ser referido o Partido Republicano dos Estados Unidos. (N.T.)

minentes cientistas políticos advertiram que as primárias poderiam "levar ao surgimento de candidatos extremistas e demagogos", que, livres de obediências partidárias, "pouco teriam a perder incitando ódios de massa ou fazendo promessas absurdas".[64]

Inicialmente, esses medos pareceram exagerados. Outsiders de fato surgiram: Jesse Jackson, um líder na luta por direitos civis, concorreu à indicação do Partido Democrata em 1984 e 1988, enquanto o líder batista sulista Pat Robertson (1988), o comentarista de televisão Pat Buchanan (1992, 1996, 2000) e o editor executivo da revista *Forbes* Steve Forbes (1996) concorreram à indicação pelo Partido Republicano. Não obstante, todos perderam.

Contornar o establishment do partido era, conforme se revelou, mais fácil em teoria do que na prática. Capturar a maioria dos delegados exigia vencer as primárias em todo o país, o que, por sua vez, exigia dinheiro, cobertura de mídia favorável e, de maneira crucial, gente trabalhando em campo em todos os estados. Qualquer candidato em busca de completar a exaustiva corrida de obstáculos das primárias nos Estados Unidos precisava conquistar aliados entre doadores, editores de jornais, grupos de interesse e políticos de âmbito estadual, como governadores, prefeitos, senadores e congressistas.[65] Em 1976, Arthur Hadley descreveu esse árduo processo como a "primária invisível".[66] Ele afirmou que essa fase, que ocorria antes da abertura das primárias, era "onde o candidato vencedor era realmente selecionado".[67] Membros do establishment do partido – mandatários eleitos, ativistas, grupos de interesse aliados – não eram, assim, necessariamente impedidos de entrar no jogo. Sem eles, argumentava Hadley, era quase impossível conquistar a indicação em ambos os partidos.

Durante um quarto de século, Hadley esteve certo.

3. A grande abdicação republicana

Em 15 de junho de 2015, o incorporador imobiliário e estrela de reality show Donald Trump desceu de elevador até o saguão do seu próprio edifício, a Trump Tower, para fazer um comunicado. Ele iria concorrer à Presidência da República. Na época, ele era apenas mais um candidato azarão, que pensava que sua fortuna e celebridade poderiam lhe render uma chance ou, no mínimo, permitir que ele se aquecesse à luz dos holofotes durante alguns meses. Como seu colega empresário Henry Ford um século antes, Trump defendia algumas opiniões extremistas – sua experiência mais recente em política tinha sido como adepto do chamado "movimento *birther*", que questionava se o presidente Barack Obama de fato nascera nos Estados Unidos. Até onde a mídia e figuras políticas mais importantes o levassem a sério, seria para denunciá-lo.

Contudo, o sistema das primárias abrira o processo de indicação presidencial como nunca antes na história dos Estados Unidos. E aberturas têm sempre dois lados. Nesse novo ambiente, uma gama mais ampla de políticos, de George McGovern a Barack Obama, podia agora concorrer seriamente à Presidência. Mas a janela também estava aberta para verdadeiros outsiders[1] – indivíduos que nunca exerceram mandato eletivo. Nos 23 anos entre 1945 e 1968, sob o velho sistema de convenções, somente um único outsider (Dwight Eisenhower) buscou publicamente indicação, considerando ambos os partidos. Em contraste, durante as duas primeiras décadas do sistema de primárias, de 1972 a 1992, oito outsiders concorreram (cinco democratas e três republicanos), uma média de 1,25 por eleição; e, entre 1996 e 2016, dezoito outsiders competiram nas primárias de um dos dois partidos – uma média de três por eleição. Treze desses candidatos eram republicanos.

O sistema de primárias pós-1972 era especialmente vulnerável a um tipo particular de outsider: indivíduos com fama ou dinheiro o bastante para passar ao largo da "primária invisível".[2] Em outras palavras, celebridades. Embora outsiders conservadores como Pat Robertson, Pat Buchanan e Steve Forbes não tenham conseguido superar os efeitos da primária invisível durante os anos 1980 e 1990, seu sucesso relativo deu indicações de como isso poderia ser feito. Forbes, um homem de negócios extremamente rico, era capaz de comprar o reconhecimento de seu nome, enquanto Robertson, um televangelista que fundou a Christian Broadcasting Network, e Buchanan, um comentarista de televisão (um defensor precoce do nacionalismo branco republicano), eram ambos figuras pitorescas com acesso à mídia. Embora nenhum deles tenha conseguido a indicação, todos usaram sua enorme riqueza e seu status de celebridade para se viabilizarem como competidores.

No fim das contas, porém, os outsiders celebridades sempre fracassaram. Então, naquela tarde de começo de verão no saguão dourado da Trump Tower, não parecia haver motivo para pensar que as coisas pudessem ser diferentes. Para ganhar a indicação, Trump teria que competir numa intricada rede de convenções e primárias contra dezesseis outros candidatos. Muitos dos seus rivais se gabavam do tipo de currículo que tinha sido a marca registrada de candidatos bem-sucedidos no passado. À frente do grupo estava o governador da Flórida, Jeb Bush, filho e irmão de ex-presidentes. Havia outros governadores, como os do Wisconsin, Scott Walker, da Louisiana, Bobby Jindal, de Nova Jersey, Chris Christie, e de Ohio, John Kasich, além de várias estrelas republicanas ascendentes – políticos mais jovens, ligados à mídia, como os senadores Marco Rubio e Rand Paul, que esperavam replicar a via rápida de Barack Obama para a Presidência. O Texas, pátria de três dos oito últimos presidentes eleitos, apresentou mais dois candidatos: o senador Ted Cruz e o ex-governador Rick Perry. Além de Trump, dois outros outsiders entraram na disputa: a empresária Carly Fiorina e o neurocirurgião Ben Carson.

Trump não podia esperar ganhar o apoio do establishment. Não só ele não tinha nenhuma experiência política, como nem sequer era um republicano de toda a vida. Enquanto Bush, Rubio, Cruz, Christie, Walker e Kasich tinham todos raízes republicanas profundas, Trump havia mudado seu registro de filiação partidária várias vezes, tendo inclusive contribuído para a campanha de Hillary Clinton ao Senado.

Mesmo depois que ele começou a crescer abruptamente nas pesquisas, poucas pessoas levaram sua candidatura a sério. Em agosto de 2015, dois meses depois de Trump anunciar sua candidatura, os agenciadores de apostas em Las Vegas davam a ele uma chance em cem de ganhar a corrida para a Casa Branca.[3] E, em novembro de 2015, quando Trump estava no topo das pesquisas republicanas, Nate Silver, fundador do blog *FiveThirtyEight*, cujas previsões acuradas nas eleições de 2008 e 2012 lhe valeram fama e prestígio, escreveu um artigo intitulado "Querida mídia: Pare de viajar nos números de pesquisa de Donald Trump". O artigo previa que a fragilidade de Trump entre os insiders do partido significaria o seu fim. Apesar da aparente ampla vantagem de Trump, nos garantiu Silver, suas chances de ser indicado eram "consideravelmente inferiores a 20%".[4]

Contudo, o mundo havia mudado. Os guardiões do partido eram apenas uma sombra do que tinham sido, por duas razões principais. Uma foi o aumento dramático da disponibilidade de dinheiro de fora, acelerada (mas não tanto causada) pela decisão "Cidadãos Unidos", da Suprema Corte, em 2010.[5] Hoje, mesmo candidatos presidenciais periféricos – Michele Bachmann, Herman Cain, Howard Dean, Bernie Sanders – podem levantar grandes somas em dinheiro, seja encontrando o seu próprio financiador bilionário ou através de pequenas doações via internet. A proliferação de candidatos bem-financiados nas primárias indicava um ambiente político mais aberto e fluido.

O outro grande responsável por diminuir o poder dos guardiões tradicionais foi a explosão da mídia alternativa, sobretudo noticiários de TV a cabo e redes sociais.[6] Enquanto o caminho para o reconhecimento nacional de um nome passava antes por relativamente poucos canais estabelecidos, os quais favoreciam mais políticos do establishment que extremistas, o novo ambiente midiático facilita que celebridades alcancem o reconhecimento de seus nomes – e apoio público – praticamente da noite para o dia.⁷ Isso foi particularmente verdadeiro no lado republicano, no qual o surgimento da Fox News e de personalidades influentes em programas de rádio – o que o comentarista David Frum chama de "complexo de entretenimento conservador"⁸ – radicalizou os eleitores conservadores,⁹ favorecendo os candidatos de ideologia extrema. Esse movimento impulsionou fenômenos como Herman Cain, ex-diretor geral da Godfather Pizza e apresentador de rádio que disparou para o topo das pesquisas republicanas no final de 2011, antes de fazer água por causa de um escândalo.

O processo de indicação estava agora inteiramente aberto. Embora não se possa dizer que as regras do jogo assegurassem a ascensão de figuras ao estilo Trump, elas já não eram mais capazes de impedi-la. Como num jogo de roleta-russa, as chances de um outsider extremista sequestrar a nomeação para concorrer à Presidência eram maiores do que nunca.

EMBORA MUITOS FATORES tenham contribuído para o sucesso político atordoante de Trump, sua ascensão à Presidência é, em boa medida, uma história de guarda ineficaz dos portões.¹⁰ Os guardiões do partido falharam em três momentos cruciais: a "primária invisível", as primárias propriamente ditas e a eleição geral.

Trump acabou em último por larga margem na primária invisível. Quando a temporada das primárias de verdade começou, em 1º de fevereiro de 2016, no dia da convenção de Iowa, ele não tinha endosso entre os caciques republicanos. Com o apoio de governadores, senadores e representantes parlamentares, na convenção de Iowa Jeb Bush ganhou com 31 endossos. Marco Rubio ficou em segundo, com 27. Ted Cruz em terceiro, com 18, seguido por Rand Paul, com 11. Chris Christie, John Kasich, Mike Huckabee, Scott Walker, Rick Perry e Carly Fiorina ganharam mais endossos do que Trump.¹¹ Por todo e qualquer padrão de sensatez, portanto, a candidatura de Trump era um desastre. Fosse a história realmente um guia, sua liderança nas pesquisas se dissiparia de maneira inevitável.

O desempenho de Trump na disputa no primeiro estado, Iowa – 24%, bom para um segundo lugar –, pouco fez para alterar as expectativas. Afinal, os outsiders Pat Robertson (25% dos votos em 1988), Pat Buchanan (23% em 1996) e Steve Forbes (31% em 2000) tinham acabado todos em segundo em Iowa, mas definharam logo depois.

Então, Trump fez algo que nenhum outsider tinha feito: ganhou com facilidade as primárias subsequentes em New Hampshire e na Carolina do Sul. Mesmo assim, ele foi mantido à distância pelo establishment do partido. No dia da vitória na primária da Carolina do Sul, Trump ainda não tinha um único endosso de nenhum republicano governador, senador ou congressista em exercício.[12] Foi só depois de ganhar na Carolina do Sul que ele conquistou seus primeiros apoiadores: os deputados Duncan Hunter (Califórnia) e Chris Collins (Nova York). Mesmo quando seguiu desbaratando rivais republicanos nos locais de votação, Trump nunca conquistou um número substancial de endossos. Quando o período de primárias acabou, ele tinha 46 – menos de um terço do total de Marco Rubio e quase tantos quanto a campanha de Bush, já encerrada fazia tempo.[13]

No momento em que Trump avançava para a vitória nas primárias da Super Terça em 1º de março, já estava claro que ele tinha arruinado a primária invisível, tornando-a irrelevante. Sem dúvida, seu status de celebridade influenciou. Contudo, a mudança no cenário da mídia foi igualmente importante. Desde o começo da campanha, Trump contou com a simpatia ou o apoio de personalidades da mídia de direita como Sean Hannity, Ann Coulter, Mark Levin e Michael Savage, assim como do cada vez mais influente site de notícias Breitbart News.[14] Embora a princípio tenha tido uma relação contenciosa com a Fox News, Trump colheu os benefícios do cenário polarizado da emissora.

Trump também descobriu novas maneiras de usar a velha mídia como um substituto dos endossos do partido e das despesas tradicionais de campanha.[15] "Candidato com qualidades singularmente talhadas para a era digital",[16] Trump atraía coberturas gratuitas da mídia convencional criando controvérsias. Segundo uma estimativa, as contas de Twitter de MSNBC, CNN, CBS e NBC – quatro meios que ninguém pode acusar de inclinações pró-Trump – mencionaram Trump duas vezes mais que sua rival nas eleições gerais, Hillary Clinton. Segundo outro estudo, Trump desfrutou de 2 bilhões de dólares de cobertura gratuita da mídia durante as primárias.[17] Como líder absoluto na cobertura gratuita dos veículos tradicionais e filho preferido de grande parte da mídia alternativa de direita, Trump não precisou dos caciques republicanos tradicionais. Os guardiões da primária invisível não eram apenas invisíveis: em 2016, eles tinham abandonado por completo os portões.

Depois das vitórias de Trump na Super Terça, o pânico se instalou no establishment republicano. Insiders proeminentes e líderes de opinião conservadores começaram a apresentar argumentos contra Trump. Em março de 2016, o ex-candidato republicano Mitt Romney fez um discurso no Instituto Hinckley de Política que chamou muita atenção, descrevendo Trump como um perigo tanto para o Partido Republicano quanto para o país. Ecoando o discurso "Tempo de escolher" de Ronald Reagan em 1964, Romney declarou que Trump era uma fraude que não tinha "nem temperamento nem discernimento para ser presidente". Outros veteranos do partido, como o senador Lindsey Graham e o candidato de 2008, John McCain, advertiram contra Trump. E publicações conservadoras de peso, entre as quais a *National Review* e a *Weekly Standard*, rejeitaram Trump em termos duros. Ainda assim, o movimento #NeverTrump sempre foi mais conversa do que ação. Na verdade, o sistema de primárias deixou os líderes republicanos praticamente desarmados para deter a ascensão de Trump. A torrente de ataques teve pouco impacto e talvez tenha exercido efeito contrário no local onde realmente importava: a cabine de votação.

A inefetividade dos líderes republicanos ficou evidente na Convenção Nacional em julho de 2016, em Cleveland. No período imediatamente anterior à convenção, havia se falado sobre impasses na votação, sobre convencer delegados comprometidos a votarem em outro candidato. No final de junho, um grupo chamado Delegates Unbound começou a divulgar uma propaganda de televisão em rede nacional dizendo aos delegados republicanos que eles não tinham um compromisso legal com Trump e instando-os a abandoná-lo. Grupos como Free The Delegates, Corageous Conservatives e Save Our Party lideraram uma campanha para que o Painel de Regulamentos de 112 membros do Comitê Nacional Republicano modificasse as regras que vinculavam delegados a candidatos, liberando-os para votar como faziam antes da reforma de 1972. Todos esses esforços deram em nada; na verdade, nunca tiveram uma chance.

A ideia de que a indicação pudesse ser tirada de Trump na convenção era pura ilusão. No sistema baseado em primárias que temos agora, a votação confere aos candidatos uma legitimidade que não pode ser facilmente contornada nem ignorada, e Donald Trump tinha os votos – quase 14 milhões de votos. Como disse Cindy Costa, membro do Comitê Nacional Republicano da Carolina do Sul: "Trump ganhou justa e honestamente." Entregar a indicação para qualquer outro teria criado um "grandioso caos".[18] Os líderes republicanos foram obrigados a encarar a realidade: eles não tinham mais controle sobre a indicação presidencial do seu partido.

Com o deslocamento do campo de batalha para a eleição geral, tornou-se claro que não se tratava de uma corrida comum. Muito simplesmente, Donald Trump não era um candidato comum. Não só era inexperiente de maneira singular – nenhum presidente dos Estados Unidos que não fosse um general bem-sucedido jamais fora eleito sem ter exercido um cargo eletivo ou de gabinete –, mas sua demagogia, suas visões extremistas sobre imigrantes e muçulmanos, sua disposição de violar normas básicas de civilidade e sua exaltação de Vladimir Putin e outros ditadores geraram constrangimento em grande parte da mídia e do establishment político. Teriam os republicanos indicado um aspirante a ditador? Era impossível saber com certeza. Muitos republicanos se apegaram ao dito segundo o qual os críticos de Trump o tomavam literalmente, mas não seriamente, enquanto seus apoiadores o tomavam seriamente, mas não literalmente. Sua retórica de campanha, segundo essa visão, era de "meras palavras".

Sempre há incerteza sobre como um político sem histórico vai se comportar no cargo, mas, como foi observado antes, líderes antidemocráticos são muitas vezes inidentificáveis antes de chegarem ao poder. Mesmo antes de sua posse, contudo, Trump deu resultado positivo nos quatro parâmetros de nosso teste para autocratas.

O primeiro sinal é um compromisso débil com as regras do jogo democrático. Trump caiu nesse parâmetro quando questionou a legitimidade do processo eleitoral e deixou no ar a sugestão sem precedentes de que poderia não aceitar os resultados da eleição de 2016. Os níveis de fraude eleitoral nos Estados Unidos são muito baixos,[19] e, como as eleições são administradas por governos estaduais e locais, é efetivamente impossível coordenar fraudes eleitorais em âmbito nacional. Porém, ao longo de toda a campanha de 2016, Trump insistiu que milhões de imigrantes ilegais e de pessoas mortas nos cadastros eleitorais seriam mobilizados para votar em Clinton.[20] Durante meses, seu site de campanha declarou: "Me ajudem a impedir que a desonesta da Hillary fraude essa eleição!"[21] Em agosto, Trump disse a Sean Hannity: "É melhor nós termos cuidado, porque essa eleição vai ser fraudada ... Espero que os republicanos estejam vigiando de perto, ou eles vão nos tirar a eleição."[22] Em outubro, ele postou no Twitter: "É claro que há fraude em larga escala no cadastramento antes e no dia da eleição!"[23] No último debate presidencial, Trump se recusou a dizer se aceitaria ou não o resultado da eleição se fosse derrotado.

Segundo o historiador Douglas Brinkley, nenhum candidato presidencial de peso havia lançado esse tipo de dúvida sobre o sistema democrático desde 1860. Só durante o período imediatamente anterior à Guerra Civil foi que vimos políticos de expressão "deslegitimando o governo federal" dessa maneira. Como formula Brinkley: "Essa motivação é secessionista, revolucionária. É de alguém que definitivamente está tentando virar a mesa."[24] E as palavras de Trump importavam – muito. Uma pesquisa da Politico/Morning Consult realizada em meados de outubro revelou que 41% dos norte-americanos e 73% dos republicanos acreditavam que a eleição pudesse ser roubada de Trump.[25] Em outras palavras, três em cada quatro republicanos já não tinham mais certeza de que estavam vivendo sob um sistema democrático de eleições livres.

A segunda categoria em nossa prova dos nove é a negação da legitimidade dos oponentes. Políticos autoritários descrevem seus rivais como criminosos, subversivos, impatrióticos ou como uma ameaça à segurança nacional ou ao modo de vida existente. Trump também está em consonância com este critério. Em primeiro lugar, ele tinha sido um *"birther"*,[26] questionando a legitimidade da Presidência de Barack Obama ao sugerir que ele tinha nascido no Quênia e era muçulmano, o que para muitos de seus apoiadores equivale a ser "não americano", contrário aos princípios ou instituições do país. Durante a campanha de 2016, Trump negou a legitimidade de Hillary Clinton como rival, estigmatizando-a como "criminosa" e declarando repetidas vezes que ela "tinha que ir para a cadeia".[27] Em comícios de campanha, ele aplaudia apoiadores que cantavam "Cadeia nela!".

O terceiro critério é tolerância ou encorajamento à violência. A violência sectária é com grande frequência um elemento precursor de colapsos democráticos. Exemplos proeminentes incluem os camisas-negras na Itália, os camisas-marrons na Alemanha, o surgimento de guerrilhas de esquerda no Uruguai e a ascensão de grupos paramilitares de direita e de esquerda no começo dos anos 1960 no Brasil. No último século, nenhum candidato presidencial democrata ou republicano jamais endossou a violência (George Wallace fez isso, mas era candidato de um terceiro partido). Trump rompeu com esse modelo. Durante a campanha, ele não apenas tolerava manifestações de violência entre seus apoiadores, mas por vezes parecia regalar-se com elas. Numa ruptura radical com as normas de civilidade, Trump abraçou apoiadores que agrediram fisicamente pessoas que protestavam contra eles. Ele se ofereceu para pagar os custos de defesa de um eleitor que atacou pelas costas com um soco e ameaçou de morte um manifestante num comício em Fayetteville, Carolina do Norte.[28] Em outras ocasiões, ele respondeu a manifestantes que protestavam em seus comícios incitando a violência de seus apoiadores. Eis a seguir alguns exemplos, compilados pela *Vox*:[29]

Se você vir alguém se preparando pra jogar um tomate, enfia a porrada, tá certo? Sério. Enfia a porrada, só isso. Eu prometo que pago a conta dos advogados. Prometo. (1º de fevereiro de 2016, Iowa)

Eu adoro os velhos tempos. Sabe o que eles faziam com essa gente quando eles entravam num lugar como este aqui? Eles saíam carregados numa maca, pessoal. É verdade … Eu queria dar um soco na cara dele, posso garantir. (22 de fevereiro de 2016, Nevada)

Nos bons tempos, o pessoal o arrancaria daquela cadeira sem pestanejar. Hoje, todo mundo é politicamente correto. Nosso país está indo pro inferno sendo politicamente correto. (26 de fevereiro de 2016, Oklahoma)

Vai embora daqui. Cai fora. Fora! Isso é incrível. Divertido demais. Eu adoro. A gente não está se divertindo? Estados Unidos, Estados Unidos, Estados Unidos! Certo, botem esse cara pra fora. Tentem não machucá-lo. Se machucarem, eu banco a defesa no tribunal. Não se preocupem com isso … A gente tinha quatro caras, eles pularam em cima dele, aí ficaram batendo, socando. No dia seguinte, detonaram a gente na imprensa – dizendo que somos uns brutos. Dá um tempo. Vocês sabem como é que é, né? A gente não quer mais ser politicamente correto. Tá certo, gente? (4 de março de 2016, Michigan)

Nós tínhamos um pessoal, uns caras durões, bem como temos aqui agora. E eles começaram a reagir, a bater de volta. Foi bonito de ver. Quer dizer, eles começaram a reagir. Nos velhos tempos, isso não acontecia, porque eles os tratavam muito, muito mal. E, tendo protestado uma vez, sabe como é, não ia ser fácil eles protestarem de novo. Mas hoje, eles entram e levantam a mão e mostram o dedo médio pra todo mundo, e se safam sem o menor problema, porque viramos gente fraca. (9 de março de 2016, Carolina do Norte)

Em agosto de 2016, Trump deu um apoio velado à violência contra Hillary Clinton, dizendo a seus eleitores num comício em Wilmington, Carolina do Norte, que um indicado por Clinton para a Suprema Corte poderia resultar na abolição do direito de portar armas. E continuou: "Se ela chegar a escolher seus juízes, não há nada que vocês possam fazer, pessoal ... Embora a Segunda Emenda, gente... talvez haja, não sei."[30]

O último aviso é uma tendência a restringir liberdades civis de rivais e críticos. Uma coisa que distingue autocratas de líderes democráticos contemporâneos é sua intolerância à crítica e a disposição de usar seu poder para punir aqueles que – na oposição, na mídia ou na sociedade civil – venham a criticá-los. Donald Trump exibiu essa propensão em 2016. Ele disse que planejava fazer arranjos para que um promotor especial investigasse Hillary Clinton após a eleição e declarou que ela devia ser presa.[31] Trump também ameaçou reiteradamente punir a mídia hostil. Num comício em Fort Worth, Texas, por exemplo, ele atacou o proprietário do *Washington Post*, Jeff Bezos, declarando: "Se eu for presidente, ah, eles vão mesmo ter problemas. Eles vão ter problemas graves."[32] Dizendo que a mídia está "entre os grupos mais desonestos de pessoas que eu jamais conheci", Trump declarou:

> Vou ampliar o escopo de nossas leis de calúnia e difamação para que, quando eles escreverem artigos propositadamente negativos, horríveis e falsos, nós possamos processá-los e ganhar muito dinheiro ... Para que quando o *New York Times* escrever matérias tendenciosas tentando mudar a opinião das pessoas, o que é uma desgraça total, ou quando o *Washington Post* ... escrever uma dessas matérias, nós possamos processá-los ...[33]

Com exceção de Richard Nixon, nenhum candidato democrata ou republicano jamais preencheu sequer um desses quatro critérios ao longo do último século. Como mostra a Tabela 2, Donald Trump cumpriu todos eles. Nenhum outro candidato presidencial decisivo na história moderna dos Estados Unidos, nem mesmo Nixon, demonstrou um compromisso público tão frágil com direitos constitucionais e normas democráticas. Trump era precisamente o tipo de figura que assombrava Hamilton e outros fundadores quando eles criaram a Presidência americana.

TABELA 2. Donald Trump e os quatro principais indicadores de comportamento autoritário

1. Rejeição das regras democráticas do jogo (ou compromisso débil com elas)	Os candidatos rejeitam a Constituição ou expressam disposição de violá-la?
	Sugerem a necessidade de medidas antidemocráticas, como cancelar eleições, violar ou suspender a Constituição, proibir certas organizações ou restringir direitos civis ou políticos básicos?
	Buscam lançar mão (ou endossar o uso) de meios extraconstitucionais para mudar o governo, tais como golpes militares, insurreições violentas ou protestos de massa destinados a forçar mudanças no governo?
	Tentam minar a legitimidade das eleições, recusando-se, por exemplo, a aceitar resultados eleitorais dignos de crédito?
2. Negação da legitimidade dos oponentes políticos	Descrevem seus rivais como subversivos ou opostos à ordem constitucional existente?
	Afirmam que seus rivais constituem uma ameaça existencial, seja à segurança nacional ou ao modo de vida predominante?
	Sem fundamentação, descrevem seus rivais partidários como criminosos cuja suposta violação da lei (ou potencial de fazê-lo) desqualificaria sua participação plena na arena política?
	Sem fundamentação, sugerem que seus rivais sejam agentes estrangeiros, pois estariam trabalhando secretamente em aliança com (ou usando) um governo estrangeiro – com frequência um governo inimigo?
3. Tolerância ou encorajamento à violência	Têm quaisquer laços com gangues armadas, forças paramilitares, milícias, guerrilhas ou outras organizações envolvidas em violência ilícita?
	Patrocinaram ou estimularam eles próprios ou seus partidários ataques de multidões contra oponentes?
	Endossaram tacitamente a violência de seus apoiadores, recusando-se a condená-los e puni-los de maneira categórica?
	Elogiaram (ou se recusaram a condenar) outros atos significativos de violência política no passado ou em outros lugares do mundo?

4. Propensão a restringir liberdades civis de oponentes, inclusive a mídia	Apoiaram leis ou políticas que restrinjam liberdades civis, como expansões de leis de calúnia e difamação ou leis que restrinjam protestos e críticas ao governo ou certas organizações cívicas ou políticas?
	Ameaçaram tomar medidas legais ou outras ações punitivas contra seus críticos em partidos rivais, na sociedade civil ou na mídia?
	Elogiaram medidas repressivas tomadas por outros governos, tanto no passado quanto em outros lugares do mundo?

Tudo isso deveria ter disparado os dispositivos de alarme. O processo de primárias tinha falhado em seu papel de guardião da democracia e permitido que um homem desqualificado para o cargo concorresse como candidato de um partido de expressão. Contudo, como poderiam os republicanos ter reagido nesse estágio? Lembrem-se das lições dos colapsos democráticos na Europa dos anos 1930 e na América do Sul nos anos 1960 e 1970: quando as instituições guardiãs fracassam, os políticos das tendências estabelecidas têm de fazer todo o possível para manter figuras perigosas longe dos centros de poder.

A ABDICAÇÃO COLETIVA – a transferência da autoridade para um líder que ameaça a democracia – costuma emanar de uma de duas fontes. A primeira é a crença equivocada de que uma figura autoritária pode ser controlada ou domesticada. A segunda é o que o sociólogo Ivan Ermakoff chama de "conluio ideológico",[34] em que a agenda autoritária se sobrepõe à dos políticos das tendências predominantes a ponto de a abdicação ser desejável ou pelo menos preferível às alternativas. Porém, quando confrontados com um autoritário em potencial, os políticos do establishment têm de rejeitá-lo de maneira categórica para defender as instituições democráticas – mesmo que isso signifique juntar forças temporariamente com rivais acerbos.[35]

Para os republicanos participantes da eleição geral de 2016, as implicações eram claras. Se Trump ameaçava princípios democráticos básicos, eles tinham que pará-lo. Fazer qualquer outra coisa poria a democracia em risco, e perder a democracia é pior do que perder uma eleição. Isso significava fazer o que para muitos era impensável: apoiar Hillary Clinton para presidente. Os Estados Unidos têm um sistema bipartidário; só dois candidatos tinham chance de ganhar a eleição de 2016, e um deles era um demagogo. Para os republicanos, isso pôs à prova a sua coragem política. Aceitariam eles o sacrifício político no curto prazo em nome do bem do país?

Como já mostramos, essa atitude tem um precedente. Em 2016, os conservadores austríacos apoiaram o candidato do Partido Verde, Alexander Van der Bellen, para impedir a eleição do radical de extrema direita Norbert Hofer. E, em 2017, o candidato conservador derrotado François Fillon convocou seus partidários a votar no candidato de centro-esquerda Emmanuel Macron, visando manter a candidata de extrema direita, Marine Le Pen, fora do poder. Em ambos os casos, políticos de direita endossaram rivais ideológicos[36] – irritando grande parte da base do seu partido, mas redirecionando números substanciais da sua votação para manter extremistas longe do poder.

Alguns republicanos de fato apoiaram Hillary Clinton com base na avaliação de que Donald Trump era perigosamente inadequado para o cargo. Como seus colegas conservadores austríacos e franceses, eles julgaram de importância vital colocar seus interesses partidários de lado em função de um compromisso compartilhado com a democracia. Eis aqui o que três deles disseram:

Republicano 1: "Nossa escolha nesta eleição não poderia ser mais clara – Hillary Clinton é uma forte e clara defensora dos interesses da democracia americana ... Donald Trump é um perigo para a nossa democracia."[37]

Republicano 2: "Está na hora ... de pôr o país à frente do partido e votar na secretária Clinton. Trump é perigoso demais e desqualificado demais para ocupar o cargo mais alto da nação."[38]

Republicano 3: "Isto é coisa séria e eu não vou desperdiçar meu voto em um candidato de protesto. Como o futuro do país pode depender de impedir Donald Trump de se tornar presidente, eu estou com ela [Clinton] neste novembro e insto os republicanos a se juntarem a mim."[39]

Tivessem essas declarações sido feitas pelo presidente da Câmara dos Representantes, Paul Ryan, pelo líder da maioria no Senado, Mitch McConnell, pelo ex-presidente George W. Bush, ou talvez por um trio de senadores tão destacados como John McCain, Marco Rubio e Ted Cruz, o curso da eleição de 2016 teria mudado de maneira dramática. Infelizmente, elas foram feitas por William Pierce,[40] ex-secretário de imprensa de Olympia Snowe, senadora aposentada do Maine (Republicano 1); Jack McGregor, ex-senador pelo estado da Pensilvânia (Republicano 2); e por Rick Stoddard, um banqueiro republicano de Denver (Republicano 3).

Políticos republicanos de grande alcance nacional como Paul Ryan, Mitch McConnell, Marco Rubio e Ted Cruz endossaram Donald Trump. As únicas figuras republicanas com alguma projeção que endossaram Hillary Clinton foram políticos aposentados ou ex-membros do governo – pessoas que não estavam planejando competir em eleições futuras e que, politicamente, nada tinham a perder. Na véspera da eleição, o *Washington Post* publicou uma lista de 78 republicanos que endossaram Clinton publicamente.[41] Apenas um deles, o congressista Richard Hanna, de Nova York, era um representante eleito. E ele estava se aposentando. Nenhum governador republicano figurava na lista. Nenhum senador. E apenas um membro do Congresso (em vias de se aposentar).

Um punhado de líderes republicanos ativos, inclusive os senadores McCain, Mark Kirk, Susan Collins, Kelly Ayotte, Mike Lee, Lisa Murkowski e Ben Sasse, os governadores John Kasich e Charlie Baker e os ex-governadores Jeb Bush e Mitt Romney, se recusaram a endossar Trump. O ex-presidente George W. Bush permaneceu em silêncio. Nenhum deles, entretanto, se mostrou disposto a endossar Clinton.

Em resumo, a maioria dos líderes republicanos acabou sustentando a linha do partido. Se tivessem rompido decisivamente com Trump, dizendo aos norte-americanos alto e bom som que ele representava uma ameaça para as apreciadas instituições de nosso país, e se, com base nisso, eles tivessem endossado Hillary Clinton, Donald Trump poderia nunca ter ascendido à Presidência. Na França, estima-se que metade dos eleitores do Partido Republicano de François Fillon, de tendência conservadora, seguiu o seu surpreendente apoio a Macron;[42] cerca de um terço deles se absteve, restando por volta de um sexto dos simpatizantes de Fillon que votaram em Le Pen, fazendo uma enorme diferença, pode-se argumentar, na eleição. Nos Estados Unidos, não temos nenhuma maneira de saber como os eleitores republicanos teriam se dividido. Alguns eleitores da base, talvez até mesmo a maioria, poderia ainda assim ter votado em Trump. Contudo, um número bastante grande teria mudado de opinião à imagem dos dois partidos se unindo para assegurar a derrota de Trump.

O que aconteceu, tragicamente, foi muito diferente. Apesar de muita hesitação, a maioria dos republicanos cerrou fileira atrás de Trump, criando a imagem de um partido unificado. Isso, por sua vez, normalizou a eleição. Em vez de um momento de crise, a eleição se tornou uma disputa bipartidária padrão, com republicanos apoiando o candidato republicano e democratas apoiando o candidato democrata.

Essa mudança se mostrou altamente significativa em suas consequências. Uma vez que a eleição se tornou uma disputa normal, tratava-se essencialmente de um cara ou coroa, por duas razões. Primeiro, a intensificação da polarização partidária produziu um endurecimento do eleitorado nos anos recentes. Não só o país ficou cada vez mais dividido em republicanos e democratas, com poucos eleitores independentes ou de opinião flutuante, como republicanos e democratas se tornaram cada vez mais leais aos seus partidos – e hostis ao outro.[43] Os eleitores ficaram menos flexíveis, tornando o tipo de eleição esmagadora que vimos em 1964 e 1972 muito menos provável. Pouco importa quais tenham sido os candidatos nos anos 2000, as eleições estavam fechadas.

Em segundo lugar, considerando o estado desequilibrado da economia e os índices de aprovação medianos do presidente Obama, quase todos os modelos de ciência política prediziam uma eleição apertada. A maioria previa a vitória por margem estreita de Clinton no voto popular, mas alguns previam a vitória apertada de Trump. Em todo caso, os modelos convergiam na previsão de uma corrida muito disputada.[44] Em eleições do tipo cara ou coroa, as coisas podem ir para um lado ou para o outro. Elas giram em torno de acontecimentos contingentes – de acidentes da história. Nesse contexto, "surpresas de outubro" podem ter um ônus pesado. Portanto, quando um vídeo recém-divulgado pinta um candidato sob uma luz negativa ou uma carta de um diretor do FBI lança dúvidas sobre a credibilidade do outro candidato, isso pode fazer toda a diferença.

Tivessem os líderes republicanos se oposto publicamente a Trump, a dinâmica azul versus vermelho das quatro eleições anteriores teria sido rompida. O eleitorado republicano teria se dividido – alguns seguindo as advertências dos líderes do partido e outros fechando com Trump. Contudo, a derrota de Trump teria exigido a defecção de apenas uma fração dos eleitores republicanos. Em vez disso, a eleição foi normalizada. A corrida se estreitou. Trump venceu.

4. Subvertendo a democracia

ALBERTO FUJIMORI, DO PERU, não planejou ser ditador. Ele nem sequer planejou ser presidente. Um reitor de universidade de ascendência japonesa pouco conhecido, Fujimori nutria esperanças de concorrer a uma cadeira no Senado em 1990. Quando viu que nenhum partido o indicaria, criou o seu próprio e se nomeou candidato.[1] Sem dinheiro, ele se lançou na corrida presidencial a fim de atrair publicidade para sua campanha ao Senado.[2] Contudo, 1990 foi um ano de crise aguda. A economia peruana tinha entrado em colapso com a inflação e o grupo guerrilheiro maoista Sendero Luminoso, cuja violenta insurreição tinha matado dezenas de milhares de pessoas desde seu surgimento em 1980, estava se aproximando de Lima, a capital do país. Os peruanos se mostravam enojados com os partidos estabelecidos. Em protesto, muitos deles se voltaram para o joão-ninguém político cujo slogan de campanha era "Um presidente que gosta de você". Fujimori cresceu repentinamente nas pesquisas, e chocou o mundo político peruano ao terminar em segundo lugar e se qualificar para o segundo turno contra Mario Vargas Llosa, o romancista mais destacado do país. Os peruanos admiravam Vargas Llosa, que depois ganharia um Prêmio Nobel de Literatura. Praticamente todo o establishment – políticos, mídia, líderes empresariais – apoiava Vargas Llosa, mas os peruanos comuns o viam como demasiado íntimo das elites, que se mostravam surdas às suas preocupações. Fujimori, cujo discurso populista capitalizava esse ódio, sensibilizou muitas pessoas como a única opção real de mudança. Ele ganhou.

Em seu discurso de posse, Fujimori advertiu que o Peru enfrentava a "mais profunda crise de sua história republicana". A economia, disse ele, estava "à beira do colapso", e a sociedade peruana vinha sendo "despedaçada pela violência, a corrupção, o terrorismo e o tráfico de drogas". Fujimori prometeu "tirar [o país] da situação em que se encontrava e conduzi-lo para um destino melhor". Ele estava convencido de que o país precisava de reformas econômicas drásticas e de que teria de intensificar a luta contra o terrorismo. Contudo, só tinha uma vaga ideia de como realizar essas coisas.[3]

Ele também enfrentava obstáculos assustadores. Como outsider político, Fujimori tinha poucos amigos entre os caciques tradicionais da política peruana. Partidos de oposição controlavam o Congresso e contavam com indicados seus a ocupar cadeiras na Suprema Corte. A mídia tradicional, a maior parte da qual apoiara Vargas Llosa, não confiava nele. Fujimori tinha sido inclemente em seus ataques contra a elite política, descrevendo-a como uma oligarquia corrupta que estava arruinando o país.[4] Eleito, ele descobriu que aqueles que havia atacado e derrotado durante a campanha ainda controlavam muitas das alavancas de poder.

Fujimori teve que encarar um começo turbulento. O Congresso não aprovou nenhuma lei durante seus primeiros meses no cargo e os tribunais não pareciam estar à altura da tarefa de responder à crescente ameaça terrorista.[5] Fujimori não só carecia de experiência nas complexidades da política legislativa, como tampouco tinha paciência para elas.[6] Como disse um de seus colaboradores, ele "não suportava a ideia de convidar o presidente do Senado ao palácio presidencial toda vez que quisesse que o Congresso aprovasse uma lei".[7] Preferia, como algumas vezes se gabou, governar o Peru sozinho – a partir do seu laptop.

Assim, em vez de negociar com os líderes do Congresso, Fujimori os açoitou, chamando-os de "charlatões improdutivos".[8] Ele atacou juízes não cooperativos, caracterizando-os como "lacaios" e "patifes".[9] Ainda mais perturbador, ele começou a contornar o Congresso, optando por decretos executivos.[10] Mandatários do governo começaram a se queixar de que a Constituição do Peru era "rígida" e "restritiva",[11] reforçando o medo de que o compromisso de Fujimori com as instituições democráticas fosse fraco. Em um discurso para líderes empresariais, Fujimori perguntou: "Somos nós realmente uma democracia? ... Eu acho difícil dizer que sim. Nós somos um país que na verdade sempre foi governado por minorias poderosas, oligopólios, panelinhas, lobbies..."[12]

Alarmado, o establishment do Peru reagiu negativamente. Quando Fujimori contornou os tribunais para libertar milhares de prisioneiros condenados por pequenos crimes a fim de abrir espaço para terroristas nas cadeias, a Associação Nacional de Juízes o acusou de "autoritarismo antidemocrático inaceitável". Com efeito, os tribunais declararam vários decretos de Fujimori inconstitucionais. Logo seus críticos o estavam denunciando como "autoritário", e a mídia começou a descrevê-lo como um imperador japonês.[13] No começo de 1991, houve rumores de impeachment. Em março, a revista política *Caretas* publicou uma capa com uma fotografia de Fujimori na mira de um rifle, perguntando: "Pode Fujimori ser deposto? Há quem já esteja estudando a Constituição".[14]

Sentindo-se sitiado, Fujimori dobrou a aposta. Num discurso para líderes empresariais, declarou: "Não vou parar até ter quebrado todos os tabus que restaram. Um por um, eles vão cair; nós vamos ser triplamente audaciosos na derrubada de todos os muros que separam o país do progresso." Em novembro de 1991, ele enviou um pacote maciço de 126 decretos para aprovação do Congresso. Eram decretos de longo alcance, incluindo algumas medidas antiterrorismo que ameaçavam liberdades civis. O Congresso objetou. Não só repeliu ou diluiu vários dos decretos mais importantes, mas aprovou uma legislação restringindo o poder de Fujimori. O conflito se agravou. Fujimori acusou o Congresso de ser controlado por traficantes de drogas, e, em resposta, o Senado aprovou uma moção para "revogar" a Presidência devido à "incapacidade moral" de Fujimori. Embora a moção não tenha sido aprovada por poucos votos na Câmara dos Deputados, o conflito tinha chegado a ponto de um mandatário do governo preocupar-se com "ou o Congresso matar o presidente, ou o presidente matar o Congresso".[15]

O presidente matou o Congresso. Em 5 de abril de 1992, Fujimori apareceu na televisão e anunciou que estava dissolvendo o Congresso e a Constituição. Menos de dois anos depois de sua surpreendente eleição, o outsider azarão tinha se tornado um tirano.

Embora alguns demagogos eleitos assumam o cargo com um plano de autocracia, esse não é o caso de muitos deles, como Fujimori. A ruptura democrática não precisa de um plano. Antes, como sugere a experiência do Peru, ela pode resultar de uma sequência não antecipada de acontecimentos – uma escalada de retaliações entre um líder demagógico que não obedece às regras e um establishment político ameaçado.

O processo muitas vezes começa com palavras. Demagogos atacam seus críticos com termos ásperos e provocativos – como inimigos, subversivos e até mesmo terroristas. Quando concorreu pela primeira vez à Presidência, Hugo Chávez descreveu seus oponentes como "porcos rançosos" e "oligarcas esquálidos".[16] Como presidente, chamou seus críticos de "inimigos" e "traidores";[17] Fujimori ligava seus oponentes ao terrorismo e ao tráfico de drogas; e o primeiro-ministro italiano Silvio Berlusconi atacou juízes que decidiam contra ele chamando-os de "comunistas".[18] Jornalistas também se tornam alvos. O presidente equatoriano Rafael Correa caracterizou a mídia como "inimiga política ameaçadora"[19] que "tem que ser derrotada". Recep Tayyip Erdoğan, da Turquia, acusou jornalistas de propagarem "terrorismo".[20] Esses ataques podem ter consequências importantes. Se o público passar a compartilhar a opinião de que oponentes são ligados ao terrorismo e de que a mídia está espalhando mentiras, torna-se mais fácil justificar ações empreendidas contra eles.

A investida não para por aí. Embora analistas muitas vezes assegurem que demagogos são "só falastrões" e que suas palavras não devem ser levadas demasiado a sério, um rápido exame dos líderes demagógicos mundo afora sugere que muitos deles de fato cruzam a fronteira entre palavras e ação. É por isso que a ascensão inicial de um demagogo ao poder tende a polarizar a sociedade, criando uma atmosfera de pânico, hostilidade e desconfiança mútua. As palavras ameaçadoras do novo líder têm um efeito bumerangue. Se a mídia se sente ameaçada, pode abandonar o comedimento e padrões profissionais, num esforço desesperado para enfraquecer o governo. E a oposição pode concluir que, pelo bem do país, o governo tem que ser afastado através de medidas extremas – impeachment, manifestações de massa, até mesmo golpe.

Quando Juan Perón foi eleito pela primeira vez na Argentina, em 1946, muitos dos seus oponentes o viam como um fascista. Membros da oposicionista União Cívica Radical, acreditando estar numa "luta contra o nazismo", boicotaram a posse de Perón. Desde o primeiro dia da Presidência, seus rivais no Congresso adotaram uma estratégia de "oposição, obstrução e provocação",[21] chegando mesmo a convocar a Suprema Corte para assumir o controle do governo. Igualmente, a oposição venezuelana solicitou que a Suprema Corte nomeasse uma equipe de psiquiatras para determinar se Chávez podia ser afastado do cargo com base em "incapacidade mental".[22] Jornais e redes de televisão proeminentes endossaram os esforços extraconstitucionais para derrubá-lo. Autoritários potenciais interpretam esses ataques como uma ameaça séria e, por sua vez, se tornam mais hostis.

Eles também dão esse passo por outra razão: a democracia é um trabalho árduo. Enquanto negócios familiares e esquadrões de exércitos podem ser governados por ordens, democracias exigem negociações, compromissos e concessões. Reveses são inevitáveis, vitórias são sempre parciais. Iniciativas presidenciais podem morrer no Congresso ou ser bloqueadas por tribunais. Todos os políticos se veem frustrados por essas restrições, mas os democráticos sabem que têm de aceitá-las. Eles são capazes de vencer a torrente constante de críticas. Para os outsiders, porém, sobretudo aqueles com inclinações demagógicas, a política democrática é com frequência considerada insuportavelmente frustrante. Para eles, freios e contrapesos são vistos como uma camisa de força. Como o presidente Fujimori, que não tinha estômago para a ideia de ter de almoçar com líderes do Senado toda vez que quisesse aprovar uma lei, os aspirantes a autoritários têm pouca paciência com o dia a dia da política da democracia. E, como Fujimori, querem se libertar.

COMO AUTORITÁRIOS ELEITOS destroem as instituições democráticas cujo dever é restringi-los? Alguns o fazem com uma só cajadada. Com maior frequência, porém, a investida contra a democracia começa lentamente. Para muitos cidadãos, ela pode, de início, ser imperceptível. Afinal, eleições continuam a ser realizadas. Políticos de oposição ainda têm seus assentos no Congresso. Jornais independentes ainda circulam. A erosão da democracia acontece de maneira gradativa, muitas vezes em pequeníssimos passos. Tomado individualmente, cada passo parece insignificante – nenhum deles aparenta de fato ameaçar a democracia. Com efeito, as iniciativas governamentais para subverter a democracia costumam ter um verniz de legalidade. Elas são aprovadas pelo Parlamento ou julgadas constitucionais por supremas cortes. Muitas são adotadas sob o pretexto de diligenciar algum objetivo público legítimo – e mesmo elogiável –, como combater a corrupção, "limpar" as eleições, aperfeiçoar a qualidade da democracia ou aumentar a segurança nacional.

Para melhor compreender como autocratas eleitos minam sutilmente as instituições, é útil imaginarmos uma partida de futebol. Para consolidar o poder, autoritários potenciais têm de capturar o árbitro, tirar da partida pelo menos algumas das estrelas do time adversário e reescrever as regras do jogo em seu benefício, invertendo o mando de campo e virando a situação de jogo contra seus oponentes.

É SEMPRE BOM ter os árbitros do seu lado. Estados modernos possuem várias agências com autoridade para investigar e punir delitos tanto de funcionários ou mandatários públicos como de cidadãos comuns. Entre elas figuram o sistema judiciário, os órgãos de imposição da lei, os serviços de inteligência e as agências reguladoras e tributárias. Em democracias, essas instituições são destinadas a servir como árbitros neutros. Para autoritários potenciais, as instituições judiciárias e policiais representam, assim, tanto um desafio quanto uma oportunidade. Se elas permanecem independentes, têm a capacidade de denunciar e punir abusos governamentais. Este é o trabalho do árbitro, impedir fraudes. Não obstante, se controladas por sectários, essas instituições podem servir aos objetivos do aspirante a ditador, protegendo o governo de investigações e processos criminais que possam levar ao seu afastamento do poder. O presidente pode infringir a lei, ameaçar direitos civis e até violar a Constituição sem ter que se preocupar com a possibilidade de tais abusos serem investigados ou censurados. Com tribunais cooptados mediante alteração de sua composição e autoridades policiais rendidas, os governos podem agir com impunidade.

Capturar os árbitros dá ao governo mais que um escudo. Também oferece uma arma poderosa, permitindo que ele imponha a lei de maneira seletiva, punindo oponentes e favorecendo aliados. As autoridades fazendárias podem ser utilizadas para assestar e atacar políticos, empresas e meios de comunicação rivais. A polícia pode reprimir duramente manifestações da oposição ao mesmo tempo que tolera atos de violência perpetrados por assassinos pró-governo. Agências de inteligência podem ser usadas para espionar críticos e descobrir material para chantagens.

Com maior frequência, a captura de árbitros se dá através da discreta demissão de servidores civis e outros funcionários ou mandatários independentes e sua substituição por sectários. Na Hungria, por exemplo, o primeiro-ministro Viktor Orbán mudou a composição de vários órgãos em teoria independentes – a Procuradoria-Geral, o Tribunal de Contas, o gabinete de Ouvidoria, o Escritório Central de Estatísticas e a Corte Constitucional –, substituindo seus membros por aliados partidários depois que voltou ao poder em 2010.[23]

Instituições não facilmente expurgáveis podem ser sequestradas de maneira sutil, por outros meios. Poucos fizeram isso melhor que o "conselheiro de inteligência" de Alberto Fujimori, Vladimiro Montesinos. Sob a direção de Montesinos, o Serviço Nacional de Inteligência do Peru gravou em vídeo centenas de políticos, juízes, congressistas, empresários, jornalistas e editores de oposição pagando ou recebendo suborno, entrando em bordéis ou empreendendo outras atividades ilegais – e depois usou os vídeos para chantageá-los.[24] Ele também mantinha três magistrados da Suprema Corte, dois membros do Tribunal Constitucional e um número "inacreditável" de juízes e promotores públicos em sua folha de pagamento, fazendo entregas mensais em espécie em suas residências.[25] Tudo isso foi feito em segredo; à superfície, o sistema de justiça do Peru funcionava como qualquer outro. Nas sombras, porém, Montesinos ajudava Fujimori a consolidar seu poder.

Juízes incorruptíveis podem ser visados para impeachment. Quando Perón assumiu a Presidência em 1946, quatro dos cinco membros da Suprema Corte da Argentina eram oponentes conservadores, um dos quais o chamara de fascista.[26] Preocupados com o histórico da corte de derrubar leis favoráveis aos trabalhadores, os aliados de Perón no Congresso afastaram três dos magistrados, com base em acusações de conduta ilegal (e um quarto membro renunciou antes que viesse a sofrer impeachment).[27] Perón nomeou então quatro sectários,[28] e a corte nunca mais lhe fez oposição. Igualmente, quando o Tribunal Constitucional do Peru ameaçou bloquear a proposta do presidente Fujimori de um terceiro mandato em 1997, os aliados de Fujimori no Congresso afastaram três dos sete magistrados do órgão – alegando que, ao declarar que o empenho de Fujimori para contornar os limites constitucionais de mandato era "inconstitucional",[29] eles próprios haviam infringido a Constituição.

Governos incapazes de afastar juízes independentes podem contorná-los através de mudanças na composição da corte. Na Hungria, por exemplo, o governo Orbán aumentou o número total de membros da Corte Constitucional, mudou as regras de nomeação, de modo que o partido governante Fidesz pudesse indicar sozinho os novos magistrados, e encheu a corte de partidários.[30] Na Polônia, o Partido da Lei e da Justiça, governante, teve várias de suas iniciativas bloqueadas pelo Tribunal Constitucional – a mais alta autoridade do país em questões constitucionais – entre 2005 e 2007. Quando retornou ao poder, em 2015, o partido tomou medidas para evitar perdas semelhantes no futuro. Na época, havia duas vagas abertas no Tribunal Constitucional de quinze membros e três magistrados que o Parlamento, cujo mandato expirava, já aprovara mas que ainda precisavam prestar juramento. Numa manobra constitucional dúbia, o novo governo do Lei e Justiça se recusou a receber o juramento dos três magistrados e, em vez disso, impôs cinco novos juízes.[31] Com boa margem, foi então aprovada uma lei exigindo que todas as decisões obrigatórias do Tribunal Constitucional tivessem maioria de dois terços. Na prática, isso deu aos aliados do governo um poder de veto dentro do tribunal, limitando a capacidade do órgão de servir como um controle independente do poder governamental.[32]

A maneira mais extrema de capturar os árbitros é destruir completamente as cortes e tribunais e criar novos. Em 1999, o governo Chávez convocou eleições para uma Assembleia Constituinte que, violando uma decisão anterior da Suprema Corte, concedeu a si mesma o direito de dissolver todas as demais instituições do Estado, inclusive a Suprema Corte. Temendo pela própria sobrevivência, a Suprema Corte aquiesceu e decretou que a iniciativa era constitucional.[33] A presidente do órgão, Cecilia Sosa, renunciou, declarando que a corte tinha "cometido suicídio para evitar ser assassinada. Mas o resultado é o mesmo. Ela está morta".[34] Dois meses depois, a Suprema Corte foi dissolvida e substituída por um novo Tribunal Supremo de Justiça.[35] Contudo, nem isso foi capaz de garantir um Judiciário dócil, de modo que, em 2004, o governo Chávez expandiu o Tribunal Supremo para 22 membros e preencheu as novas cadeiras com lealistas "revolucionários".[36] Isso produziu o efeito desejado. Ao longo dos nove anos seguintes, nem sequer uma única decisão do Tribunal Supremo foi contra o governo.[37]

Em cada um desses casos, os árbitros do jogo democrático foram trazidos para o lado do governo, proporcionando ao governante tanto uma blindagem contra questionamentos constitucionais quanto uma arma poderosa – e "legal" – com a qual atacar seus oponentes.

UMA VEZ QUE OS ÁRBITROS estejam dominados, os autocratas eleitos podem se voltar para seus oponentes. A maioria das autocracias contemporâneas não eliminou todos os traços de dissensão, como fez Mussolini na Itália fascista ou Fidel Castro na Cuba comunista. Porém, muitos fizeram esforços para garantir que jogadores importantes – qualquer um realmente capaz de prejudicar o governo – fossem marginalizados, obstruídos ou pagos para entregar o jogo. Jogadores importantes podem incluir políticos de oposição, líderes empresariais que financiam a oposição, meios de comunicação importantes ou outras figuras culturais que desfrutem de certo status moral público.

A maneira mais fácil de lidar com oponentes potenciais é comprá-los. A maioria dos autocratas eleitos começa oferecendo posições públicas, favores e prerrogativas a figuras políticas, do mundo dos negócios e da mídia, ou suborno direto em troca de apoio ou, pelo menos, discreta neutralidade. Meios de comunicação cooperativos podem obter acesso privilegiado ao presidente, ao passo que empresários amigáveis podem receber concessões lucrativas ou fechar contratos com o governo. O governo Fujimori foi mestre em comprar seus críticos, sobretudo na mídia. No final dos anos 1990, toda rede de televisão importante, vários jornais cotidianos e tabloides populares estavam na folha de pagamento do governo. Vladimiro Montesinos pagou aos proprietários do Canal 4 cerca de 12 milhões de dólares em troca da assinatura de um "contrato" que dava a Montesinos o controle da programação noticiosa do canal.[38] O principal acionista do Canal 5 recebeu 9 milhões de dólares de Montesinos, e o principal acionista do Canal 9 ganhou 50 mil dólares em troca da demissão de dois destacados repórteres investigativos. Numa conversa gravada em vídeo no final de 1999, Montesinos declarou que os chefes das emissoras estavam "todos enquadrados agora ... Nós os fizemos assinar documentos e tudo mais ... Todos eles, todos enquadrados. Todos os dias, eu tenho uma reunião ao meio-dia e meia ... e nós planejamos o noticiário noturno".[39]

Foram as figuras da mídia que receberam as maiores propinas de Montesinos, mas ele também comprou políticos. Em 1998, quando grupos de oposição recolheram um número suficiente de assinaturas para forçar um referendo a fim de decidir se Fujimori poderia ou não concorrer à reeleição no ano 2000, a questão foi jogada para o Congresso, onde, por lei, teria que contar com o apoio de 40% dos deputados. Em teoria, a oposição tinha os 48 votos necessários para aprovar o referendo. No entanto, Montesinos subornou três legisladores para que faltassem à sessão. Um deles, Luis Chu, recebeu o pagamento de um apartamento de 130 mil dólares, oriundos de um fundo para compra de favores de uma agência de inteligência; outro, Miguel Ciccia, teve ajuda num processo legal que envolvia seus negócios. A terceira, Susy Díaz, concordou em ficar em casa por "razões pessoais".[40] A aprovação do referendo perdeu por poucos votos, permitindo a Fujimori concorrer e ganhar um terceiro mandato ilegal em 2000. E, quando o eleitorado não deu a Fujimori uma maioria parlamentar, Montesinos subornou dezoito deputados da oposição para que mudassem de lado.

Jogadores que não possam ser comprados têm que ser enfraquecidos por outros meios. Enquanto ditadores da velha guarda costumavam prender, exilar ou até matar seus rivais, os autocratas contemporâneos tendem a esconder sua repressão debaixo de um verniz de legalidade. É por isso que capturar os árbitros é tão importante. Sob Perón, o líder oposicionista Ricardo Balbín foi preso por "desrespeitar" o presidente durante a campanha eleitoral. Balbín apelou à Suprema Corte, mas, como Perón havia alterado sua composição em seu favor, não teve sequer uma chance.[41] Na Malásia, o primeiro-ministro Mahathir Mohamad usou uma força policial politicamente leal e um Judiciário de composição alterada para investigar, deter e condenar seu rival mais importante, Anwar Ibrahim, sob a acusação de sodomia, no final dos anos 1990.[42] Na Venezuela, o líder oposicionista Leopoldo López foi preso e acusado de "incitação à violência" durante a onda de protestos contra o governo em 2014. Autoridades do governo não apresentaram nenhuma prova de incitamento, alegando em certo momento que a incitação havia sido "subliminar".[43]

Governos também podem usar seu controle sobre árbitros para marginalizar "legalmente" a mídia de oposição, com frequência através de processos de calúnia ou difamação. O presidente equatoriano Rafael Correa foi um mestre nessa arte. Em 2011, ele ganhou vultosos 40 milhões de dólares num processo de calúnia contra os proprietários e o editor de um jornal importante, *El Universo*, que publicara um editorial que o rotulava de "ditador". Correa caracterizou o caso como um "grande passo adiante no rumo da libertação de nossas Américas de um dos maiores e mais impunes poderes: a mídia corrupta". Posteriormente, ele perdoou os proprietários, mas o processo teve um poderoso efeito depressor sobre a imprensa.[44]

Os governos Erdoğan e Putin também brandiram a lei com eficácia devastadora. Na Turquia, uma das principais vítimas foi o poderoso conglomerado Doğan Yayin, que controlava 50% do mercado de mídia turco, inclusive o jornal mais lido do país, o *Hurriyat*, e vários canais de televisão. Muitas afiliadas do grupo Doğan eram seculares e liberais, o que as antagonizava com o governo do AKP. Em 2009, o governo revidou, multando o Doğan em quase 2,5 bilhões de dólares – montante que quase excedia o patrimônio líquido da empresa – por evasão fiscal. Mutilado, o Doğan foi obrigado a vender grande parte de seu império, inclusive dois grandes jornais e um canal de televisão. Eles foram comprados por empresários favoráveis ao governo.[45] Na Rússia, depois que a rede de televisão independente de Vladimir Gusinsky se revelou uma "pedra no sapato" para o governo,[46] Putin soltou as autoridades fiscais sobre Gusinsky, prendendo-o por "apropriação financeira indébita". Ofereceram-lhe "um acordo tirado diretamente de um filme de máfia ruim: abrir mão da NTV em troca de sua liberdade".[47] Ele aceitou a transação, entregou a NTV à empresa gigante de energia controlada pelo governo, a Gazprom, e fugiu do país.[48] Na Venezuela, o governo Chávez desencadeou uma investigação sobre irregularidades financeiras cometidas pelo proprietário da emissora Globovisión, Guillermo Zuloaga, forçando-o a fugir do país para não ser preso. Sob intensa pressão financeira, Zuloaga finalmente vendeu a Globovisión para um empresário simpatizante do governo.[49]

Quando importantes meios de comunicação são atacados, outros entram em alerta e passam a praticar a autocensura. Quando o governo Chávez promoveu uma escalada de ataques em meados da década de 2000, uma das maiores redes de televisão do país, a Venevisión, decidiu parar de cobrir política. A programação de entrevistas matinais foi substituída por quadros sobre astrologia, e novelas ganharam precedência sobre noticiários noturnos. Outrora tida como uma rede pró-oposição, a Venevisión mal cobriu a oposição durante a eleição de 2006, dando ao presidente Chávez mais de cinco vezes mais tempo de cobertura do que aos seus rivais.[50]

Autocratas eleitos também buscam enfraquecer líderes que disponham de meios para financiar a oposição. Essa foi uma das chaves para a consolidação do poder de Putin na Rússia. Em julho de 2000, com menos de três meses de Presidência, Putin convocou 21 dos mais ricos empresários da Rússia ao Kremlin, onde lhes informou que estariam livres para ganhar dinheiro durante o seu mandato – mas só se ficassem longe da política.[51] A maioria dos assim chamados oligarcas atendeu à advertência de Putin. O bilionário Boris Berezovsky, acionista controlador da emissora de televisão ORT, não atendeu. Quando a cobertura da ORT se tornou decisiva, o governo ressuscitou um caso de fraude há muito adormecido e ordenou a prisão de Berezovsky. Este então partiu para o exílio, deixando seus ativos de mídia nas mãos de um sócio minoritário, que "gentilmente os pôs à disposição de Putin". Outro oligarca que ignorou a advertência de Putin foi Mikhail Khodorkovsky, dirigente da gigantesca companhia petrolífera Yukos. Homem mais rico da Rússia (com uma fortuna de 15 bilhões de dólares, segundo a *Forbes*), Khodorkovsky era considerado intocável. Contudo, ele confiou demais em suas cartas. Um liberal que não gostava de Putin, Khodorkovsky começou a financiar partidos de oposição generosamente, inclusive o pró-ocidental Yabloko. Em certo ponto, não menos que uma centena de membros da Duma (o Parlamento russo) estavam fazendo o que ele queria. Houve rumores de que ele planejava ser candidato à Presidência. Ameaçado, Putin mandou prendê-lo em 2003 por evasão fiscal, desvio de dinheiro e fraude.[52] Ele ficou na prisão por quase uma década. A mensagem para os oligarcas foi clara: fiquem fora da política. Quase todos seguiram o conselho. À míngua de recursos, os partidos de oposição se enfraqueceram, alguns a ponto da extinção.[53]

O governo Erdoğan também empurrou empresários para as margens da política. Quando o Partido Jovem (GP), criado e financiado pelo magnata Cem Uzan, surgiu como um rival sério em 2004, as autoridades financeiras confiscaram o império empresarial de Uzan e o acusaram de extorsão.[54] Uzan fugiu para a França e o GP logo entrou em colapso. Poucos anos depois, o grupo Koc, maior conglomerado industrial da Turquia, foi acusado de dar assistência aos protestos maciços do Parque Gezi em 2013 (um hotel de propriedade do grupo foi usado como abrigo e hospital provisório em meio à repressão policial). Nesse ano, funcionários do fisco auditaram várias empresas do Koc e cancelaram um opulento contrato do Ministério da Defesa com uma subsidiária.[55] A família Koc aprendeu a lição. Depois de 2013, passou a manter distância da oposição.

Por fim, autocratas eleitos com frequência tentam silenciar figuras culturais – artistas, intelectuais, estrelas pop, atletas – cuja popularidade ou postura moral faça deles uma ameaça. Quando o ícone literário Jorge Luis Borges surgiu como um crítico destacado de Perón (um colega escritor descreveu Borges como uma "espécie de anti-Perón"), funcionários do governo mandaram transferi-lo de seu posto numa biblioteca municipal para o que Borges descreveu como uma "inspetoria de aves e coelhos".[56] Borges se demitiu e não conseguiu arranjar emprego durante meses.

Geralmente, contudo, os governos preferem cooptar figuras culturais ou chegar a uma acomodação recíproca com elas, permitindo que continuem a trabalhar contanto que permaneçam longe da política. O venezuelano Gustavo Dudamel, maestro de renome internacional da Orquestra Sinfônica Simón Bolivar e da Orquestra Filarmônica de Los Angeles, é um exemplo. Dudamel era um defensor proeminente do El Sistema, o célebre programa de educação musical da Venezuela, que beneficia centenas de milhares de jovens venezuelanos de baixa renda. Devido à dependência do El Sistema de financiamentos do governo, seus fundadores mantiveram estrita neutralidade. Dudamel deu continuidade a essa prática, recusando-se a criticar o governo Chávez, mesmo quando este se tornava cada vez mais autoritário. Dudamel conduziu a Orquestra Sinfônica Simón Bolivar no funeral de Chávez em 2013 e já em 2015 escreveu um artigo de opinião no *Los Angeles Times* defendendo a sua neutralidade e declarando seu "respeito" pelo governo Maduro. Em retorno, o El Sistema recebeu mais financiamentos do governo,[57] o que permitiu alcançar 700 mil crianças em 2015, em comparação com 500 mil três anos antes. Entretanto, as coisas mudaram em maio de 2017, com o assassinato pelas forças de segurança de um jovem violinista – ex-aluno do El Sistema – durante protestos contra o governo. Dudamel rompeu então seu silêncio político, publicando um artigo de opinião no *New York Times* em que condenava a repressão governamental e a transformação da Venezuela numa ditadura.[58] Ele pagou um preço: no mês seguinte, o governo cancelou a planejada excursão da Orquestra Jovem Nacional para os Estados Unidos.[59]

O silenciamento dissimulado de vozes influentes – por cooptação ou, se necessário, intimidação – pode ter consequências efetivas para a oposição ao regime. Quando empresários são presos, como no caso de

Khodorkovsky na Rússia, outros empreendedores concluem que é mais sensato se retirar de uma vez por todas da política. E quando políticos de oposição são presos ou exilados, como na Venezuela, outros políticos decidem desistir e se retirar. Muitos dissidentes decidem ficar em casa em vez de participar politicamente, e os que permanecem ativos ficam cada vez mais desalentados. É isso que o governo quer. Uma vez que os principais oposicionistas, mídia e empresários são afastados ou marginalizados, a oposição se esvazia. O governo "ganha" sem necessariamente quebrar as regras.

CONTUDO, para se entrincheirar no poder, os governos precisam fazer mais – eles também precisam mudar as regras do jogo. Autoritários em busca de consolidar seu poder com frequência reformam a Constituição, o sistema eleitoral e outras instituições de maneiras que prejudiquem ou enfraqueçam a oposição, invertendo o mando de campo e virando a situação de jogo contra os rivais. Essas reformas são muitas vezes levadas a cabo sob pretexto de algum benefício público, mas, na realidade, estão marcando as cartas do baralho em favor dos poderes estabelecidos. E, por envolverem mudanças legais e mesmo constitucionais, permitem que os autocratas consolidem essas vantagens durante anos ou mesmo décadas.

Consideremos a Malásia, onde o sistema eleitoral foi historicamente talhado para servir ao UMNO, um partido de predominância malaia. Embora os malaios constituam pouco mais de metade da população, as fronteiras dos distritos eleitorais foram redesenhadas de modo a que 70% deles passassem a ser de maioria malaia,[60] o que permitiu que o UMNO e seus aliados conquistassem uma maioria parlamentar esmagadora. Entretanto, a situação mudou quando o Partido Islâmico Malaio (PAS) surgiu como o mais importante partido de oposição do país no final dos anos 1990. O PAS também era predominantemente malaio. Por isso, em 2002, as autoridades eleitorais dominadas pelo UMNO inverteram o curso e levaram a cabo um processo de redesenho dos distritos eleitorais, o qual – ao arrepio das tendências demográficas – reduziu o número de cadeiras parlamentares nas áreas rurais que eram consideradas bastiões do PAS.[61] Assim, a manipulação das fronteiras distritais ajudou a coalizão liderada pelo UMNO a ganhar estarrecedores 91% das cadeiras na eleição de 2004.

O governo de Orbán na Hungria fez algo semelhante. Depois de ganhar uma maioria parlamentar de dois terços, o partido governante, o Fidesz, se valeu dela para reescrever a Constituição e as leis eleitorais de modo a consolidar suas vantagens. Foram adotadas novas regras eleitorais majoritárias, que favoreciam o maior partido (o próprio Fidesz), e redesenhadas as fronteiras dos distritos eleitorais para maximizar o número de cadeiras do partido. Por fim, foi proibida a publicidade de campanha na mídia privada, limitando-a à televisão pública, dirigida por partidários do Fidesz.[62] O efeito dessas novas vantagens institucionais ficou evidente nas eleições parlamentares de 2014: embora a votação do Fidesz tenha caído marcadamente, de 53% em 2010 para 44,5% em 2014, o partido governante conseguiu preservar sua maioria de dois terços das cadeiras.[63]

Talvez o exemplo mais impressionante de reescrever as regras para consolidar uma vantagem autoritária venha dos Estados Unidos. O final da Reconstrução pós-Guerra Civil nos anos 1870 levou ao surgimento de regimes autoritários de partido único em todos os estados pós-confederados.[64] O regime de partido único não foi um acidente histórico benigno; ao contrário, foi produto de uma audaciosa engenharia constitucional antidemocrática.

Durante a era da Reconstrução, a conquista maciça do direito de votar pelos afro-americanos apresentou uma ameaça maior para o controle político branco sulista e para a predominância do Partido Democrata. Sob a Lei de Reconstrução de 1867 e a Quinta Emenda, que proibiam limitações de sufrágio em função de raça, os afro-americanos constituíram repentinamente uma maioria da população votante no Mississippi, na Carolina do Sul e na Louisiana, e uma quase maioria no Alabama, na Flórida, na Geórgia e na Carolina do Norte.[65] Tropas federais supervisionaram o registro em massa dos eleitores negros em todo o Sul.[66] Nacionalmente, a porcentagem de homens negros qualificados para votar cresceu de 0,5% em 1866 para 80,5% dois anos depois. Em muitos estados do Sul, as taxas de registro dos negros excederam 90%. E os cidadãos negros votaram.[67] Na eleição presidencial de 1880, estima-se que o comparecimento negro tenha sido de 65% ou mais nas Carolinas do Norte e do Sul, no Tennessee, no Texas e na Virgínia.[68] A conquista do direito de votar empoderou os afro-americanos: mais de 2 mil homens libertos sulistas conquistaram cargos eletivos na década de 1870, incluindo catorze congressistas e dois senadores dos Estados Unidos. A essa altura, mais de 40% dos deputados nas câmaras baixas da Louisiana e da Carolina do Sul eram negros.[69] E como os afro-americanos votavam esmagadoramente no Partido Republicano, a emancipação negra revigorou os republicanos e outros desafiadores do outrora dominante Partido Democrata.[70] Os democratas perderam o poder na Carolina do Norte, no Tennessee e na Virgínia nos anos 1880 e 1890, e quase o perderam no Alabama, no Arkansas, na Flórida, no Mississippi e no Texas.[71] Se as eleições democráticas continuassem, observou o cientista político V.O. Key, "teria sido fatal para o status dos brancos do cinturão negro".[72]

Então, eles mudaram as regras – e acabaram com a democracia. "Deem-nos uma convenção [constitucional], e consertarei a situação de tal modo ... que nunca mais ouviremos falar de negros",[73] declarou o ex-senador da Geórgia Robert Toombs no período final da Reconstrução. Entre 1885 e 1908, todos os onze estados pós-confederados reformaram suas constituições e leis eleitorais para restringir o direito de voto dos afro-americanos.[74] Para cumprir a letra da lei conforme estipulada na Décima Quinta Emenda,[75] nenhuma menção a raça podia ser feita nos esforços para restringir os direitos eleitorais, então os estados introduziram um imposto de votação "neutro" para todos os adultos (sem referência a renda ou recursos), exigências de propriedades, testes de alfabetização e complexas cédulas escritas de votação. "O maior objetivo de todas essas restrições",[76] observou o historiador Alex Keyssar, "era tirar os negros pobres iletrados ... das votações." E, como os afro-americanos eram esmagadoramente republicanos, a revogação de seu direito de voto deveria restaurar o predomínio eleitoral do Partido Democrata. A meta, como disse um senador da Carolina do Norte, era redigir uma "lei sólida e honesta que produza sempre uma boa maioria democrata".[77]

A Carolina do Sul, cuja população era majoritariamente negra, foi uma pioneira na restrição ao voto. A "Lei das Oito Urnas",[78] de 1882, criava um método de votação complexo, que tornava quase impossível a um analfabeto exercer o direito, e, como a maioria dos residentes negros do estado era iletrada, sua participação caiu vertiginosamente. Mas isso não foi o bastante. Em 1888, o governador John Richardson declarou: "Nós temos agora o governo de uma minoria de 400 mil [brancos] sobre uma maioria de 600 mil [negros] ... a única coisa que existe hoje entre nós e o governo deles é um estatuto frágil – a Lei das Oito Urnas."[79] Sete anos depois, o estado introduziu um imposto de votação e um teste de alfabetização. A participação negra, que tinha alcançado 96% em 1876, caiu para apenas 11% em 1898.[80] A revogação do direito de voto dos negros "arruinou o Partido Republicano, deixando-o fora da Câmara dos Representantes por quase um século".[81]

No Tennessee, o sufrágio negro tornou os republicanos tão competitivos que o democrata *Avalanche* previa "uma vitória arrebatadora dos republicanos"[82] nas eleições seguintes, a menos que alguma coisa fosse feita. No ano seguinte, legisladores democratas introduziram um imposto sobre o voto, exigências rigorosas de registro e a Lei Dortch, que criava um método de votação que exigia alfabetização. Durante os debates sobre a legislação, o *Avalanche* proclamou: "Deem-nos o projeto de lei Dortch ou sucumbiremos." Pouco depois, a manchete do *Memphis Daily Appeal* estampava: "Salvos, enfim – adeus, republicanos. Adeus." Os democratas tiveram uma vitória arrebatadora em 1890, ao passo que os republicanos "desmoronaram". O *Daily Appeal* disse em um editorial que a Lei Dortch era "das mais admiráveis. A votação foi lamentável e extraordinariamente reduzida, sem dúvida, mas a proporção de maiorias democratas aumentou pelo menos quatro vezes". Em 1896, o comparecimento de negros chegou perto de zero.

No Alabama, onde os democratas quase perderam o governo para um populista em 1892, "eles lançaram mão de restrições ao sufrágio para contornar suas dificuldades".[83] Depois de o Legislativo estadual aprovar um projeto de lei para acabar com o voto dos negros, o governador Thomas

Jones teria dito: "É melhor assinar logo esse projeto, tenho medo de que minha mão ou meu braço fiquem paralisados, pois ele liquida de uma vez os [populistas] ... e todos os crioulos."[84] A história se repetiu no Arkansas, na Flórida, na Geórgia, na Louisiana, no Mississippi, na Carolina do Norte, no Texas e na Virgínia.

As medidas de "reforma" mataram efetivamente a democracia no Sul dos Estados Unidos. Mesmo que os afro-americanos constituíssem a maioria ou quase a maioria da população em muitos estados, e mesmo que o sufrágio negro estivesse então consagrado na Constituição, medidas "legais" e de aparência neutra foram empregadas para "garantir que o eleitorado sulista ... fosse quase inteiramente branco".[85] O comparecimento negro no Sul caiu de 61% em 1880 a apenas 2% em 1912.[86] A revogação do direito de voto dos afro-americanos acabou com o Partido Republicano, consolidando a democracia branca e o domínio de um único partido por quase um século. Como observou um negro sulista: "Todo o Sul – cada estado do Sul – caiu nas mãos dos mesmíssimos homens que nos mantiveram como escravos."[87]

AO CAPTURAR OS ÁRBITROS, comprando ou enfraquecendo oponentes e reescrevendo as regras do jogo, líderes eleitos podem estabelecer uma vantagem decisiva – e permanente – sobre seus oponentes. Como essas medidas são levadas a cabo gradativamente e com aparência de legalidade, a deriva para o autoritarismo nem sempre dispara as sirenes de alarme. Os cidadãos muitas vezes demoram a compreender que sua democracia está sendo desmantelada – mesmo que isso esteja acontecendo bem debaixo do seu nariz.

Uma das grandes ironias de como as democracias morrem é que a própria defesa da democracia é muitas vezes usada como pretexto para a sua subversão. Aspirantes a autocratas costumam usar crises econômicas, desastres naturais e, sobretudo, ameaças à segurança – guerras, insurreições armadas ou ataques terroristas – para justificar medidas antidemocráticas. Em 1969, depois de ganhar a reeleição para seu segundo e último mandato, o presidente Ferdinand Marcos, das Filipinas, começou a estudar como poderia usar uma emergência para estender seu governo.[88] Marcos não queria se retirar quando seu segundo mandato expirasse em 1973, conforme ditava a Constituição, de modo que traçou planos para declarar a lei marcial e reescrever o texto constitucional. Contudo, ele precisava de uma razão. A oportunidade se apresentou em julho de 1972, quando uma série de misteriosos atentados a bomba sacudiram Manila. Na sequência de uma aparente tentativa de assassinar o secretário de Defesa, Juan Ponce Enrile, Marcos, responsabilizando terroristas comunistas, pôs seu plano em andamento. Anunciou a lei marcial em cadeia nacional de televisão, insistindo sobriamente: "Meus compatriotas ... [isto] não é uma tomada militar do poder." Ele sustentou que "a forma democrática de governo não é um governo sem ação", e que a Constituição – aquela que ele estava suspendendo – "sabiamente proporcionava os meios para protegê-la" ao confrontar perigos como insurreições.[89] Com essa manobra, Marcos se estabeleceu no poder pelos catorze anos seguintes.

Crises são difíceis de prever, mas suas consequências políticas não são. Elas facilitam a concentração e, com muita frequência, o abuso de poder. Guerras e ataques terroristas produzem um efeito de "reagrupamento em torno da bandeira",[90] no qual o apoio do público ao governo aumenta – muitas vezes de maneira dramática; na esteira do 11 de Setembro, o presidente Bush viu sua aprovação disparar de 53% para 90% – a maior taxa jamais registrada pelo Gallup.[91] (O recorde anterior – de 89% – fora estabelecido pelo pai de Bush, George H.W. Bush, no rescaldo da Guerra do Golfo.) Como poucos políticos têm disposição de confrontar um presidente com 90% de apoio em meio a uma crise de segurança nacional, esses presidentes normalmente ficam sem vigilância ou controle. A Lei Patriótica dos Estados Unidos, assinada por George W. Bush em outubro de 2001, nunca teria sido aprovada se os ataques do 11 de Setembro não tivessem ocorrido no mês anterior.

Os cidadãos também se mostram mais propensos a tolerar – e mesmo a apoiar – medidas autoritárias durante crises de segurança, sobretudo quando temem pelo seu bem-estar.[92] Na esteira do 11 de Setembro,[93] 55%

dos norte-americanos entrevistados disseram acreditar ser necessário abrir mão de algumas liberdades civis para conter o terrorismo, contra 29% em 1997.[94] Igualmente, o confinamento de nipo-americanos teria sido impensável sem o temor público engendrado pelo ataque contra Pearl Harbor. Depois de Pearl Harbor,[95] mais de 60% dos norte-americanos ouvidos apoiavam a expulsão dos nipo-americanos do país, e, um ano depois, o confinamento de nipo-americanos ainda gozava de considerável apoio público.

A maioria das constituições permite a expansão do poder Executivo durante crises.[96] Assim, mesmo presidentes democraticamente eleitos podem com facilidade concentrar poder e ameaçar liberdades durante guerras. Nas mãos de um autoritário em potencial, esse poder concentrado é muito mais perigoso. Para um demagogo que se sente sitiado por críticos e de mãos atadas pelas instituições democráticas, as crises abrem janelas de oportunidade para silenciar e enfraquecer rivais. Com efeito, autocratas eleitos costumam *precisar* de crises – ameaças externas lhes oferecem uma chance de se libertar de maneira rápida e muitas vezes "legal".

A combinação de um aspirante a autoritário com uma crise de maiores proporções pode, portanto, ser mortal para a democracia. Alguns líderes chegaram ao cargo enfrentando crises. Por exemplo, Fujimori tomou posse em meio à hiperinflação e a uma escalada da insurreição guerrilheira, de modo que, quando justificou seu golpe presidencial de 1992 como um mal necessário, a maioria dos peruanos concordou com ele. A taxa de aprovação de Fujimori disparou para 81% após o golpe.[97]

Outros líderes inventam crises. Havia uma história por trás da declaração da lei marcial por Ferdinand Marcos em 1972: sua "crise" foi amplamente fabricada. Com extrema ciência de que precisava justificar seu plano para evitar o limite de dois mandatos na Presidência, Marcos decidiu produzir uma "ameaça comunista".[98] Enfrentando apenas umas poucas dezenas de verdadeiros insurgentes,[99] Marcos fomentou uma histeria pública para justificar uma ação de emergência.[100] Ele queria declarar a lei marcial já em 1971,[101] mas, para vender seu plano, precisava de um ato de violência – um ataque terrorista – que gerasse um medo generalizado. Isso aconteceria no ano seguinte com os atentados a bomba em Manila, que os serviços de inteligência norte-americanos acreditam ter sido obra de forças do governo,[102] e a tentativa de assassinato do secretário de Defesa Juan Enrile – que o próprio Enrile admitiu ter sido "uma fraude". Na verdade, ele disse que não estava "nem sequer perto da cena"[103] do ataque relatado.

Reais ou não, autoritários em potencial estão sempre prontos a explorar crises para justificar a tomada do poder. Talvez o caso mais conhecido seja a resposta de Adolf Hitler ao incêndio do Reichstag em 27 de fevereiro de 1933, apenas um mês depois de ele prestar juramento como chanceler. Saber se foi um jovem holandês com simpatias comunistas que ateou fogo ao edifício do Parlamento alemão, em Berlim, ou se foi a liderança nazista é uma questão que permanece em debate entre historiadores.[104] Qualquer que seja o caso, Hitler, Hermann Göring e Joseph Goebbels chegaram ao Reichstag em chamas e usaram o ocorrido de imediato para justificar decretos de emergência que desmantelaram as liberdades civis. Isso, juntamente com a Lei de Concessão de Plenos Poderes, um mês depois, destruiu toda a oposição, consolidando o poder nazista até o fim da Segunda Guerra Mundial.

Uma crise de segurança também facilitou a virada autoritária de Vladimir Putin. Em setembro de 1999, pouco depois de Putin ser nomeado primeiro-ministro, uma série de atentados a bomba em Moscou e outras cidades – presumivelmente de autoria de terroristas chechenos – matou quase trezentas pessoas. Putin respondeu iniciando uma guerra na Chechênia e repressão em larga escala. Como no caso da Alemanha nazista, não se sabe bem se a autoria dos ataques foi de terroristas chechenos ou dos próprios serviços de inteligência do governo russo.[105] O que é claro, porém, é que a popularidade de Putin recebeu grande impulso com os atentados.[106] O público russo se reagrupou atrás de Putin,[107] tolerando, se não apoiando, os ataques contra a oposição ao longo dos meses e anos que se seguiram.

Mais recentemente, o governo Erdoğan na Turquia usou crises de segurança para justificar seu controle ainda maior do poder. Depois que o AKP perdeu sua maioria parlamentar um junho de 2015, uma série de ataques terroristas do Estado Islâmico permitiu que Erdoğan usasse o efeito de reagrupamento em torno da bandeira para convocar eleições antecipadas e retomar o controle do Parlamento apenas cinco meses depois.[108] Ainda mais significativa em suas consequências foi a tentativa de golpe em julho de 2016, que ofereceu a justificativa para uma repressão de amplo alcance. Erdoğan respondeu ao golpe declarando estado de emergência e lançando uma onda maciça de repressão, que incluiu o expurgo de cerca de 100 mil mandatários e funcionários públicos, o fechamento de vários jornais e mais de 50 mil prisões – inclusive de centenas de juízes e promotores públicos, 144 jornalistas e até mesmo dois membros da Corte Constitucional.[109] Erdoğan também usou a tentativa de golpe como uma janela de oportunidade para arrebatar novos poderes executivos. A apropriação de poderes culminou com a aprovação, em abril de 2017, de uma emenda constitucional que punha abaixo empecilhos à autoridade presidencial.[110]

Para demagogos cercados por restrições constitucionais, uma crise representa uma oportunidade para começar a desmantelar o inconveniente e às vezes ameaçador sistema de freios e contrapesos que vem com a política democrática. As crises permitem aos autocratas expandir seu espaço de manobra e se proteger de inimigos aparentes. Porém, a questão permanece: é tão fácil destruir as instituições democráticas?

5. As grades de proteção da democracia

DURANTE GERAÇÕES, os norte-americanos mantiveram uma grande fé na Constituição do país sendo a peça central da crença de que os Estados Unidos eram uma nação escolhida, providencialmente guiada – um farol de esperança e possibilidade para o mundo.[1] Embora essa visão mais ampla possa estar se esvaecendo, a fé na Constituição permanece alta. Uma pesquisa de 1999 revelou que 85% dos norte-americanos acreditavam que a Constituição era a razão principal de o "país ter sido bem-sucedido durante o século passado".[2] Com efeito, nosso sistema constitucional de freios e contrapesos foi projetado para impedir líderes de concentrar e abusar do poder, e, pela maior parte da história norte-americana, isso deu certo. A concentração de poder do presidente Abraham Lincoln durante a Guerra Civil foi revertida pela Suprema Corte depois que a guerra acabou. As gravações ilegais do presidente Nixon, denunciadas após o arrombamento e a invasão do edifício Watergate em 1972, desencadearam uma investigação congressional que gerou imenso alarde e pressões bipartidárias para a nomeação de um promotor público especial, o que finalmente forçou a renúncia do presidente diante da certeza do impeachment. Nesse e em outros casos, nossas instituições políticas serviram como bastiões decisivos contra tendências autoritárias.

Contudo, são as salvaguardas constitucionais em si mesmas suficientes para garantir a democracia? Nós acreditamos que a resposta seja não. Mesmo constituições bem-projetadas por vezes falham nessa tarefa. A Constituição de Weimar da Alemanha de 1919 foi projetada por algumas das inteligências legais mais destacadas do país. Seu duradouro e conceituado *Rechtsstaat* (estado de direito) foi considerado por muitos suficiente para impedir abusos governamentais. Porém, tanto a Constituição quanto o *Rechtsstaat* entraram rapidamente em colapso com a usurpação de poder por Adolf Hitler em 1933.[3]

Ou pensemos na experiência pós-colonial na América Latina. Muitas das repúblicas recém-independentes se basearam diretamente nos Estados Unidos, adotando o presidencialismo, os legislativos bicamerais, as supremas cortes ao estilo norte-americano e, em alguns casos, colégios eleitorais e sistemas federais. Algumas escreveram constituições que eram quase réplicas da Constituição dos Estados Unidos.[4] No entanto, todas as repúblicas embrionárias da região mergulharam em guerras civis e ditaduras. Por exemplo, a Constituição de 1853 da Argentina era muito semelhante à nossa:[5] dois terços de seu texto foram tomados diretamente da Constituição norte-americana.[6] Porém, esses arranjos constitucionais de pouco valeram para evitar eleições fraudulentas no final do século XIX, golpes militares em 1930 e 1943 e a autocracia populista de Perón.

Igualmente, a Constituição de 1935 das Filipinas foi descrita como uma "cópia fiel da Constituição dos Estados Unidos". Esboçada sob tutelagem colonial do país e aprovada pelo Congresso norte-americano, a carta "apresentava um exemplo clássico de democracia liberal",[7] com separação de poderes, declaração de direitos e um limite de dois mandatos na Presidência. Porém, o presidente Marcos, que se mostrou avesso a retirar-se quando seu segundo mandato chegava ao fim, livrou-se dela com toda a facilidade após declarar a lei marcial em 1972.

Se regras constitucionais bastassem, figuras como Perón, Marcos e Getúlio Vargas – todos os quais assumiram o cargo sob constituições ao estilo norte-americano, que continham, no papel, um arranjo ordenado de freios e contrapesos – teriam sido presidentes de um ou dois mandatos, em vez de autocratas notórios.

Nem mesmo constituições bem-projetadas são capazes, por si mesmas, de garantir a democracia. Primeiro, porque constituições são sempre incompletas. Como qualquer conjunto de regras, elas têm inúmeras lacunas e ambiguidades. Nenhum manual de operação, não importa quão detalhado, é capaz de antecipar todas as contingências possíveis ou prescrever como se comportar sob todas as circunstâncias.

Regras constitucionais também estão sempre sujeitas a interpretações conflitantes. O que exatamente envolve "aconselhamento e consentimento" quando se trata do papel do Senado dos Estados Unidos na nomeação de magistrados da Suprema Corte? Que tipo de limite a expressão "crimes e delitos" estabelece para o impeachment? Os norte-americanos têm debatido essas e outras questões constitucionais há séculos. Se poderes constitucionais estão abertos a múltiplas leituras, eles podem ser usados de maneiras que seus criadores não anteciparam.

Por fim, as palavras escritas de uma Constituição podem ser seguidas ao pé da letra de modos que venham a enfraquecer o espírito da lei. Uma das formas mais disruptivas de protesto trabalhista é a "operação-padrão", em que os trabalhadores fazem rigorosamente o que é exigido em seus contratos ou descrições de cargo, mas nada mais além disso. Em outras palavras, eles seguem as regras escritas ao pé da letra. Quase invariavelmente, o local de trabalho para de funcionar.

Em função das lacunas e ambiguidades inerentes a todos os sistemas legais, não podemos nos fiar apenas em constituições para salvaguardar a democracia contra autoritários potenciais. "Deus nunca dotou nenhum estadista ou filósofo, nem qualquer grupo ou entidade deles, de sabedoria suficiente para conceber um sistema de governo de que todos pudessem se eximir e descuidar",[8] escreveu o ex-presidente norte-americano Benjamin Harrison.

Isso inclui o nosso próprio sistema político. A Constituição dos Estados Unidos é, segundo a maioria das opiniões, um documento brilhante. Mas a Constituição original – que tem apenas quatro páginas – pode ser interpretada de muitas maneiras diferentes e mesmo contraditórias.[9] Por exemplo, temos poucas salvaguardas constitucionais contra encher de sectários agências em teoria independentes (como o FBI).[10] Segundo os estudiosos constitucionalistas Aziz Huq e Tom Ginsburg, só o "fino tecido da convenção"[11] impede presidentes norte-americanos de capturar os árbitros e usá-los contra oponentes. Da mesma forma, a Constituição é praticamente silenciosa sobre a autoridade do presidente para agir de maneira unilateral, através de decretos ou ordens executivas, e não define os limites do poder Executivo durante crises.[12] Assim, Huq e Ginsburg advertiram recentemente que "as salvaguardas constitucionais e legais da democracia [norte-americana] ... se mostrariam bastante fáceis de manipular perante um líder verdadeiramente antidemocrático".[13]

Se a Constituição escrita na Filadélfia em 1787 não foi o que garantiu a democracia americana por tanto tempo, então o que foi? Muitos fatores são importantes, inclusive a nossa imensa riqueza nacional, uma ampla classe média e uma sociedade civil vibrante. Nós acreditamos, porém, que grande parte da resposta está também no desenvolvimento de normas democráticas fortes. Todas as democracias bem-sucedidas confiam em regras informais que, embora não se encontrem na Constituição nem em quaisquer leis, são amplamente conhecidas e respeitadas.[14] No caso da democracia norte-americana, isso tem sido vital.

Como em todos os aspectos da vida, desde a família até a operação de negócios e universidades, regras não escritas têm grande importância na política.[15] Para entender como elas funcionam, pensemos no exemplo de uma partida de basquete de rua. O basquete de rua não é regido pelas regras estabelecidas pela NBA, NCAA ou qualquer outra liga. Só o entendimento compartilhado do que é aceitável e do que não é impede que elas descambem para o caos. As regras não escritas do basquete de meia quadra são familiares a todos que o praticam. Eis algumas regras básicas:

- A contagem é de 1 em 1, e não de 2 em 2 como no basquete tradicional, e o time vencedor tem que fazer dois pontos de vantagem.
- O time que faz uma cesta mantém a bola ("faz, fica"). O time pontuador leva então a bola à cabeça do garrafão e, para assegurar que o time defensor esteja pronto, "checa", passando a bola para o jogador oposto mais próximo.
- O jogador que inicia com a bola não pode tentar a cesta; ele tem que fazer um passe.

- Os jogadores acusam as próprias faltas, mas com restrições; só faltas clamorosas são legítimas ("sem sangue, sem falta"). Mas, quando são marcadas, têm que ser respeitadas.

A democracia, claro, não é basquete de rua. Democracias *têm* regras escritas (constituições) e árbitros (os tribunais). Porém, regras escritas e árbitros funcionam melhor, e sobrevivem mais tempo, em países em que as constituições escritas são fortalecidas por suas próprias regras não escritas do jogo.[16] Essas regras ou normas servem como grades flexíveis de proteção da democracia, impedindo que o dia a dia da competição política se transforme em luta livre.

Normas são mais do que disposições pessoais. Elas não se baseiam simplesmente no bom caráter de líderes políticos, sendo, antes, códigos de conduta compartilhados que se tornam senso comum dentro de uma comunidade ou sociedade particular – aceitos, respeitados e impostos por seus membros. Como não são escritas, elas muitas vezes são difíceis de ver, sobretudo se estão funcionando bem. Isso pode nos enganar, levando a crer que elas não sejam necessárias. Contudo, nada pode estar mais longe da verdade. Como o oxigênio ou a água potável, a importância de uma norma é rapidamente revelada por sua ausência. Quando as normas são robustas, violações desencadeiam expressões de desaprovação, que vão desde menear a cabeça e zombar até a crítica pública e o completo isolamento. E os políticos que não respeitam as normas pagam o preço.

Regras não escritas estão em toda parte na política norte-americana, desde operações do Senado e do Colégio Eleitoral até o formato das coletivas de imprensa presidenciais.[17] Porém, duas normas se destacam como fundamentais para o funcionamento de uma democracia: tolerância mútua e reserva institucional.

A TOLERÂNCIA MÚTUA diz respeito à ideia de que, enquanto nossos rivais jogarem pelas regras institucionais, nós aceitaremos que eles tenham direito igual de existir, competir pelo poder e governar. Podemos divergir, e mesmo não gostar deles nem um pouco, mas os aceitamos como legítimos. Isso significa reconhecermos que nossos rivais políticos são cidadãos decentes, patrióticos, cumpridores da lei – que amam nosso país e respeitam a Constituição assim como nós. O que quer dizer que, mesmo se acreditarmos que suas ideias sejam idiotas, nós não as vemos como uma ameaça existencial. Tampouco os tratamos como traidores, subversivos ou desqualificados. Podemos derramar lágrimas na noite da eleição quando o outro lado vence, mas não consideramos isso um acontecimento apocalíptico. Dito de outra forma, tolerância mútua é a disposição dos políticos de concordarem em discordar.

Por mais senso comum que essa ideia possa parecer, a crença de que oponentes políticos não são inimigos é uma invenção notável e sofisticada.[18] Ao longo da história, a oposição aos que estavam no poder fora considerada traição e, com efeito, a noção de partidos de oposição legítimos ainda era praticamente herética na época da fundação dos Estados Unidos. Ambos os lados nas lutas partidárias iniciais – os federalistas de John Adams e os republicanos de Thomas Jefferson – viam o outro como ameaça à república. Os federalistas se enxergavam como a encarnação da Constituição; em sua opinião, não era possível se opor aos federalistas sem se opor ao projeto norte-americano como um todo. Assim, quando Jefferson e Madison organizaram o que se tornaria o Partido Republicano, os federalistas os viram como traidores,[19] chegando a suspeitar que tivessem relações com revolucionários franceses – com os quais os Estados Unidos estavam quase em guerra. Os jeffersonianos, por seu lado, acusaram os federalistas de serem tóris e de tramarem a restauração monárquica apoiados pelos britânicos.[20] Cada lado esperava vencer o outro[21] tomando medidas (como a Lei dos Estrangeiros e a Lei de Sedição em 1798) para punir legalmente meras posições políticas. Os conflitos partidários eram tão ferozes que muitos temiam que a nova república fracassasse. Foi só gradualmente, ao longo de décadas, que os partidos chegaram ao reconhecimento adquirido a duras penas de que podiam ser rivais em vez de inimigos, transitando no poder em vez de se destruírem um ao outro.[22] Este reconhecimento foi crucial para a fundação da democracia norte-americana.

Entretanto, a tolerância mútua não é inerente a todas as democracias. Quando a Espanha passou por sua primeira transição democrática genuína em 1931, por exemplo, as esperanças eram grandes. O novo governo republicano com inclinações à esquerda, liderado pelo primeiro-ministro Manuel Azaña, estava comprometido com a democracia parlamentar.[23] Porém, o governo confrontava com uma sociedade altamente polarizada, cujo espectro se estendia de anarquistas e marxistas à esquerda até fascistas à direita. Os lados opostos não se viam como partidários rivais, mas como inimigos mortais. Por um lado, católicos de direita e monarquistas, que observavam horrorizados enquanto os privilégios das instituições que eles mais valorizavam – a Igreja, o Exército e a monarquia – eram desmantelados, não aceitavam que a república fosse legítima. Eles se viam, nas palavras de um historiador, como engajados num combate contra "agentes estrangeiros bolchevizantes".[24] Agitação no campo e centenas de incêndios criminosos em igrejas, conventos e outras instituições católicas faziam os conservadores se sentirem sitiados, presas de uma fúria conspiratória. As autoridades religiosas advertiram sombriamente: "Nós agora entramos no vórtice ... temos que estar preparados para tudo."[25]

Por outro lado, muitos socialistas e outros republicanos de esquerda viam direitistas como José María Gil-Robles, o líder da católica e conservadora Confederación Española de Derechas Autónomas (Ceda), como contrarrevolucionários monarquistas ou fascistas.[26] Na melhor das hipóteses, muitos à esquerda viam a bem-organizada Ceda como uma frente de monarquistas ultraconservadores conspirando para a derrubada violenta da república. Embora a Ceda se mostrasse aparentemente disposta a jogar o jogo democrático competindo em eleições, seus líderes se recusavam a se comprometer de maneira incondicional com o novo regime,[27] sendo alvos de grande suspeição. Em resumo, nem republicanos à esquerda nem católicos e monarquistas à direita aceitavam plenamente um ao outro como oponentes legítimos.

Quando as normas de tolerância mútua são frágeis, é difícil sustentar a democracia. Se encaramos nossos rivais como uma ameaça perigosa, temos muito a temer se eles forem eleitos. Podemos decidir empregar todos os meios necessários para derrotá-los – e nisso jaz uma justificativa para medidas autoritárias. Políticos que são marcados como criminosos ou subversivos podem ser presos; governos vistos como uma ameaça para a nação podem ser derrubados.

Na ausência de normas sólidas de tolerância mútua, a república espanhola rapidamente se desfez. A nova república entrou em crise depois que a Ceda, de direita, venceu as eleições de 1933 e se tornou o maior bloco do Parlamento. A coalizão republicana de centro-esquerda governante entrou em colapso e foi substituída por um governo centrista minoritário que excluiu os socialistas. Por verem o governo de centro-esquerda original (1931-33) como a encarnação da república, muitos socialistas e republicanos de esquerda encararam os esforços para revogá-lo ou mudar suas políticas como fundamentalmente "desleais"[28] para com a república. E quando a Ceda – que contava com um grupo jovem de inclinações fascistas em suas bases – aderiu ao governo no ano seguinte, muitos republicanos viram nisso uma grave ameaça.[29] O partido Esquerda Republicana declarou que

> o fato monstruoso de entregar o governo da República aos seus inimigos é uma traição. [Nós] rompemos toda solidariedade com as presentes instituições do regime e afirmamos [nossa] decisão de lançar mão de todos os meios em defesa da República.[30]

Enfrentando o que eles consideravam ser uma descida para o fascismo, esquerdistas e anarquistas se rebelaram na Catalunha e nas Astúrias, convocando uma greve geral e formando um governo paralelo. O governo direitista reprimiu brutalmente a rebelião.[31] Ele buscou, então, associar toda oposição republicana à iniciativa,[32] prendendo o ex-primeiro-ministro Azaña (que não tinha participado da revolta). O país afundou num conflito cada vez mais violento, no qual embates de rua, atentados a bomba, incêndios de igrejas, assassinatos políticos e conspirações golpistas substituíram a competição política. Em 1936, a nascente democracia espanhola tinha degenerado em guerra civil.

Em quase todos os casos de colapso democrático que nós estudamos, autoritários potenciais – de Franco, Hitler e Mussolini na Europa entreguerras a Marcos, Castro e Pinochet, durante a Guerra Fria, e Putin, Chávez e Erdoğan mais recentemente – justificaram a sua consolidação de poder rotulando os oponentes como uma ameaça à sua existência.

A SEGUNDA NORMA crucial para a sobrevivência da democracia é o que chamamos de reserva institucional.[33] *Reserva* significa "autocontrole paciente, comedimento e tolerância", ou "a ação de limitar o uso de um direito legal".[34] Para nossos propósitos, a reserva institucional pode ser compreendida como o ato de evitar ações que, embora respeitem a letra da lei, violam claramente o seu espírito. Quando as normas de reserva são robustas, políticos não usam suas prerrogativas institucionais até o limite, mesmo que tenham o direito legal de fazê-lo, pois tal ação pode pôr em perigo o sistema existente.[35]

A reserva institucional tem suas origens numa tradição mais antiga que a própria democracia. Na época em que os reis proclamavam a regra do direito divino – em que a sanção religiosa provia a base da autoridade monárquica –, nenhuma restrição moral limitava legalmente o seu poder.[36] Porém, muitos monarcas da Europa pré-democrática agiam com reserva. Ser "pio",[37] afinal, exigia sabedoria e autocontrole. Quando uma figura como o rei Ricardo II, retratado como um tirano em uma das mais famosas peças históricas de Shakespeare, abusa de suas prerrogativas reais a fim de expropriar e pilhar, suas violações não são ilegais; elas infringem apenas um costume. Essas transgressões, porém, têm muitas consequências, pois desencadeiam uma guerra civil sangrenta. Como adverte o personagem Carlisle na peça, abandonar a reserva significa que "o sangue inglês fertilizará a terra ... E as eras futuras suspirarão por este sórdido ato".[38]

As democracias exigem reserva, tal como as monarquias fundadas no direito divino. Pense na democracia como um jogo que nós quiséssemos ficar jogando indefinidamente. Para garantir as futuras rodadas, os jogadores precisam não incapacitar o outro time ou antagonizá-lo a um ponto tal que ele se recuse a jogar de novo no dia seguinte. Se um dos competidores abandona o jogo, não pode haver partidas futuras. Isso significa que, embora joguem para ganhar, os adversários precisam fazê-lo com um grau de comedimento. Numa partida de basquete de rua, jogamos agressivamente, mas sabemos não cometer faltas com força excessiva – e reclamar faltas apenas quando elas forem clamorosas. Afinal de contas, você vai à quadra para jogar uma partida de basquete, não para brigar. Em política, isso muitas vezes significa evitar truques sujos ou táticas duras em nome da civilidade e do jogo limpo.

Como se parece a reserva institucional em democracias? Consideremos a formação de governos na Grã-Bretanha. Como o estudioso e autor constitucionalista Keith Whittington nos relembra, a seleção do primeiro-ministro britânico é "uma questão de prerrogativa real.[39] Formalmente, a Coroa pode escolher qualquer um para ocupar a função e formar o governo". Na prática, o primeiro-ministro é um membro do Parlamento capaz de comandar a maioria na Câmara dos Comuns – geralmente, o líder do maior partido parlamentar. Hoje em dia, nós aceitamos esse sistema como natural, contudo, durante séculos, a Coroa aderiu a ele por vontade própria. Continua não havendo nenhuma regra constitucional escrita sobre ele.

Ou tomemos os limites do mandato presidencial. Para a maioria dos norte-americanos, o máximo de dois mandatos não era uma lei, mas uma norma de reserva institucional.[40] Antes da ratificação da Vigésima Segunda Emenda em 1951, nada na Constituição ditava que presidentes se retirassem após dois mandatos. Contudo, a aposentadoria de George Washington depois de dois mandatos, em 1797, estabeleceu um poderoso precedente. Como observou Thomas Jefferson, o primeiro presidente em exercício a seguir a norma:

> Se o término dos serviços do [presidente] não for fixado pela Constituição nem suprido pela prática, seu cargo, em teoria de quatro anos, na verdade se tornará vitalício ... E, a contragosto, eu seria a pessoa que, desconsiderando o sadio precedente estabelecido por um ilustre predecessor, forneceria o primeiro exemplo de prolongamento no cargo além do segundo mandato.[41]

Assim estabelecido, o limite informal de dois mandatos se mostrou notavelmente robusto. Mesmo presidentes ambiciosos e populares como Jefferson, Andrew Jackson e Ulysses S. Grant se abstiveram de questioná-lo. Quando amigos de Grant o encorajaram a buscar um terceiro mandato, isso causou alvoroço, e a Câmara dos Representantes aprovou uma resolução declarando o seguinte:

> O precedente estabelecido por Washington e outros presidentes ... ao se aposentarem ... após o segundo mandato se tornou ... uma parte do nosso sistema republicano ... Qualquer desvio desse costume reverenciado pelo tempo seria insensato, impatriótico e carregado de perigo para as nossas instituições livres.[42]

Igualmente, o Partido Democrata se recusou a indicar Grover Cleveland para um terceiro mandato não consecutivo em 1892, advertindo que a candidatura violaria uma "lei não escrita".[43] Somente a reeleição de Roosevelt em 1940 infringiu claramente a norma – transgressão esta que desencadeou a aprovação da Vigésima Segunda Emenda.[44]

Normas de reserva institucional são especialmente importantes em democracias presidencialistas.[45] Como sustenta Juan Linz, governos divididos podem facilmente levar a impasses, disfunções e crises constitucionais.[46] Presidentes sem comedimento ou controle podem aparelhar a Suprema Corte, alterando a sua composição, ou contornar o Congresso, governando por decretos. E congressos sem comedimento podem bloquear todos os movimentos do presidente, ameaçando lançar o país no caos ao se recusarem a financiar o governo ou ao votarem pelo afastamento do presidente com base em motivos dúbios.

O oposto de reserva é explorar prerrogativas institucionais de maneira incontida, o que o estudioso de direito Mark Tushnet chama de "jogo duro constitucional": jogar segundo as regras, mas levando-as aos seus limites, e "jogando para valer".[47] Trata-se de uma forma de combate institucional cujo objetivo é derrotar permanentemente os rivais partidários – e não se preocupar em saber se o jogo democrático vai continuar.

Os presidentes argentinos há muito são mestres do jogo duro constitucional. Nos anos 1940, o presidente Juan Perón usou sua maioria no Congresso para promover o impedimento de três dos cinco juízes da Suprema Corte, tirando "vantagem máxima" de uma cláusula constitucional vagamente definida que listava "conduta ilegal" como base para impeachment.[48] Quase meio século depois, o presidente Carlos Menem mostrou um talento semelhante para ampliar os limites da lei. A Constituição argentina de 1853 era ambígua ao definir a autoridade do presidente para emitir decretos.[49] Historicamente, presidentes eleitos vinham usando essa autoridade de maneira parcimoniosa, emitindo apenas 25 decretos entre 1853 e 1989. Menem não mostrou o mesmo comedimento, publicando 336 decretos em menos de um único mandato presidencial.[50]

O Judiciário também pode ser convocado para fazer jogo duro. Depois que conquistaram o controle da assembleia nacional venezuelana por maioria esmagadora numa eleição em dezembro de 2015, os partidos de oposição tiveram esperanças de frear o poder autocrático do presidente Nicolás Maduro. Assim, o novo Congresso aprovou uma lei de anistia que libertaria 120 presos políticos[51] e votou contra a declaração de estado de emergência econômica de Maduro (que lhe dava amplos poderes para governar por decreto). Para repelir essa objeção, Maduro se voltou para a Suprema Corte, agora controlada por seus partidários. A corte chavista efetivamente retirou poderes do Legislativo, julgando que quase todos os seus projetos de lei – inclusive a lei de anistia, os esforços para revisar o orçamento nacional e a rejeição do estado de emergência – eram inconstitucionais.[52] Segundo o jornal colombiano *El Tiempo*, a corte decidiu contra o Congresso 24 vezes em seis meses, derrubando "todas as leis que ele havia aprovado".[53]

Os legislativos também podem exagerar suas prerrogativas constitucionais. Tomemos o impeachment do presidente Fernando Lugo em 2012 no Paraguai. Lugo, um ex-padre de esquerda, foi eleito em 2008, dando fim à administração de 61 anos do Partido Colorado no poder. Um outsider com poucos amigos no Congresso,[54] Lugo enfrentou tentativas de impeachment ao longo de toda a sua Presidência. Os esforços tiveram sucesso em 2012, depois da erosão da popularidade do presidente e de seu abandono por seus antigos aliados liberais. O estopim foi um conflito violento entre a polícia e camponeses que ocupavam terras, que terminou com a morte de dezessete pessoas. Embora violências semelhantes tenham ocorrido em governos anteriores, a oposição usou o incidente para derrubar Lugo. Em 21 de junho, apenas seis dias após os assassinatos, a Câmara dos Deputados votou pelo impeachment de Lugo com base em "mau desempenho das funções". Um dia depois, na sequência de um processo apressado no qual o presidente só teve duas horas para apresentar sua defesa, Lugo foi afastado do cargo pelo Senado.[55] Segundo um analista, o processo foi uma "clara farsa ... o impeachment de Lugo mal se elevou ao nível de uma encenação de julgamento".[56] Em termos estritos, contudo, foi um processo legal.[57]

Algo semelhante aconteceu no Equador nos anos 1990. O presidente Abdalá Bucaram era um populista que ascendeu à Presidência atacando o establishment político equatoriano. Apelidado de *El Loco*,[58] Bucaram tinha sucesso em controvérsias, as quais testavam a reserva institucional de seus oponentes. Em seu primeiro mês no cargo, ele se envolveu em atos explícitos de nepotismo, chamou o ex-presidente Rodrigo Borja de "burro" e distribuiu leite subsidiado com o seu próprio nome.[59] Embora escandalosas, essas afrontas certamente não eram passíveis de impeachment. Entretanto, os esforços para impedi-lo começaram semanas após sua posse. Quando ficou claro que não contava com a maioria de dois terços exigida para o impeachment, a oposição encontrou uma alternativa dúbia, mas constitucional: a Constituição do Equador de 1979 permitia que uma maioria simples afastasse o presidente em caso de "incapacidade mental". Em 6 de fevereiro de 1997, foi exatamente o que o Congresso fez. Numa violação clara do espírito da Constituição, ele votou pelo afastamento de Bucaram sem nem sequer debater se ele era, de fato, mentalmente debilitado.[60]

Os Estados Unidos também tiveram o seu quinhão de jogo duro constitucional. Conforme observamos, depois que a Décima Quarta e a Décima Quinta Emendas estabeleceram formalmente o sufrágio universal masculino, os legislativos controlados pelos democratas no Sul arranjaram novos meios de negar o direito de voto aos afro-americanos. A maioria dos novos impostos de votação e dos testes de alfabetização era considerada adequada à Constituição, mas eles foram claramente concebidos para contrariar seu espírito. Como declarou o deputado estadual Anthony D. Sayre, do Alabama, ao apresentar a legislação, seu projeto de lei "eliminaria o negro da política, e de maneira perfeitamente legal".[61]

A TOLERÂNCIA MÚTUA e a reserva institucional têm uma relação estreita. Por vezes, reforçam uma à outra. Políticos são mais propensos à moderação quando se aceitam uns aos outros como rivais legítimos, e aqueles que não encaram os oponentes como subversivos serão menos tentados a recorrer a violações da norma para mantê-los longe do poder. Atos de reserva – por exemplo, um Senado controlado por republicanos aprovando a indicação de um presidente democrata para a Suprema Corte – reforçarão a crença de cada partido de que o outro lado é tolerável, promovendo um círculo virtuoso.

Porém, o oposto também pode ocorrer. A erosão da tolerância mútua pode motivar os políticos a desdobrar seus poderes institucionais tão amplamente quanto possível sem serem punidos. Quando partidos se veem como inimigos mortais, os interesses em jogo aumentam de maneira dramática. Perder deixa de ser uma parte rotineira e aceita do processo político, tornando-se, em vez disso, uma catástrofe total. Quando o custo inferido de perder é suficientemente alto, políticos serão tentados a abandonar a reserva institucional. Atos de jogo duro constitucional podem então, por sua vez, minar ainda mais a tolerância mútua, reforçando a crença de que nossos rivais representam uma perigosa ameaça.

O resultado é a política sem grades de proteção – o que o teórico político Eric Nelson descreve como um "ciclo de escalada constitucional de temeridade".[62] Como é esse tipo de política? Nelson nos dá um exemplo: o colapso da monarquia de Carlos I na Inglaterra durante os anos 1640. Um conflito religioso entre a Coroa, a Igreja da Inglaterra e os puritanos no

Parlamento levou a acusações mútuas de heresia e traição e a uma ruptura das normas que sustentavam a monarquia. A tradição constitucional inglesa dava ao Parlamento o direito exclusivo de coletar os impostos necessários para financiar o governo. Porém, compreendendo que Carlos estava perigosamente próximo do papado, o Parlamento se recusou a financiar a monarquia, a menos que ela satisfizesse um conjunto abrangente de medidas, inclusive o virtual desmantelamento da Igreja da Inglaterra. O Parlamento manteve sua posição mesmo depois de a Inglaterra ser invadida pelos escoceses e precisar desesperadamente de receitas para a defesa nacional. Carlos respondeu a essa violação da norma com transgressões de sua própria lavra: dissolveu o Parlamento e governou sem ele durante onze anos. Como observa Nelson: "Em nenhum momento ... Carlos reivindicou para si o direito de fazer leis sem o Parlamento." Em vez disso, ele "simplesmente tentou resolver as coisas sem aprovar nenhuma lei nova". Por fim, a necessidade de receitas levou Carlos a contornar o monopólio do Parlamento sobre a tributação, o que deixou sua indignada oposição ainda mais inflexível quando da reabertura do Parlamento em 1640. Como conclui Nelson, "a espiral de obstrução legislativa e abuso régio continuou até só poder ser resolvida pela guerra".[63] A guerra civil subsequente desmantelou a monarquia inglesa e custou a vida a Carlos.

Alguns dos colapsos democráticos mais trágicos da história foram precedidos pela degradação de normas básicas. Pode-se encontrar um exemplo no Chile. Antes do golpe de 1973, o Chile era a mais antiga e mais bem-sucedida democracia da América Latina, sustentada por normas democráticas vibrantes.[64] Embora o arco dos partidos políticos chilenos se estendesse desde uma esquerda marxista até uma direita reacionária, uma "cultura de compromisso"[65] predominou ao longo de grande parte do século XX. Como formularam a repórter Pamela Constable e o cientista político Arturo Valenzuela:

> As fortes tradições chilenas de cumprimento da lei mantiveram a competição limitada ao âmbito de certas regras e rituais, suavizando a hostilidade de classe e o conflito ideológico. Não havia discussão, dizia-se, que não pudesse ser resolvida com uma garrafa de Cabernet chileno.[66]

A partir dos anos 1960, contudo, a cultura de compromisso do Chile foi sobrecarregada pela polarização da Guerra Fria.[67] Alguns à esquerda, inspirados pela Revolução Cubana, começaram a rejeitar a tradição do país de dar e receber em política como um anacronismo burguês.[68] Muitos à direita começaram a temer que, se conquistasse o poder, a coalizão de esquerda Unidade Popular transformaria o Chile em mais uma Cuba.[69] Na eleição presidencial de 1970, essas tensões tinham alcançado níveis extremos. O candidato da Unidade Popular, Salvador Allende, enfrentava o que Radomiro Tomic, seu rival da Democracia Cristã, descreveu como uma "gigantesca campanha de ódio" na mídia, a qual "fomentava sistematicamente temores" à direita.[70]

Allende venceu, e, embora estivesse comprometido com a democracia, a perspectiva de sua presidência gerou pânico entre os conservadores.[71] O Partido Pátria e Liberdade, de extrema direita, que exigia que Allende fosse impedido de assumir o mandato por quaisquer meios necessários, e o direitista Partido Nacional, financiado pela CIA, desenvolveram táticas de jogo duro antes mesmo de ele prestar juramento.[72] A Constituição chilena estipulava que, se nenhum candidato presidencial conquistasse pelo menos 50% dos votos, a eleição seria decidida pelo Congresso; Allende tinha conquistado apenas 36%. Embora normas estabelecidas ditassem que o Congresso elegesse o candidato mais votado do pleito, nenhuma regra determinava esta ação. Abandonando a reserva, o Partido Nacional tentou convencer os centristas democratas cristãos a votarem em seu candidato, Jorge Alessandri, que tinha chegado perto em segundo lugar.[73] Os democratas cristãos se recusaram, mas, em troca de seu voto, forçaram Allende a assinar um Estatuto de Garantias Constitucionais, exigindo que o presidente respeitasse as eleições livres e liberdades civis como a de imprensa.[74] A exigência era bastante razoável, mas Arturo Valenzuela observou que "marcava uma ruptura no entendimento mútuo" entre líderes, "para quem o respeito pelas regras do jogo já era implícito".[75]

Durante a presidência de Allende houve uma erosão continuada das normas democráticas. Desprovido de maioria legislativa, seu governo foi incapaz de implementar plenamente um programa socialista.[76] Assim, Allende usou seus poderes presidenciais, ameaçando aprovar leis através de referendo nacional, se o Congresso as bloqueasse, e usando "brechas legais"[77] para fazer avançar seu programa à margem do Legislativo. A oposição respondeu na mesma moeda. Num discurso feito numa manifestação durante o segundo mês da presidência de Allende, o senador direitista Raúl Morales mapeou o que chamou de uma estratégia de "xeque-mate institucional".[78] Embora a oposição não tivesse os dois terços no Senado necessários para o impeachment de Allende, o Senado podia afastar ministros através de votos de censura por maioria simples. No papel desde 1833, o voto de censura tinha sido proposto apenas para circunstâncias especiais e raramente fora usado antes de 1970. Agora, contudo, ele seria uma arma.[79] Em janeiro de 1972, o Senado impediu o ministro do Interior José Tohá, um aliado próximo de Allende. Allende respondeu renomeando Tohá para seu gabinete como ministro da Defesa.[80]

A hostilidade partidária se intensificou ao longo da presidência de Allende. Seus aliados esquerdistas passaram a descrever os oponentes como fascistas e "inimigos do povo",[81] enquanto os direitistas chamavam o governo de totalitário. A intolerância mútua crescente minou os esforços de Allende e dos democratas cristãos para negociar qualquer tipo de *modus vivendi*: enquanto os aliados radicais de Allende consideravam que essas negociações "abriam a porta para o fascismo",[82] os grupos de direita criticavam os democratas cristãos por não resistirem à ameaça comunista. Para aprovar legislação, o governo precisava do apoio dos democratas cristãos, mas, no começo de 1973, estes haviam decidido, nas palavras de seu líder Patricio Aylwin, "não permitir que Allende marcasse nem um gol sequer".[83]

A polarização pode destruir as normas democráticas. Quando diferenças socioeconômicas, raciais e religiosas dão lugar a sectarismo extremo, situação em que as sociedades se dividem em campos políticos cujas visões de mundo são não apenas diferentes, mas mutuamente excludentes, torna-se difícil sustentar a tolerância. Alguma polarização é saudável – até necessária – para a democracia. E, com efeito, a experiência histórica de democracias na Europa ocidental mostra que normas podem ser sustentadas mesmo em lugares onde os partidos estão separados por consideráveis diferenças ideológicas. No entanto, quando as sociedades se dividem tão profundamente que seus partidos se vinculam a visões de mundo incompatíveis, e sobretudo quando seus membros são tão segregados que raramente interagem, as rivalidades partidárias estáveis dão lugar a percepções de ameaça mútua. À medida que desaparece a tolerância, os políticos se veem cada vez mais tentados a abandonar a reserva institucional e tentar vencer a qualquer custo. Isso pode estimular a ascensão de grupos antissistema com rejeição total às regras democráticas. Quando isso acontece, a democracia está em apuros.

A política sem grades de proteção matou a democracia chilena. Tanto o governo quanto a oposição viram as eleições legislativas de meio de mandato como uma oportunidade de ganhar a briga de uma vez por todas. Enquanto Allende procurava conseguir a maioria parlamentar de que necessitava para impor legalmente seu programa socialista, a oposição buscava a maioria de dois terços necessária para a "derrubada constitucional"[84] de Allende via impeachment. Nenhum dos lados, porém, alcançou a maioria que buscava. Incapazes de derrotar permanentemente um ao outro e sem querer ceder, os partidos chilenos lançaram sua democracia numa espiral de morte. Os linhas-duras assumiram o controle do Partido Democrata Cristão, prometendo empregar todos os meios necessários para impedir o que o ex-presidente Eduardo Frei descreveu como a "tentativa de Allende de implementar o totalitarismo no Chile". E os esforços desesperados de Allende para restabelecer o diálogo com a oposição foram enfraquecidos por seus próprios aliados, que o convocaram a rejeitar "quaisquer diálogos com ... partidos reacionários" e, em vez disso, dissolver o Congresso. Allende se recusou, mas tentou aplacar seus aliados pressionando mais fortemente seus oponentes. Quando as autoridades judiciárias bloquearam a expropriação de quarenta empresas tomadas por trabalhadores em greve, Allende respondeu com um "decreto de insistência" constitucionalmente dúbio, o qual, por sua vez, desencadeou clamores da oposição pelo impeachment. Um senador de direita proclamou em rede nacional de televisão que Allende era então "um chefe de Estado ilegítimo",[85] e, em agosto de 1973, a Câmara dos Deputados aprovou uma resolução declarando que o governo era inconstitucional.[86]

Menos de um mês depois, os militares tomaram o poder. Os chilenos, que por muito tempo tiveram orgulho de ser a democracia mais estável da América Latina, sucumbiram à ditadura. Os generais governariam o Chile pelos dezessete anos seguintes.

6. As regras não escritas da política norte-americana

EM 4 DE MARÇO DE 1933, ao se reunirem em volta do rádio naqueles dias mais sombrios da Grande Depressão para escutar o primeiro discurso de posse de Franklin D. Roosevelt, as famílias norte-americanas ouviram uma voz vagarosamente trovejante declarar: "Vou solicitar ao Congresso o único instrumento restante para responder à crise: amplo poder executivo para declarar guerra contra a emergência, tão grande quanto o poder que me seria dado se fôssemos de fato invadidos por um inimigo estrangeiro."[1] Roosevelt estava evocando o mais ilimitado poder previsto pela Constituição a um presidente – poderes de guerra – para enfrentar uma crise *doméstica*.

Roosevelt concluiu que nem isso era bastante. Em novembro de 1936, ele foi reeleito com 61% dos votos – a maior votação popular já dada a um candidato no cargo na história norte-americana. Porém, ele viu sua ambiciosa agenda política restringida por uma camisa de força inesperada: a conservadora (e, do ponto de vista dele, atrasada) Suprema Corte – um órgão composto inteiramente por homens que haviam concluído sua formação jurídica no século XIX. A Suprema Corte nunca havia sido tão ativa bloqueando legislações como foi em 1935 e 1936. A corte considerou grandes parcelas do New Deal inconstitucionais, com frequência baseando-se em interpretações questionáveis.[2] A agenda de Roosevelt estava por um triz.

Assim, em fevereiro de 1937, há duas semanas em seu segundo mandato, Roosevelt revelou uma proposta de expandir o tamanho da Suprema Corte. A "jogada de aparelhar a corte", como seus oponentes a chamaram, tirava vantagem de uma lacuna na Constituição: o artigo III não especifica o número de magistrados da Suprema Corte. A proposta de Roosevelt lhe teria permitido acrescentar novos juízes à corte para cada membro com mais de setenta anos de idade, até um tamanho máximo de quinze membros.[3] Considerando que seis juízes tinham setenta anos ou mais, Roosevelt poderia nomear seis juízes de imediato. A motivação do presidente era, possivelmente, compreensível – ele procurava uma base legal mais sólida para realizar os objetivos do New Deal. Fosse a proposta aprovada, contudo, teria estabelecido um perigoso precedente. A corte teria se tornado hiperpolitizada, suas regras de nomeação, tamanho e seleção estando abertas à manipulação constante, como na Argentina sob Perón ou na Venezuela sob Chávez. Tivesse Roosevelt aprovado sua lei, uma norma crucial – um presidente não deve minar outro poder coigual – teria sido atropelada.

A norma, porém, se manteve. O plano de Roosevelt de aparelhamento da corte enfrentou mais oposição do que qualquer outra iniciativa empreendida durante a sua presidência.[4] E não apenas dos republicanos, mas da imprensa, de advogados e juízes destacados e, surpreendentemente, de um grande número de colegas democratas. Em meses, a proposta tinha morrido – morta por um Congresso dominado pelo próprio partido de Roosevelt. Mesmo em meio a uma crise tão profunda quanto a Grande Depressão, o sistema de freios e contrapesos tinha funcionado.

A REPÚBLICA AMERICANA não nasceu com normas democráticas fortes. Na verdade, seus primeiros anos foram um exemplo clássico de política sem grades de proteção. Como vimos, normas de tolerância mútua eram, na melhor hipótese, embrionárias nos anos 1780 e 1790. De início, longe de aceitarem um ao outro como rivais legítimos, federalistas e republicanos nutriam suspeitas mútuas de traição.

Esse clima de hostilidade e desconfiança partidária estimulou o que hoje é conhecido como jogo duro constitucional. Em 1798, os federalistas aprovaram a Lei de Sedição,[5] que, embora em tese criminalizasse afirmações falsas contra o governo, era tão vaga que praticamente criminalizava críticas contra o governo. A lei foi usada para atacar jornais e ativistas do Partido Republicano.[6] Na eleição de 1800, que confrontava o presidente Adams, um federalista, contra Jefferson, o líder da oposição republicana, cada lado visava uma vitória permanente – isto é, tirar o outro partido do jogo para sempre. O líder federalista Alexander Hamilton falava de encontrar uma "medida legal e constitucional"[7] para bloquear a ascensão de Jefferson à Presidência, ao passo que Jefferson descrevia a eleição como a última oportunidade de salvar o país da monarquia. A vitória de Jefferson deu fim à intensa acrimônia partidária. Em seus últimos dias de mandato, o Congresso federalista derrotado reduziu o tamanho da Suprema Corte para cinco membros, visando limitar a influência de Jefferson sobre a corte. Com sua nova maioria, o Congresso republicano repeliu a iniciativa e, poucos anos depois, expandiu a corte para sete membros, a fim de dar a Jefferson mais uma nomeação.

Várias décadas se passaram até essa busca obstinada pela vitória permanente se acalmar e ceder. As exigências da política cotidiana e da ascensão de uma nova geração de políticos de carreira ajudou a baixar a sanha competitiva. A geração pós-revolucionária se acostumou cada vez mais à ideia de que em política às vezes se ganha, às vezes se perde – e de que rivais não precisam ser inimigos. Martin van Buren, um dos fundadores do Partido Democrata moderno e posteriormente presidente dos Estados Unidos, representava bem essa visão. Segundo Richard Hofstadter, Van Buren

> tipificava o espírito amigável do advogado de fóruns de condado traduzido para a política, o advogado capaz de apreciar, ao longo de um período de muitos anos, uma série de animados duelos de tribunal com um antagonista, mas que mantém, fora do tribunal, o respeito mútuo, frequentemente a amizade cordial de colegas de profissão.[8]

Embora tenha tido "muitos oponentes" durante sua carreira, escreve um biógrafo, Van Buren teve "poucos inimigos".[9] Enquanto os fundadores só com muita relutância aceitavam a oposição partidária, a geração de Van

Buren a tinha como natural.¹⁰ A política de oposição total tinha se tornado a política da tolerância mútua.

Contudo, as normas nascentes logo começaram a se esgarçar, por conta de uma questão que os fundadores tinham tentado suprimir: a escravidão. Durante os anos 1850, um conflito cada vez mais aberto sobre o futuro da escravidão polarizou o país, investindo a política do que um historiador chamou de uma nova "intensidade emocional".¹¹ Para os agricultores brancos do Sul e seus aliados democratas, o abolicionismo – uma causa associada ao novo Partido Republicano – significava uma ameaça existencial. O senador John C. Calhoun, da Carolina do Sul, um dos defensores mais influentes da escravidão, descrevia o Sul pós-emancipação em termos quase apocalípticos, nos quais os ex-escravos seriam

> elevados acima dos brancos ... na escala política e social. Em uma palavra, nós trocaríamos de condição com eles – uma degradação maior do que jamais coube à sina de um povo livre e esclarecido, da qual nós só poderíamos escapar ... fugindo dos nossos próprios lares e dos nossos ancestrais e abandonando nosso país aos nossos antigos escravos, para dele fazerem a residência permanente da desordem, da anarquia, da pobreza, da miséria e da desdita.¹²

A polarização sobre a escravidão despedaçou a ainda frágil norma de tolerância mútua. O deputado democrata Henry Shaw investia violentamente contra os republicanos, chamando-os de "traidores da Constituição e da União",¹³ ao passo que o senador Robert Toombs jurava "nunca permitir que esse governo federal passasse às mãos do Partido Republicano Negro". Os políticos antiescravidão, por seu lado, acusavam os pró-escravidão de "traição" e "sedição".¹⁴

A erosão das normas básicas ampliou a zona da ação política aceitável. Vários anos antes de tiros serem disparados em Fort Sumter, a violência sectária permeou o Congresso. A historiadora Joanne Freeman, de Yale, estima que houve 125 episódios de violência¹⁵ – incluindo facadas, surras e pistolas sacadas – no plenário da Câmara e do Senado entre 1830 e 1860.

Não demoraria muito e os norte-americanos estariam se matando às centenas de milhares.

A Guerra Civil despedaçou a democracia dos Estados Unidos. Um terço dos estados norte-americanos não participou da eleição de 1864; 22 das cinquenta cadeiras do Senado e mais de um quarto das cadeiras da Câmara restaram vazias. O presidente Lincoln suspendeu o habeas corpus e emitiu ordens executivas de constitucionalidade dúbia, embora, é claro, uma ordem executiva notável tenha libertado os escravos.[16] E, na sequência da vitória da União, grande parte da antiga Confederação foi posta sob governo militar.

O trauma da Guerra Civil deixou os norte-americanos com questões candentes sobre o que tinha dado errado. A destruição completa – incluindo mais de 600 mil mortos – abalou a crença de muitos intelectuais nortistas na superioridade de sua forma de democracia.[17] Seria a Constituição dos Estados Unidos o documento inspirado que se pensava que fosse? Essa onda de autocrítica deu lugar a um novo interesse por regras não escritas. Em 1885, o então professor de ciência política Woodrow Wilson, filho de uma família sulista confederada, publicou um livro sobre o Congresso dos Estados Unidos no qual explorava a disparidade entre a promessa de certas disposições constitucionais e o modo como as instituições de fato funcionavam.[18] Além de boas leis, o país precisava de normas efetivas.

Reconstruir normas democráticas depois de uma guerra civil nunca é fácil, e os Estados Unidos não eram uma exceção. As feridas do confronto cicatrizaram lentamente; só com muita relutância democratas e republicanos se aceitaram como rivais legítimos. Num evento de campanha para o candidato republicano Rutherford B. Hayes, o político Robert Ingersoll falou contra os democratas em termos assustadores:

> Todo homem que tentou destruir esta nação era um democrata. Todo inimigo que esta grande república teve durante os últimos vinte anos foi um democrata ... Todo homem que negou aos prisioneiros da União até mesmo a crosta do pão da fome que os vermes comeram, e quando algum pobre e emaciado patriota da União, levado pela fome à insanidade, viu em um sonho

demente o rosto de sua mãe, e ela lhe fez um sinal e ele a seguiu, esperando sentir mais uma vez a pressão de seus lábios em seu rosto febril, e quando ele deu um passo além da linha fatal, o patife que meteu uma bala através de seu terno e pulsante coração foi – e é – um democrata.[19]

Esse tipo de retórica, conhecido como "brandir a camisa ensanguentada", continuou durante anos.

Com a persistente animosidade partidária veio o jogo duro constitucional. Em 1866, o Congresso republicano reduziu o tamanho da Suprema Corte de dez para sete magistrados, a fim de impedir que o presidente Andrew Johnson, um democrata que os republicanos consideravam estar subvertendo a Reconstrução, fizesse novas indicações.[20] Um ano depois, o Congresso aprovou a Lei de Permanência no Cargo, que proibia Johnson de afastar membros do gabinete de Lincoln sem aprovação do Senado. Encarando a lei como uma violação de sua autoridade constitucional, Johnson a ignorou – um "grave delito"[21] que levou a seu impeachment em 1868.

Aos poucos, contudo, à medida que a geração da guerra civil saía de cena, democratas e republicanos foram aprendendo a conviver. Eles prestaram atenção nas palavras do ex-presidente da Câmara James Blaine, que, em 1880, aconselhou os colegas republicanos a "guardar a camisa ensanguentada"[22] e deslocar o debate para questões econômicas.

No entanto, não foi apenas o tempo que cicatrizou as feridas sectárias. A tolerância mútua só se estabeleceu depois que a questão da igualdade racial foi retirada da agenda política. Dois acontecimentos foram decisivos quanto a isso. O primeiro foi o infame Compromisso de 1877, que acabou com a disputa na eleição presidencial e elevou o republicano Rutherford B. Hayes à Presidência, em troca de uma promessa de retirada das tropas federais do Sul. O pacto acabou efetivamente com a Reconstrução,[23] pois, ao retirar as proteções federais para os afro-americanos, tão arduamente conquistadas, permitiu aos democratas sulistas anular direitos democráticos e consolidar o domínio de um partido único. O segundo acontecimento foi o fracasso do Projeto de Lei de Eleições Federais, de Henry Cabot Lodge, em 1890, o qual teria permitido a supervisão federal de eleições legislativas a fim de garantir a implementação do sufrágio negro. O fracasso do projeto deu fim aos esforços federais para proteger o direito ao voto dos afro-americanos no Sul, ocasionando, consequentemente, a sua extinção.

É difícil superestimar o significado trágico desses acontecimentos. Como os direitos civis e de voto eram vistos por muitos democratas sulistas como uma ameaça fundamental, o acordo entre os partidos de abandonar essas questões propiciou uma base para que restaurassem a tolerância mútua. A revogação dos direitos dos afro-americanos preservou a supremacia branca e o domínio do Partido Democrata no Sul, o que ajudou a manter a viabilidade nacional dos democratas. Com a igualdade racial fora da agenda, os medos dos democratas sulistas cederam. Só então a hostilidade sectária começou a diminuir. Paradoxalmente, portanto, as normas que mais tarde serviriam como fundação para a democracia norte-americana emergiram de um arranjo profundamente antidemocrático: a exclusão racial e a consolidação da predominância de um partido único no Sul.

Depois que democratas e republicanos se aceitaram como rivais legítimos, a polarização declinou gradualmente,[24] dando origem ao tipo de política que caracterizaria a democracia americana durante as décadas seguintes. A cooperação bipartidária viabilizou uma série de reformas importantes,[25] inclusive a Décima Sexta Emenda (1913), que legalizou o imposto de renda federal, a Décima Sétima Emenda, que estabeleceu a eleição direta para senadores, e a Décima Nona Emenda (1919), que concedeu às mulheres o direito de voto.

A tolerância mútua, por sua vez, encorajou a reserva institucional. No final do século XIX, convenções ou soluções alternativas informais já haviam começado a permear todos os ramos de poder do governo, habilitando nosso sistema de freios e contrapesos a funcionar razoavelmente bem. A importância dessas normas não foi perdida para analistas de fora. Em sua obra-prima de dois volumes *A comunidade americana*, o estudioso britânico James Bryce escreveu que não foi a Constituição dos Estados Unidos em si que fez o sistema político norte-americano funcionar, mas antes o que ele chamou de "costumes": nossas regras não escritas.[26]

NA VIRADA DO SÉCULO XX, então, as normas de tolerância mútua e reserva institucional estavam bem estabelecidas. Com efeito, elas se tornaram a fundação do nosso muito admirado sistema de freios e contrapesos. Para que o sistema constitucional funcione como esperamos que funcione, o Executivo, o Congresso e o Judiciário têm que encontrar um equilíbrio delicado. Por um lado, o Congresso e os tribunais precisam supervisionar e, quando necessário, frear o poder do presidente. Eles têm que ser cães de guarda da democracia. Por outro lado, o Congresso e os tribunais devem permitir que o governo opere. É aí que a reserva entra em cena. Para que a democracia presidencial tenha êxito, instituições fortes o bastante para frear o presidente têm que subutilizar este poder.

Na ausência dessas normas, o equilíbrio se torna mais difícil de sustentar. Quando o ódio sectário pisoteia o compromisso dos políticos com o espírito da Constituição, o sistema de freios e contrapesos corre o risco de ser subvertido de duas maneiras. Sob um governo dividido, em que o Legislativo ou o Judiciário estão nas mãos da oposição, o risco é de jogo duro constitucional, em que a oposição estende o mais que puder suas prerrogativas institucionais – parando de financiar o governo, bloqueando todas as indicações presidenciais para o Judiciário e, eventualmente, até votando pelo afastamento do presidente. Nesse cenário, os cães de guarda legislativos e judiciários se tornam cães de ataque sectários.

Sob um governo unificado, em que as instituições legislativas e judiciárias estão nas mãos do partido do presidente, o risco não é de confrontação, mas de abdicação. Se a animosidade sectária prevalecer sobre a tolerância mútua, os que estão no controle do Congresso podem priorizar a defesa do presidente à realização de seus deveres constitucionais. Num esforço para adiar a vitória da oposição, eles podem abandonar seu papel de supervisão, capacitando o presidente a escapar impune de atos abusivos, ilegais e autoritários. Essa transformação de cão de guarda em cachorrinho de estimação – pensem no Congresso condescendente de Perón na Argentina ou na Suprema Corte chavista na Venezuela – pode ser um agente facilitador importante para governos autoritários.

O sistema americano de freios e contrapesos exige, portanto, que funcionários e mandatários públicos usem suas prerrogativas institucionais de maneira judiciosa. Presidentes, líderes do Congresso e magistrados da Suprema Corte dos Estados Unidos desfrutam de uma gama de poderes que, se estendidos sem comedimento, podem enfraquecer o sistema. Consideremos seis desses poderes. Três estão disponíveis para o presidente: ordens executivas, indulto presidencial e modificação da composição da corte. Os outros três estão com o Congresso: a obstrução dos trabalhos legislativos, o poder do Senado de aconselhar e consentir e o impeachment. Estejam essas prerrogativas formalmente estipuladas na Constituição ou sejam apenas permitidas pela mesma, sua utilização como arma pode com facilidade resultar em impasse, disfunção e mesmo em colapso democrático. Pela maior parte do século, contudo, todos os políticos norte-americanos as usaram com notável reserva.

COMECEMOS PELO PODER PRESIDENCIAL. A Presidência norte-americana é uma instituição poderosa – e potencialmente dominante, devido, em parte, a lacunas constitucionais. O artigo II da Constituição, que dispõe sobre os poderes formais da Presidência, não define de modo claro os seus limites. Ele praticamente silencia sobre a autoridade do presidente para agir de maneira unilateral, via ordens ou decretos executivos.[27] Além disso, o poder presidencial aumentou ao longo do último século. Movido por imperativos de guerra e depressão, o Executivo desenvolveu vastas capacidades legais, administrativas, orçamentárias, de inteligência e de guerra, transformando-se no que o historiador Arthur M. Schlesinger Jr. celebremente chamou de "Presidência Imperial".[28] Os presidentes norte-americanos do pós-guerra controlavam a maior força militar do mundo. E os desafios de governar uma superpotência global, com economia e sociedade industriais complexas, criaram demandas sempre crescentes de ação executiva mais concentrada. No começo do século XXI, os recursos administrativos à disposição do Executivo eram tão vastos que o estudioso de direito Bruce Ackerman descreveu a Presidência como um "aríete constitucional".[29]

Os imensos poderes do Executivo criam nos presidentes a tentação de um governo unilateral – às margens do Congresso e do Judiciário. Presidentes que consideram que sua agenda está sendo boicotada podem contornar o Legislativo emitindo ordens executivas, proclamações, diretivas, acordos executivos ou memorandos presidenciais, os quais assumem peso de lei sem o endosso do Congresso.[30] A Constituição não proíbe esse tipo de ação.

Da mesma forma, presidentes podem contornar o Judiciário, seja recusando-se a acatar decisões, como fez Lincoln quando a Suprema Corte rejeitou sua suspensão de mandatos de habeas corpus, ou ao usar a prerrogativa do perdão presidencial.[31] Alexander Hamilton sustentou no artigo 74 de *O federalista* que, por ser muito extensivo, o poder de indulto "inspiraria naturalmente escrupulosidade e cautela".[32] Porém, nas mãos de um presidente sem escrúpulos ou cautela, o perdão pode ser usado para ampla proteção do governo contra freios judiciais. O presidente pode até mesmo perdoar a si próprio. Embora constitucional, uma ação desse tipo enfraqueceria a independência do Judiciário.

Considerando o vasto potencial de ações unilaterais, quase todas prescritas ou permitidas pela Constituição, é difícil superestimar a importância da reserva executiva. Nesse sentido, George Washington foi uma figura central ao estabelecer precedentes. Washington sabia que sua Presidência ajudaria a estabelecer o escopo da autoridade executiva; como ele disse: "Estou percorrendo um caminho que nunca foi trilhado. É difícil haver qualquer aspecto de minha conduta que não possa futuramente vir a ser estabelecido como precedente."[33] Como o ocupante de um cargo que muitos temiam que viesse a se tornar uma nova forma de monarquia, Washington trabalhou duro para estabelecer normas e práticas que complementassem – e fortalecessem – as regras constitucionais. Ele defendeu com energia as suas áreas designadas de poder, mas foi cuidadoso para não invadir áreas no domínio do Congresso.[34] Limitou seu uso do veto a projetos de lei que considerasse constitucionalmente dúbios,[35] dando apenas dois vetos em oito anos e escrevendo que, por "motivos de respeito ao Legislativo", "assinou muitos projetos com os quais seu julgamento estava em desacordo".[36]

Washington também se mostrou relutante em emitir decretos que pudessem ser vistos como invasores da jurisdição congressual.[37] Em oito anos, ele só emitiu oito ordens executivas.

Ao longo de toda a sua vida, Washington observou que "ganhou poder em função de sua prontidão a abrir mão dele".[38] Graças a seu enorme prestígio, sua reserva institucional inspirou muitas das nascentes instituições políticas republicanas norte-americanas. Como formula o historiador Gordon Wood: "Se existe um responsável individual pelo estabelecimento da jovem república em bases fortes, esse alguém foi Washington."[39]

Consolidaram-se normas de comedimento presidencial. Embora ocasionalmente sendo postas à prova, sobretudo durante guerras, elas se mostraram robustas o bastante para restringir até mesmo os nossos mais ambiciosos presidentes. Consideremos Theodore Roosevelt, que ascendeu ao cargo em 1901, depois do assassinato do presidente William McKinley. Roosevelt subscrevia ao que ele chamava de teoria da administração da Presidência, a qual afirmava que todas as ações executivas eram permitidas, salvo se expressamente proibidas por lei.[40] Essa visão expansiva do poder presidencial, o apreço de Roosevelt por apelos populistas "ao povo" e sua "energia e ambição ilimitadas"[41] alarmaram os analistas contemporâneos, inclusive líderes do seu próprio Partido Republicano. O poderoso conselheiro do presidente McKinley, Mark Hanna, havia advertido contra a escolha de Roosevelt como vice-presidente, perguntando, segundo relatos: "Vocês não percebem que há somente uma vida entre este louco e a Casa Branca?"[42] Como presidente, contudo, Roosevelt agiu com comedimento surpreendente.[43] Ele tomou muito cuidado, por exemplo, para evitar parecer estar ameaçando o Congresso ao falar diretamente com o povo ou atacar membros individuais do Legislativo quando debatiam votações cruciais.[44] Afinal, Roosevelt operou satisfatoriamente dentro dos limites dos nossos freios e contrapesos constitucionais.[45]

Mesmo com o aumento marcante das competências legal, administrativa, militar e de inteligência do Executivo durante o século XX, os presidentes se submeteram e cumpriram as normas estabelecidas em suas interações com o Congresso e os tribunais.[46] Com exceção dos tempos de guerra, eles foram criteriosos em seu uso de ordens executivas. Nunca usaram indultos para autoproteção ou ganhos políticos estreitos, e a maioria buscou aconselhamento do Departamento de Justiça antes de decretá-los.[47] E, de maneira crucial, os presidentes do século XX raramente desafiaram outros setores do governo, como fizeram Lincoln e Andrew Johnson no século XIX. O presidente Harry Truman sujeitou-se à Suprema Corte quando ela obstruiu sua ordem executiva de 1952, que nacionalizava a indústria metalúrgica diante de uma greve que ele considerou uma emergência nacional. Eisenhower fez cumprir a decisão *Brown contra o Conselho de Educação* apesar de sua própria contrariedade com ela. Mesmo Nixon cedeu à exigência congressual de entregar suas gravações secretas depois que a Suprema Corte decidiu a favor do Congresso.

Assim, embora o cargo da Presidência norte-americana tenha se fortalecido ao longo do século XX, os presidentes mostraram considerável comedimento no exercício desse poder. Mesmo na ausência de barreiras constitucionais, a ação executiva unilateral configurou exceção de tempos de guerra, em vez de regra.

Uma história semelhante pode ser contada a respeito de eventuais modificações pelo presidente da composição da Suprema Corte. O aparelhamento da corte pode tomar duas formas: o impedimento de magistrados e sua substituição por aliados partidários, ou a alteração do tamanho da corte e o preenchimento das novas vagas com lealistas. Estritamente falando, ambas as manobras são legais: a Constituição permite o impeachment de juízes e não especifica o tamanho da Suprema Corte. Presidentes podem expurgar e aparelhar a corte sem violar a letra da lei. Entretanto, durante bem mais que um século, eles não o fizeram.

O único exemplo de impeachment na Suprema Corte na história dos Estados Unidos ocorreu em 1804, quando a Câmara dominada por republicanos impediu o magistrado Samuel Chase, um "federalista ferveroso"[48] que fizera campanha contra Jefferson e o criticara durante sua presidência. Considerando o comportamento de Chase como sedição, Jefferson pressionou por seu impeachment.[49] Embora os republicanos tenham tentado dar ao procedimento aparência de legalidade, o impeachment, segundo todos os relatos e comentários, foi "do começo ao fim uma perseguição política".⁵⁰ O Senado absolveu Chase, estabelecendo um precedente de peso contra o impeachment.⁵¹

O tamanho da Suprema Corte foi um alvo mais frequente de maquinações sectárias durante o primeiro século da América. Começando pela manobra dos federalistas de encolher a corte para negar ao presidente eleito, Jefferson, uma indicação, a Suprema Corte dos Estados Unidos mudou de tamanho sete vezes entre 1800 e 1869 – todas elas por razões políticas.⁵² No final do século XIX, entretanto, aparelhar a corte era amplamente considerado inaceitável. Em um livro de 1893 sobre o sistema político norte-americano, o futuro presidente Woodrow Wilson escreveu que "ultrajes desse tipo"⁵³ eram uma "violação do espírito da Constituição". Por volta da mesma época, o ex-presidente Benjamin Harrison escreveu que embora expandir a corte fosse "muito tentador para os sectários",⁵⁴ seria "destrutivo, fatalmente destrutivo, para nossa união constitucional". No final dos anos 1920, o jornalista britânico H.W. Horwill concluiu que existia uma norma informal "forte o bastante para proibir os mais poderosos presidente e Congresso, qualquer que fosse a provocação, de tomarem um rumo que fizesse da Suprema Corte um joguete de partidos políticos".⁵⁵

É claro, o presidente Franklin Delano Roosevelt violou esta norma em seu esforço de aparelhar a corte em 1937. Como escreveram os estudiosos de direito constitucional Lee Epstein e Jeffrey Segal, a proposta de Roosevelt de transgredir a norma era "extraordinária em sua arrogância".⁵⁶ Tão extraordinária quanto, porém, foi a resistência que ela gerou. Na época, Roosevelt era extremamente popular – acabara de ser reeleito por uma maioria esmagadora histórica, e seus aliados democratas contavam com maiorias sólidas em ambas as casas do Congresso. Poucos presidentes americanos jamais desfrutaram tamanha força política. Entretanto, o aparelhamento da corte desencadeou uma oposição generalizada. A crítica da mídia foi feroz – o *San Francisco Chronicle* descreveu o plano como uma "declaração aberta de guerra contra a Suprema Corte".⁵⁷ E a oposição no Congresso foi imediata, não só dos republicanos, mas também dos democratas. O senador James A. Reed, do Missouri, chamou a proposta de

Roosevelt de "um passo na direção de fazer de si um ditador de fato".⁵⁸ Edward Cox, um congressista democrata da Geórgia, advertiu que ela "alteraria o significado das nossas leis básicas e todo o nosso sistema de governo"⁵⁹ e representava, por isso, "a mais terrível ameaça que jamais se ergueu contra o governo constitucional em toda a história do país". Até mesmo lealistas adeptos do New Deal se voltaram contra Roosevelt. O senador Joseph O'Mahoney, do Wyoming, era um aliado tão próximo que estivera sentado ao lado de Eleanor Roosevelt no jantar pré-posse na Casa Branca apenas duas semanas antes. Contudo, Mahoney se opôs ao plano de aparelhamento, escrevendo a um amigo: "Essa confusão toda cheira a Maquiavel, e Maquiavel fede!"⁶⁰

Vale observar que a própria Suprema Corte desempenhou um papel fundamental na derrota do plano de Roosevelt. Num movimento que foi descrito como um "recuo de mestre"⁶¹ para preservar sua integridade, a Suprema Corte, antes opositora do New Deal, rapidamente reverteu uma série de decisões suas. Na primavera de 1937, a corte decidiu numa rápida sucessão em favor de vários pontos da legislação do New Deal, inclusive a Lei Nacional de Relações de Trabalho e a legislação de seguridade social de Roosevelt. Com o New Deal em bases constitucionais mais sólidas, os democratas liberais no Congresso puderam se opor mais facilmente ao plano do presidente de aparelhamento da corte. Em julho de 1937, a proposta morreu no Senado. No auge de sua popularidade e poder, o presidente se empenhou duramente contra os limites à sua autoridade constitucional e foi bloqueado. Nunca mais um presidente norte-americano tentaria aparelhar a Suprema Corte.

NORMAS DE RESERVA INSTITUCIONAL também operam no Congresso. Tomemos o Senado dos Estados Unidos. Órgão cuja proposta original era proteger as minorias do poder das maiorias (as quais, acreditavam os fundadores, estariam representadas na Câmara dos Deputados), o Senado era destinado, desde o princípio, a permitir deliberação. Ele desenvolveu uma gama de instrumentos⁶² – muitos dos quais não escritos – que facultavam a minorias legislativas, e mesmo a senadores individuais, tornar mais lento o andamento ou obstruir projetos apresentados pela maioria. Antes de 1917, o Senado não tinha nenhuma regra que limitasse a discussão, o que significava que qualquer senador podia impedir (ou "obstruir") a votação de qualquer legislação indefinidamente, apenas prolongando o debate.[63]

Essas prerrogativas informais são freios e contrapesos essenciais, servindo tanto como proteção para partidos minoritários quanto como restrição para presidentes potencialmente abusivos. Sem reserva, entretanto, elas poderiam levar com facilidade a impasses e conflitos. Como escreveu o cientista político Donald Matthews:

> [Cada senador] tem vasto poder sobre as regras do plenário. Um único senador, por exemplo, pode desacelerar o Senado até quase parar, objetando sistematicamente toda solicitação de consenso unânime. Um pequeno número deles, exercendo o direito de obstrução, pode bloquear a aprovação de todo projeto de lei.[64]

Durante a maior parte da história dos Estados Unidos, essa disfunção não ocorreu, entre outras coisas porque as normas prevalecentes desestimulavam os senadores a usar sua autoridade política de modo excessivo.[65] Como observou Matthews, embora instrumentos como a obstrução "existam como uma ameaça potencial, o fato extraordinário é que sejam raramente usados. O espírito de reciprocidade resulta em que grande parte do poder dos senadores, quiçá a maior, não é exercida".[66]

O estudo seminal de Matthews sobre o Senado durante o final dos anos 1950 salienta como as normas informais, ou o que ele chama de "costumes do povo", ajudaram a instituição a funcionar.[67] Dois desses costumes populares são intimamente associados à reserva institucional: cortesia e reciprocidade. Cortesia significava, acima de tudo, evitar ataques pessoais ou constrangedores contra colegas senadores.[68] A regra primordial, observou Matthews, era não permitir que "desacordos políticos influenciassem sentimentos pessoais". Isso era difícil, pois, como disse um senador, "é difícil não chamar um homem de mentiroso quando você sabe que ele é um mentiroso".⁶⁹ No entanto, os parlamentares consideravam que a cortesia era crucial para o seu sucesso, pois, como declarou um deles, "seus inimigos em determinada questão podem ser seus amigos na seguinte".⁷⁰ Nas palavras de outro senador, a autopreservação política "determina no mínimo uma aparência de amizade.⁷¹ E, então, antes que você perceba, vocês são realmente amigos".

Normas de reciprocidade envolvem comedimento no uso do poder, de modo a não antagonizar demasiadamente outros colegas e pôr em perigo futuras cooperações. Em seu estudo, Matthews conclui: "Se um senador leva o seu poder formal ao limite, ele rompe a negociação implícita e pode esperar não a cooperação de seus pares, mas apenas retaliação na mesma moeda",⁷² o que torna o trabalho legislativo muito mais difícil. Como certo senador descreveu a norma: "Não é uma questão de amizade; trata-se apenas de 'eu não vou ser um FDP se você não for'."⁷³

Nenhum instrumento institucional ilustra a importância dessas normas mais claramente que a obstrução.⁷⁴ Antes de 1917, mais uma vez, qualquer senador podia barrar a legislação usando expedientes de obstrução para postergar a votação indefinidamente. Contudo, isso quase nunca ocorria.⁷⁵ Embora à disposição de todos os senadores, a maioria tratava a obstrução como um "instrumento processual de último caso".⁷⁶ Segundo um relato, somente 23 obstruções manifestas ocorreram durante todo o século XIX.⁷⁷ Um modesto aumento no uso de expedientes de obstrução no começo do século XX deu origem à regra de conclusão de 1917,⁷⁸ segundo a qual dois terços (agora três quintos) do Senado podiam, depois de transcorridos dois dias de obstrucionismo, votar e concluir o debate. Observe-se, porém, que somente trinta obstruções tinham ocorrido entre 1870 e 1917, segundo os cientistas políticos Sarah Binder e Steven Smith.⁷⁹ O uso da obstrução permaneceu baixo até o final dos anos 1960⁸⁰ – de fato, entre 1917 e 1959, o Senado viu uma média de apenas uma por mandato legislativo.

Outra prerrogativa congressual central para o sistema de freios e contrapesos é o poder do Senado de "aconselhar e consentir"⁸¹ as indicações presidenciais para a Suprema Corte e outras posições importantes. Embora estipulado na Constituição, o escopo real do papel de aconselhamento e consentimento do Senado está aberto a interpretação e debate. Em teoria, o Senado poderia impedir que o presidente nomeasse qualquer um de seus ministros ou magistrados – um ato que, embora nominalmente constitucional, deixaria o governo de mãos atadas. Isso não acontece, em parte, por causa de uma norma estabelecida no Senado de consentir que os presidentes componham seus ministérios e indiquem juízes para cadeiras abertas da Suprema Corte.[82] Somente nove indicações presidenciais para ministérios foram rejeitadas entre 1800 e 2005;[83] quando o Senado bloqueou a escolha de Calvin Coolidge para procurador-geral da República em 1925, Coolidge o acusou raivosamente de violar uma "prática incólume por três gerações de permitir ao presidente escolher o seu próprio ministério".[84]

O Senado sempre se reservou o direito de rejeitar indicados individuais à Suprema Corte. Até mesmo o presidente Washington teve uma nomeação rejeitada em 1795. Historicamente, porém, o Senado tem sido parcimonioso no uso desse direito. Entre 1880 e 1980, mais de 90% dos indicados foram aprovados,[85] e só três presidentes – Grover Cleveland, Herbert Hoover e Richard Nixon – tiveram indicações rejeitadas. Indicados de alta qualificação foram invariavelmente aprovados, mesmo quando tinham divergências ideológicas com os senadores.[86] O ultraconservador Antonin Scalia, indicado por Reagan, foi aprovado em 1986 por uma votação de 98 a 0, embora os democratas tivessem mais do que o número necessário de votos (47) para obstruí-lo.[87]

Mesmo não aprovando determinadas escolhas, o Senado há muito aceitou a autoridade suprema do presidente para indicar magistrados. No período de 150 anos entre 1866 e 2016, o órgão não impediu nem sequer uma vez que o presidente preenchesse uma cadeira da Suprema Corte. Em 74 ocasiões durante esse período, presidentes tentaram preencher vagas na corte antes da eleição de seu sucessor. E, em todas as 74 ocasiões – mas nem sempre na primeira tentativa –, tiveram permissão para fazê-lo.[88]

Por fim, uma das prerrogativas potencialmente mais explosivas concedida ao Congresso pela Constituição é o poder de afastar o presidente em exercício através do impeachment. Esta, observou o estudioso britânico

James Bryce mais de um século atrás, é "a peça de artilharia mais pesada do arsenal congressual".⁸⁹ Contudo, continuou Bryce, "por ser tão pesada, é inadequada ao uso comum". Se utilizado de forma trivial, adverte o constitucionalista Keith Whittington, o impeachment pode se tornar um "instrumento partidário para enfraquecer juntas apuradoras e derrubar resultados eleitorais".⁹⁰

Foi exatamente isso que aconteceu, como já observamos, no Paraguai em 2012, com o impeachment "expedito" em dois dias de Fernando Lugo, e no Equador, em 1997, com o afastamento de Adbalá Bucaram em bases espúrias de "incapacidade mental". Nesses casos, o impeachment foi usado como arma – os líderes do Congresso o usaram para remover um presidente de que eles não gostavam.

Em teoria, presidentes norte-americanos poderiam sofrer o destino de Lugo ou de Bucaram. As barreiras legais para o impeachment nos Estados Unidos são na verdade muito pequenas.⁹¹ Constitucionalmente, basta uma maioria simples na Câmara dos Representantes. Embora a condenação e afastamento de um presidente exijam uma maioria de dois terços na votação do Senado, mesmo sem a confirmação da condenação, um processo de impeachment continua a ser um acontecimento traumático que pode enfraquecer presidentes ao ponto de torná-los politicamente impotentes – como aconteceu com Andrew Johnson depois de 1868.

À diferença do Paraguai e do Equador, entretanto, o impeachment nos Estados Unidos é há muito regido por normas de reserva institucional. O estudioso constitucional Mark Tushnet descreve a norma: "A Câmara dos Representantes não deve abrir um procedimento de impeachment agressivamente ... a menos que haja uma probabilidade razoável de ele resultar no afastamento do objeto do processo do cargo."⁹² Como o afastamento exige dois terços dos votos no Senado, isso significa que o impeachment tem que ter pelo menos algum apoio bipartidário. Depois do impeachment de Johnson em 1868, não houve nenhum esforço congressual sério para impedir um presidente, até o escândalo Nixon mais de um século depois.

O SISTEMA DE FREIOS e contrapesos dos Estados Unidos funcionou no século XX porque estava enraizado em normas robustas de tolerância e reserva mútuas. Isso não quer dizer que os norte-americanos tenham sempre experimentado uma era de ouro em que alguma variante das regras cavalheirescas do espírito esportivo tenha governado a política do país. Em várias ocasiões, as regras democráticas foram desafiadas e mesmo violadas. Três delas são dignas de nota.

Uma delas nós já exploramos: a concentração sem precedentes de poder executivo nas mãos de Roosevelt durante a Grande Depressão e a Segunda Guerra Mundial. Além da tentativa de aparelhamento da corte, a confiança de Roosevelt na ação unilateral representou um sério desafio para os freios e contrapesos tradicionais. Seu uso de ordens executivas – mais de 3 mil durante o seu mandato, fazendo uma média de mais de trezentas por ano – é sem igual na época ou desde então.[93] Sua decisão de tentar um terceiro (e depois um quarto) mandato rompeu uma norma de quase 150 anos de restrição a dois mandatos presidenciais.[94]

Ainda assim, a presidência de Roosevelt nunca degringolou em autocracia. Há muitas razões para isso, mas uma delas é que muitos dos seus excessos desencadearam resistência bipartidária. O plano de aparelhar a corte foi rejeitado por ambos os partidos, e, embora Roosevelt tenha destruído a regra não escrita que limitava a Presidência a dois mandatos, o apoio à velha norma era tão forte que uma coalizão aprovou no Congresso a Vigésima Segunda Emenda, que consagrou a norma na Constituição dos Estados Unidos. As grades de proteção foram testadas durante a era Roosevelt, mas aguentaram bem.

O macarthismo representou o segundo desafio significativo para as instituições do país, ameaçando normas de tolerância mútua no final dos anos 1950. A ascensão do comunismo amedrontou muitos norte-americanos, sobretudo depois que a União Soviética emergiu como uma superpotência nuclear no final dos anos 1940. A histeria anticomunista podia ser usada para fins partidários. Políticos podiam fustigar ou perseguir pessoas suspeitas de comunismo, ou buscar angariar votos dizendo que seus oponentes eram comunistas ou simpatizantes de comunistas.

Entre 1946 e 1954, o anticomunismo conseguiu entrar na política partidária. O advento da Guerra Fria havia criado um frenesi de segurança nacional,[95] e o Partido Republicano, fora do poder há quase vinte anos, procurava desesperadamente um novo apelo eleitoral.

O senador Joseph McCarthy, do Wisconsin, encontrou esse apelo. Eleito pela primeira vez ao Senado em 1947, McCarthy conquistou projeção nacional em 9 de fevereiro de 1950, com um discurso infame na frente do Clube das Mulheres Republicanas do Condado de Ohio, em Wheeling, Virgínia Ocidental.[96] McCarthy fez uma arenga bombástica contra o comunismo e a presença de "traidores", até que topou numa frase que se tornou instantaneamente icônica: "Eu tenho em mãos uma lista com 205 nomes que chegaram ao conhecimento do secretário de Estado; no entanto, eles continuam a trabalhar e a planejar a política do Departamento de Estado".[97] A reação foi imediata. A imprensa ficou em polvorosa. McCarthy, um demagogo que gostava muito de atenção, começou a repetir o discurso, compreendendo que tinha encontrado uma mina de ouro. Os democratas ficaram ultrajados. Os republicanos moderados estavam alarmados, mas os republicanos conservadores viram o potencial de benefício político e apoiaram McCarthy.[98] O senador republicano Robert Taft fez circular a mensagem: "Continue falando."[99] Três dias mais tarde, McCarthy enviou um telegrama ao presidente Truman que dizia: "Pegue o seu telefone e pergunte a Dean Acheson [secretário de Estado] quantos comunistas ele deixou de demitir ... Qualquer omissão de sua parte vai marcar o Partido Democrata como companheiro de cama do comunismo internacional."[100]

Fustigar ou perseguir comunistas ou pessoas suspeitas de comunismo se tornou uma tática comum dos candidatos republicanos no começo dos anos 1950. Richard Nixon a empregou em sua campanha para o Senado em 1950, aviltando sua rival democrata, Helen Gahagan Douglas, caracterizando-a como a "Pink Lady"[101] que "segue a linha comunista". Na Flórida, o republicano George Smathers lançou uma campanha desenfreada e maliciosa para derrotar o representante do estado no Senado, Claude Pepper, chamando o rival democrata de "Red Pepper".[102]

Na época da corrida presidencial de 1952, estava claro que o anticomunismo virulento de McCarthy era um porrete útil com o qual derrotar democratas. McCarthy era convidado a falar em disputas em todo o país. Até mesmo o moderado candidato Dwight Eisenhower, embora ambivalente sobre McCarthy, contou com a energia política que ele gerava. Repetidas vezes, McCarthy atacou o candidato democrata Adlai Stevenson como traidor,[103] confundindo intencionalmente o nome dele com o de Alger Hiss, acusado de ser espião soviético. Eisenhower a princípio resistiu a aparecer em público com McCarthy, mas, diante da insistência do Comitê Nacional Republicano, os dois fizeram campanha juntos no Wisconsin um mês antes da eleição.[104]

O assalto macarthista contra a tolerância mútua teve seu auge em 1952. Com Eisenhower instalado na Casa Branca, os líderes republicanos começaram a achar as táticas de McCarthy menos úteis. E os ataques macarthistas contra a administração Eisenhower e sobretudo contra o Exército dos Estados Unidos o desacreditaram. O ponto de inflexão veio nas audiências Exército-McCarthy, em 1954, transmitidas ao vivo pela televisão, em que McCarthy foi humilhado pelo conselheiro chefe do Exército, Joseph Welch, que respondeu acusações infundadas de McCarthy perguntando: "Cavalheiro, o senhor não tem senso de decência? Não lhe restou nenhum senso de decência?" A popularidade de McCarthy declinou e seis meses depois o Senado votou por censurá-lo, na verdade dando fim à sua carreira.

A queda de McCarthy desacreditou a prática de perseguir comunistas ou suspeitos de comunismo, dando origem a um novo rótulo pejorativo: "macarthismo". Assim, depois de 1954, poucos republicanos empregaram a tática abertamente, e os que o fizeram foram criticados. Mesmo Nixon, sempre pragmático, começou a reconsiderar seu uso da retórica macarthista.[105] Segundo um biógrafo, até o vice-presidente "estava se esforçando para reconhecer a lealdade do Partido Democrata"[106] durante a campanha para a reeleição em 1956. Embora "mantivessem vivo o espírito do macarthismo",[107] grupos extremistas como a Sociedade John Birch operavam nas margens do Partido Republicano. As normas de tolerância mútua, porém, restaram intactas entre as facções dominantes de ambos os partidos até o final do século XX.

O terceiro teste notável das instituições democráticas dos Estados Unidos foi o comportamento autoritário da administração Nixon. Apesar de seus gestos públicos com relação às normas de tolerância mútua nos anos 1950, Nixon nunca as abraçou plenamente. Ele via oponentes públicos e a imprensa como inimigos,[108] e ele e sua equipe justificavam atividades ilícitas reivindicando que seus oponentes domésticos – muitas vezes descritos como anarquistas e comunistas[109] – representavam uma ameaça para a nação ou para a ordem constitucional. Ao dar ordens a H.R. Haldeman para organizar uma invasão da Brookings Institution em 1971 (ação que nunca foi levada a cabo), Nixon disse: "Nós estamos enfrentando um inimigo, uma conspiração. Estamos usando todos os meios ... Está claro?"[110] Do mesmo modo, o conspirador de Watergate, G. Gordon Liddy, justificou a invasão de 1972 da sede do Comitê Nacional Democrata afirmando que a Casa Branca estava "em guerra, tanto interna como externa".[111]

O desvio da administração Nixon das normas democráticas começou com as gravações disseminadas e outras formas de vigilância de jornalistas, de ativistas de oposição, do Comitê Nacional Democrata e de democratas proeminentes como o senador Edward Kennedy.[112] Em novembro de 1970, Nixon enviou um memorando a Haldeman, dando ordens para que ele compilasse uma lista dos oponentes da administração a fim de desenvolver um "programa de inteligência ... para enfrentá-los". Centenas de nomes, incluindo "dezenas de democratas",[113] compunham a lista. A administração também usou a Receita Federal como arma política,[114] auditando oponentes relevantes como o presidente do Comitê Nacional Democrata, Larry O'Brien. Mais célebre, entretanto, foi a campanha de Nixon para sabotar seus rivais democratas na eleição de 1972, que culminou com a malfadada invasão de Watergate.

Como é bem conhecido, a investida criminosa de Nixon contra instituições democráticas foi contida.[115] Em fevereiro de 1973, o Senado estabeleceu um Comitê Especial sobre Atividades de Campanha Eleitoral, presidido pelo senador democrata Sam Ervin, da Carolina do Norte. O comitê Ervin era bipartidário: seu vice-presidente, o republicano Howard Baker, do Tennessee, descreveu sua missão como uma "busca bipartidária da verdade pura e simples".[116] Quando a comissão começou a trabalhar, quase uma dúzia de senadores republicanos se juntou aos democratas na convocação de um promotor especial independente.[117] Archibald Cox foi nomeado em maio. Em meados de 1973, as investigações estavam chegando cada vez mais perto de Nixon. As audiências no Senado revelaram a existência de gravações secretas na Casa Branca que poderiam implicar o presidente. Cox requisitou a Nixon que entregasse as gravações – exigência que foi ecoada por líderes de ambos os partidos.[118] Nixon fez jogo duro, se recusando a entregar as fitas e por fim demitindo Cox, mas de nada adiantou.

Essa atitude desencadeou apelos múltiplos pela renúncia de Nixon, e o Comitê Judiciário da Câmara, presidido pelo representante de Nova Jersey Peter Rodino, deu os primeiros passos rumo aos procedimentos para o impeachment. Em 24 de julho de 1974, a Suprema Corte decidiu que Nixon tinha que entregar as gravações. A essa altura, Rodino contava com apoio republicano suficiente no Comitê Judiciário para levar adiante o processo de impeachment.[119] Embora Nixon mantivesse a esperança de reunir os 34 votos republicanos necessários para evitar a condenação pelo Senado, os republicanos do Senado enviaram Barry Goldwater para informá-lo da inevitabilidade do impeachment.[120] Quando Nixon perguntou a Goldwater quantos votos ele tinha, Goldwater teria dito: "Dez, no máximo, talvez menos."[121] Dois dias depois, Nixon renunciou. Devido em parte à cooperação bipartidária, o Congresso e os tribunais frearam o abuso do poder presidencial.

As INSTITUIÇÕES DEMOCRÁTICAS dos Estados Unidos foram desafiadas em várias ocasiões durante o século XX, mas cada um desses desafios foi efetivamente contido. As grades de proteção suportaram o choque, enquanto políticos de ambos os partidos – e muitas vezes a sociedade como um todo – repeliam violações que pudessem ameaçar a democracia. Como resultado, episódios de intolerância e guerra partidária nunca se desdobraram no tipo de "espiral de morte" que destruiu democracias na Europa nos anos 1930 e na América Latina nos anos 1960 e 1970.

Ainda assim, devemos concluir com uma advertência perturbadora. As normas que sustentam nosso sistema político repousavam, num grau considerável, em exclusão racial. A estabilidade do período entre o final da Reconstrução e os anos 1980 estava enraizada num pecado original: o Compromisso de 1877 e suas consequências, que permitiram a desdemocratização do Sul e a consolidação das leis de Jim Crow. A exclusão racial contribuiu diretamente para a civilidade e a cooperação partidárias que passaram a caracterizar a política norte-americana no século XX. O "sólido Sul" surgiu como uma força conservadora poderosa dentro do Partido Democrata, ao mesmo tempo vetando direitos civis e servindo de ponte com os republicanos. A proximidade ideológica dos democratas sulistas com os republicanos conservadores reduziu a polarização e facilitou a concertação bipartidária, mas ao grande custo de manter os direitos civis – e a democratização plena do país[122] – fora da agenda política.

As normas democráticas dos Estados Unidos, portanto, nasceram num contexto de exclusão. Enquanto a comunidade política estava amplamente restrita a brancos, democratas e republicanos tinham muito em comum. Nenhum partido se mostrava inclinado a ver o outro como uma ameaça à sua existência. O processo de inclusão racial que se iniciou após a Segunda Guerra Mundial e culminou com a Lei dos Direitos Civis de 1964 e a Lei do Direito de Voto de 1965 iria, enfim, democratizar plenamente a nação. Mas também iria polarizá-la, propondo o maior desafio às formas estabelecidas de tolerância e reserva mútuas desde a Reconstrução.[123]

7. A desintegração

Na tarde de sábado, 13 de fevereiro de 2016, um jornal de San Antonio relatou que o magistrado Antonin Scalia, da Suprema Corte, havia falecido enquanto dormia numa viagem de caça no Texas. As mídias sociais entraram em erupção. Em minutos, um antigo quadro republicano e fundador da publicação jurídica conservadora *The Federalist* tuitou: "Se Scalia de fato morreu, o Senado tem que se recusar a confirmar quaisquer magistrados em 2016 e deixar a nomeação para o próximo presidente."[1] Pouco depois, o diretor de comunicações do senador republicano Mike Lee tuitou: "O que é menos que zero? As chances de Obama conseguir designar um magistrado da Suprema Corte para substituir Scalia."[2] No começo da noite, o líder da maioria no Senado, Mitch McConnell, divulgou uma mensagem enviando suas condolências à família de Scalia, mas também declarando: "Esta vaga não deve ser preenchida até que tenhamos um novo presidente."

Em 16 de março de 2016, o presidente Barack Obama indicou o juiz de apelação federal Merrick Garland para ocupar a vaga de Scalia. Ninguém duvidou que Garland fosse um candidato qualificado, e, segundo todos os relatos, era uma pessoa ideologicamente moderada. Porém, pela primeira vez na história, o Senado dos Estados Unidos se recusou até mesmo a considerar a indicação de um presidente eleito para a Suprema Corte.[3] Como já vimos, o Senado sempre havia usado de reserva institucional ao exercer sua prerrogativa de aconselhamento e consentimento na seleção de magistrados para a Suprema Corte: desde 1866, todas as vezes que um presidente tomou a iniciativa de preencher uma vaga antes da eleição de seu sucessor, teve permissão para fazê-lo.[4]

Porém, o mundo tinha mudado em 2016. Então, num abandono radical do precedente histórico, os republicanos negaram a autoridade do presidente para nomear um novo juiz. Tratava-se de um exemplo extraordinário de violação da norma. Um ano depois, um republicano estava na Casa Branca, e os republicanos conseguiram o que queriam: a indicação de um magistrado conservador, Neil Gorsuch, que eles rapidamente aprovaram. O Partido Republicano, GOP, pisoteara uma norma democrática básica – na verdade, roubara uma cadeira da Suprema Corte – e saíra ileso.

As tradições que sustentam as instituições democráticas americanas estão se desintegrando, abrindo um vazio desconcertante entre como nosso sistema político funciona e as expectativas há muito arraigadas de como ele *deve* funcionar. À medida que nossas grades flexíveis de proteção foram se enfraquecendo, nós nos tornamos cada vez mais vulneráveis a líderes antidemocráticos.

Donald Trump, um violador em série de normas, é amplamente (e corretamente) criticado por investir contra as regras democráticas do país. Contudo, o problema não começou com Trump. O processo de erosão das normas começou décadas atrás – muito antes de Trump ter descido a escada rolante para anunciar sua candidatura presidencial.

NAS ELEIÇÕES LEGISLATIVAS de 1978 no noroeste da Geórgia, um jovem Newt Gingrich tentou pela terceira vez um mandato distrital fora de Atlanta. Depois de duas derrotas como um autoidentificado liberal republicano, ele finalmente ganhou – dessa vez como conservador, capturando um distrito que não estivera nas mãos dos republicanos nos últimos 130 anos. O ar acadêmico de Gingrich, com seu par de óculos (ele tinha sido professor de história na universidade local), discurso jovial, cabeleira espessa e costeletas cerradas, ocultava uma brutalidade que ajudaria a transformar a política norte-americana.

Em sua campanha de junho de 1978, Gingrich conhecera um grupo de universitários republicanos num Holiday Inn do aeroporto de Atlanta, cortejando-os com uma visão mais dura e impiedosa da política do que eles estavam acostumados. Ele descobriu uma plateia sedenta. Gingrich advertiu os jovens republicanos, dizendo para pararem de usar "linguagem de escoteiro, que é muito boa em volta de uma fogueira de acampamento, mas uma porcaria em política".[5] E continuou:

> Vocês estão *lutando uma guerra*. *É uma guerra pelo poder* ... Este partido não precisa de mais uma geração de quase líderes precavidos, prudentes, cuidadosos, moles e irrelevantes ... O que realmente precisamos é de gente disposta a mostrar o seu valor no meio de uma pancadaria ... Qual o principal objetivo de um líder político? ... Construir maioria.

Quando Gingrich chegou a Washington, em 1979, sua visão da política como guerra estava em desacordo com a da liderança republicana. O líder da minoria na Câmara, Bob Michel, uma figura afável que fazia carona solidária para casa em Illinois nos recessos parlamentares com seu colega democrata Dan Rostenkowski, era comprometido com o respeito às normas estabelecidas de civilidade e cooperação bipartidária.[6] Gingrich rejeitava essa abordagem como demasiadamente "mole". Para ele, fazer uma maioria republicana exigiria promover uma forma mais dura de política.[7]

Apoiado por um pequeno mas crescente grupo de lealistas, Gingrich lançou uma insurreição cujo objetivo era instilar uma abordagem mais combativa no partido.[8] Tirando vantagem de uma nova tecnologia de mídia, a C-Span, Gingrich "usava adjetivos como se fossem pedras",[9] empregando deliberadamente uma retórica de exageros. Ele descrevia o Congresso como "corrupto" e "doente". Questionava o patriotismo de seus rivais democratas.[10] Chegava a compará-los com Mussolini e os acusava de tentar "destruir o nosso país".[11] Segundo um ex-líder do Partido Democrata na Geórgia, Steve Anthony, "as coisas que saíam da boca de Gingrich ... nós nunca [tínhamos ouvido] aquilo antes de nenhum dos lados. Gingrich ia tão longe em seus exageros que o fator choque paralisou a oposição por alguns anos".[12]

Através de um novo comitê de ação política, o Gopac, Gingrich e seus aliados trabalharam na difusão dessas táticas em todo o partido. O Gopac produziu mais de 2 mil fitas de educação e treinamento, distribuídas a cada mês para colocar os recrutas da "Revolução Republicana" de Gingrich na mesma página retórica. O ex-secretário de imprensa de Gingrich, Tony Blankley, comparou a tática àquela usada pelo aiatolá Khomeini em sua marcha para o poder no Irã.[13] No começo dos anos 1990, Gingrich e sua equipe distribuíram memorandos para os candidatos republicanos, instruindo-os a usar certas palavras negativas para descrever os democratas, incluindo *patético, doente, grotesco, deslealdade, contra a bandeira, contra a família* e *traidores*.[14] Este foi o começo de uma mudança sísmica na política norte-americana.

Mesmo quando ascendeu na estrutura de liderança republicana – tornando-se coordenador em 1989 e presidente da Câmara em 1995 –, ele se recusou a abandonar sua retórica linha-dura. E, em vez de repelir o partido, atraiu-o para si. Quando se tornou presidente da Câmara, Gingrich era um modelo para uma nova geração de legisladores republicanos, muitos dos quais eleitos em 1994, na votação esmagadora que deu ao GOP a primeira maioria na Câmara em quarenta anos. O Senado foi igualmente transformado pela chegada dos "senadores Gingrich",[15] cuja ideologia, aversão ao compromisso e disposição para obstruir o trabalho legislativo ajudaram a acelerar o fim dos "costumes do povo" tradicionais do órgão.

Embora poucos tenham percebido na época, Gingrich e seus aliados estavam na crista de uma nova onda de polarização enraizada no descontentamento público crescente, sobretudo entre as bases republicanas. Gingrich não criou essa polarização, mas foi um dos primeiros republicanos a explorar a mudança do sentimento popular. E sua liderança ajudou a estabelecer a "política como guerra" como estratégia dominante do GOP. Segundo o congressista democrata Barney Frank, Gingrich

> transformou a política americana de uma em que as pessoas presumem a boa vontade de seus oponentes, mesmo quando discordam, em uma na qual tratam aqueles de quem discordam como maus e imorais. Ele foi uma espécie de macarthista bem-sucedido.[16]

A nova abordagem jogo duro dos republicanos foi manifesta durante a presidência de Bill Clinton. Em abril de 1993, aos quatro meses do primeiro mandato de Clinton, o líder da minoria no Senado, Robert Dole, afirmou que a modesta vitória popular de Clinton significava que o tradicional período de lua de mel em que o novo presidente é tratado com deferência não estava garantido,[17] passando a orquestrar, em seguida, a obstrução da iniciativa de 16 bilhões de dólares do presidente para geração de empregos. O uso da obstrução, que já havia aumentado marcadamente nos anos 1980 e começo dos anos 1990,[18] alcançou o que um ex-senador descreveu como níveis "epidêmicos" nos primeiros dois anos do governo Clinton.[19] Antes dos anos 1970, o número anual de moções de conclusão apresentadas para interromper debates no Senado – um bom indicador de tentativas de obstrução – nunca foi superior a sete; em 1993-94, tinha chegado a oitenta.[20] Os republicanos no Senado também pressionaram agressivamente por investigações sobre uma série de escândalos questionáveis, em especial uma transação imobiliária de Clinton no Arkansas nos anos 1980 (a assim chamada investigação Whitewater). Esses esforços culminaram, em 1994, com a nomeação de Kenneth Starr como conselheiro independente. Uma sombra pairaria sobre toda a presidência de Clinton.

Porém, a política do jogo duro chegou ao seu nível máximo após a vitória esmagadora dos republicanos na eleição de 1994. Com Gingrich então presidente da Câmara, o GOP adotou uma abordagem "sem concessões" – um sinal de pureza ideológica para a base do partido – que rejeitava deslavadamente a reserva institucional em nome da busca pela vitória por "quaisquer meios necessários". Republicanos da Câmara se recusaram a fazer concessões, por exemplo, em negociações sobre orçamento, levando a uma paralisação do governo de cinco dias em 1995 e a uma de 21 dias em 1996.[21] Foi uma mudança de rumo perigosa. Sem reserva institucional, os freios e contrapesos dão lugar a impasse e disfunção.

O apogeu do jogo duro constitucional dos anos 1990 foi a votação na Câmara do impeachment do presidente Bill Clinton em dezembro de 1998. Apenas o segundo impeachment da história presidencial dos Estados Unidos, a iniciativa batia de frente com normas há muito estabelecidas. A investigação, que começara com o beco sem saída do inquérito Whitewater e por fim passara a ter como ponto central o testemunho de Clinton sobre um caso fora do casamento, nunca revelou nada que se aproximasse dos padrões convencionais do que constitui crime ou delito de alta gravidade. Nas palavras do constitucionalista Keith Whittington, os republicanos acusaram o presidente com base "em uma tecnicalidade".[22] Os membros republicanos da Câmara também conseguiram passar o impeachment sem apoio bipartidário, o que significava que Clinton quase certamente não seria condenado pelo Senado (onde ele foi inocentado em fevereiro de 1999). Num ato sem precedentes na história dos Estados Unidos,[23] os republicanos da Câmara dos Representantes tinham politizado o processo de impeachment, rebaixando-o, nas palavras dos especialistas em Congresso Thomas Mann e Norman Ornstein, "à condição de apenas mais uma arma nas guerras partidárias".[24]

Embora Gingrich possa ter liderado o assalto inicial contra a tolerância e a reserva mútuas, a decadência para a política como guerra só se acelerou depois que ele saiu do Congresso em 1999. Apesar de ter sido sucedido na presidência da casa por Dennis Hastert, o poder real ficou nas mãos do líder da maioria, Tom DeLay. Apelidado "o Martelo", DeLay compartilhava a implacabilidade sectária de Gingrich. Ele o demonstrou, em parte, no Projeto K Street, que juntava firmas de lobby com agentes republicanos e instituía um sistema chamado *pay-to-play* de favorecimento, que recompensava lobistas com legislações baseadas em seu apoio aos mandatários do GOP.[25] O congressista republicano Chris Shays descreve a filosofia de DeLay em termos francos: "Se não for ilegal, faça."[26] O resultado foi um desgaste ainda maior das normas. "Reiteradamente", observou um repórter, DeLay "rompeu a cerca invisível que contém outros sectários".[27] DeLay trouxe a violação costumeira da norma para o século XXI.

NA TARDE DE 14 de dezembro de 2000, depois que Al Gore reconheceu a vitória de George W. Bush na sequência de uma penosa disputa pós-eleitoral, Bush falou ao país da Câmara dos Representantes do Texas. Tendo sido

A desintegração

apresentado pelo presidente democrata da Câmara, Bush declarou que havia escolhido falar na Câmara do Texas

> porque ela foi um lar para a cooperação bipartidária. Aqui, num lugar onde os democratas têm a maioria, republicanos e democratas trabalharam juntos para fazer o que é certo para as pessoas que nós representamos. O espírito de cooperação que eu vi neste salão é o que nós precisamos em Washington.[28]

Este espírito absolutamente não se manifestou. Bush prometera ser um "unificador, não um divisor", mas a guerra partidária só se intensificou durante seus oito anos de mandato. Pouco antes da posse, DeLay deu ao presidente eleito uma lição de realidade, dizendo-lhe, segundo relatos: "Nós não trabalhamos com democratas. Não vai haver nada desse negócio de unificador-divisor."[29]

O presidente Bush governou marcadamente à direita, abandonando toda e qualquer pretensão de cooperação bipartidária orientado por seu conselheiro político Karl Rove, que havia chegado à conclusão de que o eleitorado estava tão polarizado que os republicanos podiam vencer mobilizando a sua própria base, em vez de buscar eleitores independentes.[30] Além disso, exceto pelos acontecimentos na esteira dos ataques do 11 de Setembro e as ações militares subsequentes no Afeganistão e no Iraque, os democratas no Congresso evitaram a cooperação bipartidária em favor de obstruções. Harry Reid e outros líderes do Senado usaram as regras da casa para retardar ou bloquear a legislação republicana, rompendo com precedentes e obstruindo de forma rotineira as propostas de Bush às quais se opunham.[31]

Os democratas do Senado também começaram a se afastar da norma da reserva institucional na área de aconselhamento e consentimento, obstruindo um número sem precedentes de indicações judiciárias do presidente Bush, rejeitando-os de cara ou desencorajando-os mediante a não realização de sabatinas.[32] A norma de deferência para com as indicações do presidente estava se dissolvendo. Com efeito, segundo o *New York Times*, um estrategista democrata teria dito que o Senado precisava "mudar as regras básicas ... não há obrigação de confirmar alguém só porque a pessoa é especialista ou erudita".³³ Depois que os republicanos recuperaram a maioria no Senado em 2002, os democratas optaram pela obstrução para bloquear a confirmação de várias indicações para tribunais de apelação.³⁴ Os republicanos reagiram com indignação. O colunista conservador Charles Krauthammer escreveu que "uma das grandes tradições, costumes e regras não escritas do Senado é que não se obstrui indicações judiciárias".³⁵ Durante a 110ª Sessão do Congresso, a última do governo de Bush, o número de obstruções chegou a 139,³⁶ o mais alto de todos os tempos – quase o dobro do ocorrido mesmo nos anos Clinton.

Se os democratas abandonaram a reserva institucional para obstruir o presidente, os republicanos o fizeram a fim de protegê-lo. Na Câmara, a prática informal de "ordem regular",³⁷* que assegura ao partido minoritário oportunidade de falar e de emendar legislações, foi em grande parte abandonada. A parcela de projetos introduzidos sob "regras fechadas"³⁸ que proíbem emendas aumentou de maneira fragorosa. Como formularam os analistas congressuais Thomas Mann e Norman Ornstein, "normas de conduta duradouras na Câmara ... foram rasgadas em nome do objetivo maior de implementar o programa do presidente".³⁹ O GOP abandonou efetivamente a supervisão do presidente republicano, enfraquecendo a capacidade do Congresso de fiscalizar o Executivo. Embora a Câmara tenha conduzido 140 horas de testemunho sob juramento para investigar se o presidente Clinton havia abusado da lista de cartões de Natal da Casa Branca num esforço para captar novos doadores, ela nunca citou a Casa Branca durante os seis primeiros anos da presidência de George Bush.⁴⁰ O Congresso resistiu à supervisão da Guerra do Iraque, desencadeando apenas investigações superficiais sobre uma série de casos de abuso, inclusive a tortura na prisão de Abu Ghraib. O cão de guarda do Congresso virou um cachorrinho de estimação, abdicando de suas responsabilidades institucionais.⁴¹

---

* A Câmara dos Representantes e sobretudo o Senado ocasionalmente tornam a atuação legislativa mais expedita, deixando de lado as regras normais de procedimento e tomando atalhos. O pedido de "ordem regular" de um membro no plenário é uma solicitação à presidência da sessão para restaurar a ordem de procedimento no processo. (N.T.)

A desintegração

A violação de normas também ficou evidente no âmbito dos estados. Entre os casos mais notórios está o plano de redefinição de distritos eleitorais no Texas em 2003. Segundo a Constituição, os legislativos estaduais podem modificar os distritos congressuais para manter distritos com população igual. Entretanto, existem normas duradouras e amplamente compartilhadas de que a modificação dos distritos deve ocorrer uma vez a cada década, logo após a publicação do censo.[42] Há uma boa razão para isso: como as pessoas estão sempre se mudando, o redesenho dos distritos eleitorais que ocorrer posteriormente em determinada década estará baseado em números menos precisos. Embora não haja nenhum impedimento legal para redivisões em meados de década, isso sempre foi raro.

Em 2003, os republicanos do Texas, sob o comando do líder da maioria na Câmara, Tom DeLay, levaram a cabo um plano radical de redesenho distrital fora de ciclo, que, como eles próprios admitiam, objetivava apenas vantagens partidárias.[43] Embora o eleitorado texano fosse crescentemente republicano, dezessete dos 32 representantes do estado eram democratas, e muitos deles mandatários reeleitos há muito consolidados. Essa era uma questão importante para os líderes nacionais do GOP porque os republicanos tinham uma maioria estreita na Câmara dos Representantes (229-204). Os democratas só precisariam conquistar treze cadeiras dos republicanos em 2004 para recapturar a Câmara, assim a mudança de posição mesmo que de um punhado de cadeiras seria decisiva.

Sob a direção de DeLay, os republicanos do Texas prepararam um plano de redesenho distrital manipulado para redistribuir eleitores afro-americanos e latinos num pequeno grupo de distritos democratas e, ao mesmo tempo, acrescentar eleitores republicanos em distritos de mandatários democratas, garantindo assim sua derrota.[44] O novo mapa deixava seis congressistas democratas especialmente vulneráveis.[45] O plano era jogo duro no sentido próprio do termo. Como formulou um analista, "era tão partidário quanto os republicanos julgaram que a lei permitiria".[46]

Seria preciso outra manobra audaciosa para aprovar o projeto de lei texano. A Câmara dos Representantes do Texas exigia um quórum – a presença de dois terços de seus membros – para votar um projeto de lei. E os democratas tinham os votos necessários para não formar quórum. Assim, quando a redefinição dos distritos foi a plenário em maio de 2003, os democratas contra-atacaram com uma manobra incomum: 47 legisladores foram de ônibus para Ardmore, Oklahoma. Eles ficaram lá quatro dias, até a Câmara retirar o projeto.[47]

Em resposta, o governador Rick Perry convocou uma sessão especial da Câmara em junho, e, como os democratas estavam exaustos demais para organizar outro esvaziamento do plenário, o projeto de redesenho distrital foi aprovado. O projeto foi, então, para o Senado estadual, onde os democratas, seguindo o precedente de seus colegas da Câmara, tentaram obstá-lo por ausência e pegaram um avião para Albuquerque, no Novo México. Eles ficaram lá mais de um mês, até que o senador John Whitmire (que logo seria conhecido por "Quitmire", num trocadilho sugestivo de que teria abandonado o barco) desistiu e retornou para Austin. Quando o projeto foi finalmente aprovado, DeLay saiu de Washington para supervisionar o processo de reconciliação, que produziu um plano de redesenho ainda mais radical.[48] Um assessor do congressista republicano Joe Barton admitiu num e-mail que se tratava "do mapa mais agressivo que ele jamais tinha visto. Isto ... deve garantir que os republicanos mantenham a Câmara seja qual for o ânimo nacional".[49] Com efeito, o plano de redesenho distrital funcionou quase à perfeição. Seis cadeiras congressuais do Texas mudaram de mãos de democratas para republicanos em 2004, ajudando a preservar o controle destes na Câmara dos Representantes.

Além do declínio da reserva institucional, a presidência de Bush também assistiu a alguns dos primeiros desafios à norma da tolerância mútua. Para grande crédito seu, Bush não questionou o patriotismo de seus rivais democratas, mesmo quando a histeria antimuçulmana na esteira do 11 de Setembro criou uma oportunidade para isso. Contudo, comentaristas da Fox News e apresentadores de importantes programas de rádio usaram o momento para insinuar que os democratas não eram patriotas. Ocasionalmente, comentaristas começaram a vincular democratas com a Al-Qaeda – como fez Rush Limbaugh em 2006, ao acusar o senador Patrick

Leahy de "pegar em armas pela Al-Qaeda"[50] depois que Leahy inquiriu o indicado para a Suprema Corte Samuel Alito sobre uso de tortura pela administração Bush.

Entre as agentes mais descaradas da intolerância sectária no começo dos anos 2000 está Ann Coulter. Coulter escreveu uma série de best-sellers atacando liberais e democratas em linguagem macarthista. Os títulos dos livros falam por si: *Slander* [Calúnia] (2002); *Treason* [Traição] (2003); *Godless* [Ateus] (2006); *Guilty* [Culpados] (2009); *Demonic* [Demoníacos] (2011); *Adios, America!* [Adeus, América!] (2015). *Treason*, publicado mais ou menos na época da invasão do Iraque, defende Joseph McCarthy e encampa as suas táticas.[51] O livro afirma que o antiamericanismo é "intrínseco à visão de mundo"[52] dos liberais e os acusa de terem cometido "cinquenta anos de traição" durante a Guerra Fria. Ao divulgar *Treason*, Coulter declarou: "Há milhões de suspeitos aqui ... estou acusando todo o Partido Democrata."[53] O livro passou treze semanas na lista de best-sellers do *New York Times*.

A eleição presidencial de 2008 foi um divisor de águas na questão da intolerância partidária. Através do ecossistema de mídia de direita – inclusive a Fox News, o canal de TV a cabo mais assistido dos Estados Unidos –, o candidato democrata Barack Obama foi pintado como marxista, antiamericano e secretamente muçulmano.[54] A campanha chegou a promover um esforço contínuo para ligar Obama a "terroristas" como Bill Ayers, um professor de Chicago que fora ativo na organização Weather Underground no começo dos anos 1970 (Ayers promoveu um encontro para Obama em 1995, quando ele preparava sua candidatura para o Senado do Illinois). O programa *Hannity & Colmes*, da Fox News, tratou da história de Ayers em pelo menos 61 episódios diferentes durante a corrida de 2008.[55]

O mais perturbador nessa campanha, porém, foi que a retórica de intolerância da mídia de direita foi assumida por políticos republicanos de grande expressão. Tom DeLay, por exemplo, declarou que "a não ser que Obama prove que eu estou errado, ele é um marxista",[56] enquanto Steve King, um congressista republicano de Iowa, chamou Obama de "antiamericano" e advertiu que ele levaria o país a uma "ditadura totalitária".[57] Embora o candidato republicano John McCain não tenha empregado esse discurso, ele todavia escolheu uma colega de chapa, Sarah Palin, que o usava. Palin encampou a história de Bill Ayers, declarando que Obama "tinha andado com terroristas".[58] No decorrer da campanha, Palin disse a seus apoiadores que Obama "tinha lançado a sua carreira política na sala de estar de um terrorista doméstico!",[59] continuando: "Este não é um homem que vê a América da maneira como você e eu a vemos ... Eu tenho medo de que ele seja alguém que ache a América imperfeita o bastante para trabalhar com um ex-terrorista doméstico que escolheu atacar o seu próprio país." Seus discursos racialmente codificados induziam gritos de "Traidor!", "Terrorista!" e até de "Acabem com ele!" nas multidões.[60]

A VITÓRIA DE Barack Obama em 2008 fez renascer esperanças de um retorno a um tipo mais civilizado de política. Na noite da eleição, ao reunir sua família no palco em Chicago, o presidente falou generosamente, congratulando McCain por sua carreira heroica de contribuições à nação. Mais cedo, em Phoenix, Arizona, McCain tinha feito um discurso cortês de reconhecimento da vitória de Obama, que ele descreveu como um bom homem que amava seu país, e lhe desejou "uma boa jornada". Foi um exemplo clássico de reconciliação pós-eleição. Mas havia algo errado em Phoenix. Quando McCain mencionou Obama, a multidão vaiou aos berros, forçando o senador do Arizona a acalmá-la. Muitos olharam para Sarah Palin, que não se envolveu, permanecendo de lado em silêncio total. Embora o palco pertencesse a McCain naquela noite, o tradicional apelo feito aos republicanos para "superar nossas diferenças" com o novo presidente pareceu causar desconforto entre aqueles que tinham se reunido para ouvi-lo.

Em vez de introduzir uma nova era de tolerância e cooperação, a gestão de Obama foi marcada por extremismo crescente e guerra sectária. Questionamentos da legitimidade do presidente, que começaram com jornalistas conservadores secundários, personalidades do rádio e comentaristas de televisão, logo foram incorporados num movimento político de massa: o Tea Party, que começou a se organizar apenas algumas semanas após a posse de Obama. Embora o movimento estruturasse a sua missão em termos de ideias conservadoras tão tradicionais como governo limitado, impostos baixos e resistência à reforma da assistência de saúde, sua oposição a Obama foi muito mais perniciosa.[61] A diferença? O Tea Party questionava o próprio direito do presidente de ser presidente.

Duas linhas que rompiam com as normas estabelecidas se desdobraram de maneira consistente no discurso do Tea Party. Uma era que Barack Obama representava uma ameaça para a nossa democracia. Poucos dias após a eleição, o congressista Paul Broun, da Geórgia, advertiu sobre a perspectiva de implantação de uma ditadura comparável à Alemanha nazista ou à União Soviética.[62] Posteriormente, ele tuitou: "Sr. Presidente, o senhor não acredita na Constituição. O senhor acredita no socialismo."[63] Um membro do movimento em Iowa, Joni Ernst, que logo em seguida seria eleito para o Senado, afirmou que o "presidente Obama tinha se tornado um ditador".[64]

A segunda vertente era que Barack Obama não era um "americano de verdade". Durante a campanha de 2008, Sarah Palin tinha usado a expressão "americanos de verdade" para descrever seus apoiadores (uma esmagadora maioria de brancos cristãos). Isso teve importância fundamental para a campanha do Tea Party contra Obama, na medida em que seus seguidores salientavam reiteradamente que ele não amava o país e não compartilhava os valores americanos.[65] Segundo a ativista do Tea Party e radialista Laurie Roth:

> Não se trata de uma guinada à esquerda como Jimmy Carter ou Bill Clinton. Trata-se de um choque de visões de mundo. Nós estamos assistindo a um choque de visões de mundo na nossa Casa Branca. Um homem que é um muçulmano reservado de tipo secular, mas que nem por isso deixa de ser muçulmano. Ele nada tem de cristão. Nós estamos vendo um comunista socialista na Casa Branca fingindo que é americano.[66]

E-mails em massa lançaram rumores e insinuações através dos círculos do Tea Party. Em um deles, uma fotografia mostrava o presidente segurando um livro, *The Post-American World*, de Fareed Zakaria, apresentador da CNN. O e-mail anunciava: *"ISTO VAI GELAR SEU SANGUE!!! O nome do livro que Obama está lendo é O mundo pós-americano e foi escrito por um confrade muçulmano."*[67]

A retórica não se limitava aos ativistas do Tea Party. Políticos republicanos também questionaram a "americanidade" de Obama. O ex-congressista Tom Tancredo, do Colorado, declarou: "Eu não acredito que Barack Obama ame a mesma América que eu amo, aquela criada pelos fundadores."[68] Newt Gingrich, que tentou um retorno político e buscou a indicação presidencial do GOP em 2012, chamou Obama de "o primeiro presidente antiamericano".[69] E num jantar privado de arrecadação de fundos para o governador Scott Walker, do Wisconsin, em fevereiro de 2015, o ex-prefeito de Nova York Rudy Giuliani questionou abertamente o patriotismo do presidente em exercício, declarando: "Eu não acredito, e eu sei que esta é uma coisa terrível de se dizer, mas eu não acredito que o presidente ame a América."[70]

Se o Tea Party repetiu à exaustão que Barack Obama não amava a nação, o "movimento *birther*" foi ainda mais longe, pondo em dúvida se ele havia nascido nos Estados Unidos – e, consequentemente, questionando o seu direito constitucional de ocupar a Presidência. A ideia de que Obama não fosse nascido no país circulou pela primeira vez na blogosfera durante a sua campanha ao Senado em 2004 e voltou à fossa em 2008. Os políticos republicanos descobriram que questionar a cidadania de Obama era uma maneira fácil de provocar o entusiasmo da multidão em aparições públicas. Assim, foi o que começaram a fazer. Mike Coffman, representante do Colorado, disse a seus apoiadores: "Eu não sei se Barack Obama nasceu nos Estados Unidos da América ... Mas uma coisa eu sei: que em seu coração ele não é americano. Ele simplesmente não é americano."[71] Pelo menos dezoito senadores e membros republicanos da Câmara foram chamados de "possibilitadores *birthers*"[72] por sua recusa a rejeitar o mito. Os senadores Roy Blunt, James Inhofe, Richard Shelby e David Vitter, a ex-candidata presidencial Sarah Palin e o candidato presidencial de 2012 Mike Huckabee deram todos declarações endossando ou encorajando a campanha *birther*.[73]

O mais notório dos *birthers* foi Donald Trump. Na primavera de 2011, ao considerar disputar a Presidência em 2012, Trump disse no programa *Today* que tinha "dúvidas" sobre o fato de Obama ser cidadão norte-americano nascido nos Estados Unidos. "Na verdade, eu tenho gente que andou estudando isso", afirmou Trump, "e eles não conseguem acreditar no que estão descobrindo."[74] Trump se tornou o *birther* mais importante do país, aparecendo repetidas vezes em programas de televisão, convocando o presidente a divulgar sua certidão de nascimento. E quando a certidão de nascimento de Obama foi publicada em 2011, Trump sugeriu que era falsificada. Embora Trump tenha optado por não concorrer contra Obama em 2012, seu questionamento ostensivo da nacionalidade do presidente lhe valeu a atenção da mídia e fez com que fosse admirado pela base do Tea Party.[75] A intolerância se mostrava politicamente útil.

Esses ataques têm um extenso e desonroso pedigree na história americana. Henry Ford, o padre Coughlin e a Sociedade John Birch adotaram todos linguagens semelhantes. Contudo, os questionamentos da legitimidade de Obama foram diferentes em dois aspectos importantes. Primeiro, eles não estavam confinados a uma minoria, sendo amplamente aceitos pelos eleitores republicanos. Segundo uma pesquisa de 2011 da Fox News, 37% dos republicanos acreditavam que Barack Obama não tinha nascido nos Estados Unidos e 63% disseram ter dúvidas sobre suas origens;[76] 43% dos republicanos relataram acreditar que ele fosse muçulmano numa pesquisa da CNN/ORC,[77] e uma pesquisa da *Newsweek* verificou que a maioria dos republicanos achava que Obama favorecia os interesses dos muçulmanos em detrimento daqueles de outras religiões.[78]

Segundo, à diferença dos episódios passados de extremismo, essa onda alcançou os escalões superiores do Partido Republicano. Com exceção do período McCarthy, os dois grandes partidos americanos mantiveram por mais de um século esse tipo de intolerância em relação ao outro nas margens da vida partidária. Nem o padre Coughlin nem a Sociedade John Birch receberam a atenção dos mais altos líderes dos partidos. Agora, ataques abertos contra a legitimidade de Barack Obama (e, posteriormente, de Hillary Clinton) foram levados a cabo por políticos de projeção nacional. Em 2010, Sarah Palin aconselhou os republicanos a "absorverem tudo o que for possível do Tea Party".[79] Eles absorveram. Senadores, governadores e até candidatos presidenciais republicanos espelharam a linguagem das margens do partido e receberam a adesão de doadores republicanos que encaravam o Tea Party como uma oportunidade de impelir o GOP para uma linha mais dura contra a administração Obama. Organizações bem-financiadas, como a Freedom Works e a Americans for Prosperity, e comitês de ação política, como o Tea Party Express e o Tea Party Patriots, patrocinaram dezenas de candidatos republicanos.[80] Em 2010, mais de cem candidatos apoiados pelo movimento concorreram ao Congresso, e mais de quarenta foram eleitos.[81] Em 2011, a convenção da Câmara dos Representantes do Tea Party tinha sessenta membros, e, em 2012, candidatos simpatizantes do movimento despontaram na disputa pela indicação presidencial republicana.[82] Em 2016, a indicação presidencial republicana coube a um *birther*, numa convenção partidária nacional em que os líderes republicanos chamavam sua rival democrata de criminosa e puxavam o coro de "Cadeia nela!".

Pela primeira vez em muitas décadas, figuras republicanas do mais alto escalão – inclusive uma que logo seria presidente – tinham abandonado abertamente as normas de tolerância mútua, aguilhoados por uma minoria partidária que já não era mais uma minoria. No final do governo Obama, muitos republicanos tinham abraçado a opinião de que seus rivais democratas eram antiamericanos e representavam uma ameaça para o modo de vida americano. Este é um território perigoso. Um extremismo desse nível estimula os políticos a abandonarem a reserva institucional. Se Barack Obama é uma "ameaça ao estado de direito",[83] como afirmou o senador Ted Cruz, então faz sentido bloquear suas indicações judiciárias por quaisquer meios necessários.

O aumento da intolerância partidária levou, assim, a uma erosão da reserva institucional durante os anos Obama. Imediatamente após a eleição, um grupo de jovens membros da Câmara dos Representantes, liderado por Kevin McCarthy, Eric Cantor e Paul Ryan, organizou uma série de encontros para desenvolver estratégias para confrontar a nova administração.[84] Os autodenominados "Young Guns", ou jovens pistoleiros, decidiu fazer do GOP o "Partido do Não".[85] Os Estados Unidos estavam atolados na mais profunda crise econômica desde a Grande Depressão, mas ainda assim os legisladores republicanos planejaram *não* cooperar com a nova administração. O líder da minoria no Senado, Mitch McConnel, ecoou este sentimento ao declarar que a "única coisa realmente importante que queremos fazer [no Senado] é [garantir] que o presidente Obama seja um presidente de um só mandato".[86] Assim, McConnel também abraçou o obstrucionismo. O primeiríssimo projeto de lei a enfrentar o Senado em janeiro de 2009 foi a incontroversa Lei de Manejo de Terras Públicas – uma medida bipartidária de conservação para proteger 1 milhão de hectares de terras selvagens em nove estados. Como se fosse para mandar um recado, os republicanos obstruíram a discussão do projeto.[87]

Esse comportamento se tornou prática padrão. O obstrucionismo do Senado deu um salto depois de 2008.[88] Os "holds" senatoriais,* usados tradicionalmente para protelar debates no plenário em até uma semana e dar aos senadores tempo extra para preparar a matéria, se transformaram em "vetos indefinidos ou permanentes".[89] Atordoantes 385 obstruções foram iniciadas entre 2007 e 2012 – o mesmo número total de obstruções nas sete décadas entre a Primeira Guerra Mundial e o término da administração Reagan.[90] E os republicanos no Senado continuaram a usar o processo de confirmação de indicação judiciária como uma ferramenta partidária: a taxa de confirmação de indicações presidenciais para tribunais de circuito, que foi de mais de 90% nos anos 1980, caiu para apenas 50% sob Obama.[91]

---

* O "senatorial hold" é um dispositivo através do qual um senador sinaliza informalmente sua objeção a um projeto de lei ou indicação. Ele pode anunciar sua intenção de maneira pública ou, como é mais frequente, informar seu líder partidário e interpor um "hold" secreto. (N.T.)

Os democratas responderam com as suas próprias violações das normas. Em novembro de 2013, os democratas do Senado votaram eliminar a obstrução para a maioria das indicações presidenciais, inclusive indicações judiciárias federais (mas não para a Suprema Corte), uma iniciativa tão extrema que ficou amplamente conhecida como a "opção nuclear".[92] Senadores republicanos criticaram os democratas por "exercício brutal do poder político",[93] mas Obama os defendeu, afirmando que a obstrução tinha sido transformada num "instrumento negligente e implacável" e acrescentando que "o padrão atual de obstrução ... simplesmente não é normal; não é o que nossos fundadores previram".

Barack Obama também respondeu com violação de normas – na forma de ordens executivas unilaterais. Em outubro de 2011, ele apresentou o que se tornaria o seu mantra para alcançar objetivos políticos: "Nós não podemos esperar que um Congresso cada vez mais disfuncional faça o seu trabalho", disse ao público em Nevada.[94] "Sempre que eles não agirem, eu agirei." Obama começou a usar sua autoridade executiva de uma maneira talvez inesperada antes de tomar posse.[95] Em 2010, como o Congresso não conseguia aprovar um novo projeto de lei sobre energia, ele emitiu um "memorando executivo"[96] instruindo agências do governo a aumentar os padrões de eficiência dos combustíveis para todos os automóveis. Em 2012, em resposta à incapacidade do Congresso de aprovar uma reforma sobre imigração, ele anunciou uma ação executiva para cessar a deportação de imigrantes ilegais que tivessem chegado aos Estados Unidos antes dos dezesseis anos de idade e que estivessem na escola, ou tivessem completado o ensino médio, ou fossem veteranos militares.[97] Em 2015, Obama respondeu à recusa do Congresso de aprovar uma legislação de combate à mudança climática emitindo uma ordem executiva para todas as agências federais reduzirem as emissões de gases de efeito estufa e usarem mais energia renovável.[98] Incapaz de obter o consentimento do Senado para um acordo nuclear com o Irã, a administração Obama negociou um "acordo executivo", que, por não ser um tratado formal, não exigia a aprovação do Senado. As ações do presidente não estavam fora dos limites constitucionais, mas, ao atuar unilateralmente para alcançar objetivos individuais que haviam sido bloqueados pelo Congresso, o presidente violou uma norma de reserva institucional.

Os esforços de Obama para contornar o Congresso desencadearam uma nova escalada das hostilidades. Em março de 2015, a liderança republicana do Senado encorajou publicamente os estados da república a desafiarem a autoridade do presidente. Num artigo de opinião no *Lexington Herald Leader*, Mitch McConnel instou os estados a ignorarem a portaria de Obama limitando as emissões dos gases de efeito estufa.[99] Tratava-se de uma sabotagem espantosa da autoridade federal. No ano seguinte, os legisladores do estado do Arizona debateram e quase aprovaram um projeto de lei proibindo o governo estadual de usar quaisquer de seus funcionários ou recursos para impor ordens executivas que não tivessem sido votadas pelo Congresso. Como publicou o *New York Times* num editorial: "Isso soa como a arenga secessionista de John Calhoun em 1828, a Exposição e Protesto da Carolina do Sul."[100]

Três acontecimentos dramáticos durante a gestão de Obama revelaram o quanto as normas de reserva tinham sido desgastadas. O primeiro foi a crise de 2011 sobre o limite da dívida federal. Como um fracasso em aumentar o teto de endividamento podia causar uma moratória do governo norte-americano, destruindo a classificação de crédito dos Estados Unidos e possivelmente provocando o caos na economia, o Congresso poderia, em tese, usar o limite de endividamento como "refém", recusando-se a aumentá-lo a menos que o presidente satisfizesse certas demandas. Essa atitude de extraordinária temeridade nunca havia sido seriamente considerada – antes de 2011. Aumentar o limite de endividamento era prática bipartidária de longa duração; entre 1960 e 2011, isso foi feito 78 vezes, 49 sob presidentes republicanos e 29 sob democratas.[101] Embora o processo sempre fosse contencioso, os líderes de ambos os partidos sabiam que se tratava apenas de marcar posição política.[102]

Isso mudou depois que os republicanos, impelidos por uma nova classe de deputados apoiados pelo Tea Party, assumiram o controle do Congresso em 2011. Não só eles estavam dispostos a usar o aumento do limite de endividamento como refém,[103] como muitos estavam prontos para vetá-lo –

para "provocar o colapso do sistema como um todo"[104] – se suas reivindicações de cortes dramáticos de despesas não fossem atendidas. Da mesma forma, os senadores Pat Toomey, da Pensilvânia, e Mike Lee, de Utah, ambos apoiados pelo Tea Party, solicitaram declaração de moratória se Obama não cedesse às suas demandas.[105] Conforme afirmou o congressista Jason Chaffetz posteriormente: "Não estávamos brincando ... Íamos fazer a casa cair."[106] Embora um acordo de último minuto tenha evitado a moratória, prejuízos consideráveis já haviam sido causados. Os mercados não responderam bem e, pela primeira vez na história, a Standard & Poor's rebaixou a classificação de crédito dos Estados Unidos.

Março de 2015 trouxe outra ocorrência sem precedentes, quando o senador Tom Cotton e outros 46 senadores republicanos escreveram uma carta aberta aos líderes iranianos, insistindo que Obama não tinha autoridade para negociar um acordo sobre o programa nuclear iraniano. Opostos ao acordo com o Irã e enfurecidos com a decisão de Obama de usar um "acordo executivo" em vez de um tratado, os republicanos do Senado intervieram em negociações diplomáticas, há muito tempo domínio exclusivo do poder Executivo.[107] O senador da Flórida Bill Nelson, um democrata moderado, descreveu a carta como "de cair o queixo ... Eu não pude deixar de me perguntar se teria assinado uma carta assim sob o presidente George W. Bush. Não, eu jamais teria sequer contemplado a hipótese".[108] Cotton e seus aliados tinham descaradamente tentado minar a autoridade do presidente em exercício.[109]

O terceiro momento de violação de normas foi a recusa do Senado, em 2016, de aceitar a indicação presidencial de Merrick Garland para a Suprema Corte. É importante repetir que nenhuma vez desde a Reconstrução um presidente teve a oportunidade de preencher uma vaga na Suprema Corte recusada ao nomear alguém antes da eleição de seu sucessor.[110] Porém, a ameaça de obstrução não parou aí. No período preparatório anterior à eleição de 2016, quando se acreditava amplamente que Hillary Clinton ia vencer, vários senadores republicanos, inclusive Ted Cruz, John McCain e Richard Burr, prometeram bloquear todas as indicações de Clinton para a Suprema Corte nos quatro anos seguintes, reduzindo efetivamente o tamanho da Suprema Corte a oito membros.[111] Burr, um senador da Carolina do Norte, disse numa reunião fechada de voluntários republicanos: "Se Hillary for presidente, eu vou fazer tudo o que puder para garantir que, daqui a quatro anos a partir de agora, nós ainda tenhamos uma vaga na Suprema Corte."[112] Embora a Constituição não especifique seu tamanho, a corte de nove membros se tornara há muito uma tradição estabelecida. Republicanos e democratas tinham ambos defendido a autonomia da corte contra o abuso de Roosevelt em 1937. Apesar de Ted Cruz ter afirmado que havia um extenso "precedente histórico"[113] para a mudança do tamanho da Suprema Corte, este precedente desaparecera pouco depois da Guerra Civil. A iniciativa de Cruz teria rompido com uma norma de 147 anos.

Com táticas como essas, os republicanos tinham começado a se comportar como um partido político antissistema. No final do mandato de Obama, as grades flexíveis de proteção da democracia estavam se enfraquecendo perigosamente.

Se, 25 anos atrás, alguém lhe descrevesse um país no qual candidatos ameaçam botar seus rivais na cadeia, oponentes políticos acusam o governo de fraudar resultados eleitorais ou de estabelecer uma ditadura e partidos usam suas maiorias legislativas para o impeachment de presidentes e usurpação de cadeiras da Suprema Corte, você pensaria no Equador ou na Romênia. Provavelmente, não teria pensado nos Estados Unidos.

Por trás da desintegração das normas básicas de tolerância e reserva mútuas jaz uma síndrome de intensa polarização partidária. Embora ela tenha começado com a radicalização do Partido Republicano, suas consequências estão sendo sentidas em todo o sistema político norte-americano. Paralisação de governos, sequestros legislativos, redesenho distrital em meio de década e recusa de até mesmo considerar uma indicação à Suprema Corte não são momentos aberrantes. Ao longo dos últimos 25 anos, democratas e republicanos se tornaram muito mais do que apenas dois partidos competidores, separados em campos liberal e conservador. Seus eleitores encontram-se hoje profundamente divididos por raça, religião, geografia[114] e mesmo "modo de vida".[115]

Considere essa descoberta extraordinária: nos anos 1960, os cientistas políticos perguntavam aos norte-americanos como eles se sentiriam se seu filho ou filha se casasse com alguém que se identificasse com outro partido político; 4% dos democratas e 5% dos republicanos disseram que ficariam "descontentes".[116] Em 2010, em contraste, 33% dos democratas e 49% dos republicanos responderam que ficariam "um pouco ou muito infelizes" diante da perspectiva de um casamento interpartidário. Ser democrata ou republicano se tornou não apenas uma questão de filiação partidária, mas uma identidade.[117] Uma pesquisa de 2016 conduzida pela Pew Foundation revelou que 49% dos republicanos e 55% dos democratas dizem que o outro partido lhes "dá medo". Entre os norte-americanos politicamente engajados, os números são ainda maiores – 70% dos democratas e 62% dos republicanos dizem que vivem com medo do outro partido.[118]

Essas pesquisas apontam para o avanço de um fenômeno perigoso na política norte-americana: a intensa animosidade partidária. As raízes desse fenômeno repousam num realinhamento partidário de longo prazo, que começou a tomar forma nos anos 1960. Durante a maior parte do século XX, os partidos norte-americanos foram "grandes tendas" ideológicas, cada um abrangendo bases eleitorais diversas e uma ampla gama de opiniões políticas. Os democratas representavam a coalizão do New Deal – com liberais, sindicatos organizados, afro-americanos e a segunda e terceira gerações de imigrantes católicos –,[119] mas também representavam os brancos conservadores do Sul. Por sua vez, o GOP agrupava desde liberais do Nordeste até conservadores do Meio-Oeste e do Oeste. Os cristãos evangélicos pertenciam a ambos os partidos,[120] com uma ligeira maioria apoiando os democratas – de modo que nenhum partido podia ser acusado de "ateu".

Visto que ambos os partidos tinham uma composição interna bastante heterogênea, a polarização entre eles era muito mais baixa do que é hoje. Congressistas republicanos e democratas se dividiam em torno de questões como impostos e despesas, regulação governamental e sindicatos, mas os partidos se sobrepunham na potencialmente explosiva questão de raça.[121]

Embora ambos os partidos tivessem facções que apoiavam os direitos civis, a oposição dos democratas do Sul e o controle estratégico do sistema de comitês do Congresso mantiveram a questão fora da agenda.[122] Essa heterogeneidade interna neutralizava os conflitos. Em vez de ver um ao outro como inimigos, republicanos e democratas muitas vezes encontravam bases comuns. Enquanto republicanos e democratas liberais frequentemente votavam juntos no Congresso para pressionar em prol dos direitos civis, democratas do Sul e republicanos de direita do Norte sustentavam uma "coalizão conservadora"[123] no Congresso para se opor.

O movimento pelos direitos civis, que culminou com a Lei dos Direitos Civis em 1964 e a Lei do Direito de Voto em 1965, deu fim a esse arranjo partidário. Não só ele finalmente democratizou o Sul,[124] emancipando os negros e acabando com o domínio de um único partido, mas acelerou um realinhamento em longo prazo do sistema partidário cujas consequências estão se desdobrando ainda hoje. Seria a Lei dos Direitos Civis – que o presidente democrata Lyndon Johnson abraçou e o candidato republicano de 1964, Barry Goldwater, combateu – que definiria os democratas como o partido dos direitos civis e os republicanos como o partido do status quo racial. Nas décadas que se seguiram, a migração sulista branca para o Partido Republicano se acelerou. Os apelos raciais da "Estratégia Sulista"[125] de Nixon e, subsequentemente, as mensagens codificadas sobre raça de Ronald Reagan comunicaram aos eleitores que o GOP era a casa dos conservadores raciais brancos. No final do século, aquela que por muito tempo fora uma região solidamente democrata tinha se tornado firmemente republicana.[126] Ao mesmo tempo, os negros sulistas – aptos a votar pela primeira vez em quase um século – afluíram em bando para os democratas, assim como vários republicanos liberais que apoiavam os direitos civis.[127] Quando o Sul se tornou republicano, o Nordeste se tornou autenticamente azul, a cor dos democratas.

O realinhamento pós-1965 também deu início a um processo de separação ideológica dos eleitores.[128] Pela primeira vez em quase um século, filiação partidária e ideologia convergiam, com o GOP se tornando sobretudo conservador e os democratas se tornando predominantemente liberais.[129]

Nos anos 2000, os partidos Republicano e Democrata já não eram mais "grandes tendas" ideológicas. Com o desaparecimento dos democratas conservadores e dos republicanos liberais, as áreas de sobreposição entre os dois partidos aos poucos desapareceram. E, como a maioria dos senadores e deputados acabou passando a ter mais em comum com seus aliados partidários do que com membros do partido de oposição, eles começaram a cooperar com menos frequência e a votar consistentemente com seu próprio partido. À medida que tanto eleitores como seus representantes eleitos iam se agrupando em "campos" cada vez mais homogêneos, as diferenças ideológicas entre os partidos iam se tornando cada vez mais marcadas.[130]

Contudo, a separação do eleitorado norte-americano em democratas liberais e republicanos conservadores não é capaz de explicar sozinha a profundidade da hostilidade partidária que surgiu no país. Tampouco ela explica por que essa polarização foi tão assimétrica, empurrando o Partido Republicano mais agudamente para a direita do que empurrou os democratas para a esquerda.[131] Partidos separados em questões de ideologia não engendram necessariamente "o medo e a aversão" que corroem as normas de tolerância mútua, levando políticos a começar a questionar a legitimidade de seus rivais. Eleitores são ideologicamente divididos na Grã-Bretanha, na Alemanha e na Suécia, mas em nenhum desses países observamos o tipo de ódio sectário que hoje vemos nos Estados Unidos.

O realinhamento foi muito além da oposição liberal versus conservadores. As bases sociais, étnicas e culturais da filiação partidária também mudaram dramaticamente, dando origem a partidos que representam não apenas abordagens políticas distintas, mas comunidades, culturas e valores diferentes. Nós já mencionamos uma força motora maior desse processo: o movimento pelos direitos civis. Mesmo assim, a diversificação étnica não era limitada à emancipação negra. A partir dos anos 1960, os Estados Unidos experimentaram uma onda maciça de imigração, em primeiro lugar da América Latina e, posteriormente, da Ásia, a qual alterou de forma dramática o mapa demográfico do país. Em 1950, os não brancos mal chegavam a constituir 10% da população norte-americana. Em 2014, eles constituíam 38%,[132] e o Departamento de Censo projeta que a maioria da população será não branca em 2044.[133]

Juntamente com a emancipação negra, a imigração transformou os partidos políticos norte-americanos. Esses novos eleitores apoiaram desproporcionalmente o Partido Democrata. A fração dos votos democratas não brancos subiu de 7% nos anos 1950 para 44% em 2012.[134] Os eleitores republicanos, em contraste, ainda eram quase 90% brancos anos 2000 adentro.[135] Assim, enquanto os democratas se tornaram cada vez mais um partido de minorias étnicas, o Partido Republicano permaneceu quase inteiramente um partido de brancos.

O Partido Republicano também se tornou o partido dos cristãos evangélicos. Os evangélicos entraram em massa na política no final dos anos 1970, motivados, em grande parte, pela decisão *Roe contra Wade* da Suprema Corte, que legalizava o aborto. A partir de Ronald Reagan em 1980, o GOP abraçou a direita cristã e adotou posições crescentemente pró-evangélicas, incluindo oposição ao aborto, apoio ao direito de oração nas escolas públicas e, mais tarde, oposição ao casamento gay.[136] Evangélicos brancos – que se inclinaram para os democratas nos anos 1960 – começaram a votar no Partido Republicano. Em 2016, 76% dos evangélicos brancos se identificavam como republicanos.[137] Eleitores democratas, por sua vez, se tornaram cada vez mais seculares. A porcentagem de democratas brancos que frequenta igrejas regularmente caiu de 50% nos anos 1960 para abaixo de 30% nos anos 2000.[138]

Trata-se de uma mudança extraordinária. Como destaca o cientista político Alan Abramowitz, nos anos 1950 os cristãos brancos casados eram a maioria esmagadora – quase 80% – do eleitorado norte-americano, divididos mais ou menos igualmente entre os dois partidos.[139] Nos anos 2000, cristãos brancos casados mal chegavam a 40% do eleitorado, estando então concentrados no Partido Republicano.[140] Em outras palavras, os dois partidos encontram-se agora divididos sobre raça e religião[141] – duas questões profundamente polarizadoras, que tendem a gerar maior intolerância e hostilidade do que questões políticas tradicionais como impostos e despesas governamentais.

Nos ANOS 2000, portanto, os eleitores democratas e republicanos, e os políticos que os representavam, estavam mais divididos do que em qualquer ponto da história do século anterior. Porém, por que a maioria das violações de normas estava sendo praticada pelo Partido Republicano?[142]

Em primeiro lugar, o cenário em transformação da mídia teve um impacto mais forte sobre o Partido Republicano. Os eleitores republicanos confiam mais pesadamente em canais de mídia partidários do que os democratas.[143] Em 2010, 69% dos eleitores republicanos eram espectadores da Fox News.[144] E apresentadores de programas de rádio populares como Rush Limbaugh, Sean Hannity, Michael Savage, Mark Levin e Laura Ingraham, que ajudaram todos a legitimar o uso de discursos incivis, têm poucas contrapartidas entre os liberais.[145]

A ascensão da mídia de direita também afetou os mandatários republicanos.[146] Durante a administração Obama, os comentaristas da Fox News e personalidades radiofônicas de direita adotaram quase todos uma posição "sem concessões",[147] atacando maliciosamente qualquer político republicano que rompesse com a linha do partido. Quando o representante republicano Darrell Issa, da Califórnia, declarou que o GOP poderia realizar mais objetivos de sua agenda se tivesse disposição de trabalhar, na ocasião, com o presidente Obama, Rush Limbaugh o forçou a repudiar publicamente a afirmação e a declarar lealdade à agenda obstrucionista.[148] Como disse o ex-líder da maioria republicana do Senado: "Se você se afasta minimamente da extrema direita, você é atacado pela mídia conservadora."[149]

Posições linha-dura foram reforçadas por grupos de interesse conservadores bem-financiados.[150] No final dos anos 1990, organizações como a Americans for Tax Reform, de Grover Norquist, e o Club for Growth se tornaram vozes dominantes no GOP, arrastando os políticos republicanos para posições mais inflexíveis em questões de ideologia.[151] Norquist exigiu que os congressistas do GOP assinassem compromissos de "nenhum imposto" pela reforma fiscal, forçando-os basicamente a uma postura obstrucionista. Graças, em parte, ao afrouxamento das leis de financiamento de campanha em 2010, grupos de fora como o Americans for Prosperity e a American Energy Alliance – muitos deles parte da rede bilionária da família Koch – adquiriram uma influência extraordinária no Partido Republicano durante os anos Obama.[152] Só em 2012, a família Koch foi responsável por mais de 400 milhões de dólares em despesas eleitorais.[153] Junto com o Tea Party, a rede Koch e outras organizações similares ajudaram a eleger uma nova geração de republicanos para a qual *fazer concessões* era um palavrão. Um partido cujo núcleo foi ativamente esvaziado por doadores e grupos de pressão também ficou mais vulnerável a forças extremistas.

Contudo, não foram somente a mídia e interesses de fora que empurraram o Partido Republicano para o extremismo. Mudanças sociais e culturais também tiveram um papel importante. Ao contrário do Partido Democrata, que se diversificou cada vez mais nas últimas décadas, o GOP permaneceu culturalmente homogêneo.[154] Isso é significativo, porque o núcleo de eleitores brancos protestantes do partido não constitui apenas uma base eleitoral qualquer – durante quase dois séculos, eles abrangeram a maioria do eleitorado dos Estados Unidos e foram política, econômica e culturalmente dominantes na sociedade norte-americana. Agora, mais uma vez, brancos protestantes são uma minoria do eleitorado – e uma minoria declinante.[155] E eles se instalaram confortavelmente no Partido Republicano.

Em seu ensaio de 1964 "The Paranoid Style in American Politics", o historiador Richard Hofstadter descreveu o fenômeno da "ansiedade de status", o qual, acreditava ele, tem mais propensão a emergir quando o status, a identidade e o sentido de pertencimento de grupos sociais são percebidos como estando sob ameaça. Isso conduz a um estilo de política que é "excitável demais, desconfiado demais, agressivo, pretensioso e apocalíptico demais".[156] Meio século após sua publicação, o ensaio de Hofstadter talvez seja hoje mais relevante do que nunca. Em grande parte, a luta contra o status declinante de maioria é o que abastece a animosidade intensa que passou a definir a direita americana. Números de pesquisas sugerem que muitos republicanos do movimento Tea Party compartilham a percepção de que o país no qual eles cresceram está "escapando entre os dedos, ameaçado pela rápida transformação do que eles acreditam ser a 'verdadeira' América".[157] Para citar o título do recente livro do sociólogo Arlie Hochschild, eles se percebem como "estrangeiros em sua própria terra".[158]

Essa percepção pode explicar a ascensão de um discurso que estabelece uma distinção entre os "americanos verdadeiros" e aqueles que são associados a liberais e ao Partido Democrata. Se a definição de "verdadeiros americanos" for restrita a nativos, falantes de inglês, brancos e cristãos, então fica fácil entender por que os "verdadeiros americanos"[159] podem ver a si mesmos como em declínio. Como formula macabramente Ann Coulter: "O eleitorado norte-americano não está se deslocando para a esquerda – está encolhendo."[160] A percepção entre muitos republicanos simpatizantes do Tea Party de que o país está desaparecendo nos ajuda a compreender o apelo de slogans como "Take Our Country Back" (Retomar nosso país) e "Make America Great Again" (Tornar a América grande de novo).[161] O perigo de tais apelos é que caracterizar os democratas como americanos *não* verdadeiros constitui um verdadeiro ataque frontal contra a tolerância mútua.

Políticos republicanos de Newt Gingrich a Donald Trump aprenderam que, numa sociedade polarizada, tratar rivais como inimigos pode ser útil – e que promover a política como guerra pode apelar àqueles que receiam ter muito a perder. Contudo, guerras sempre têm seu preço. O ataque crescente contra normas de tolerância e reserva mútuas – sobretudo por republicanos, mas não só por eles – erodiu as grades flexíveis de proteção que há muito nos protegiam do tipo mortal de luta sectária que destruiu democracias em outras partes do mundo. Quando Donald Trump assumiu o cargo em janeiro de 2017, as grades de proteção ainda restavam de pé, mas estavam mais fracas do que jamais foram ao longo de um século – e as coisas estavam prestes a piorar.

8. Trump contra as grades de proteção

O PRIMEIRO ANO DE DONALD TRUMP no cargo seguiu um roteiro semelhante. Como Alberto Fujimori, Hugo Chávez e Recep Tayyip Erdoğan, o novo presidente dos Estados Unidos começou seu mandato lançando ataques retóricos contundentes contra seus adversários. Chamou a mídia de "inimiga do povo americano", questionou a legitimidade de juízes e ameaçou cortar o financiamento federal de cidades de grande importância. Previsivelmente, esses ataques desencadearam desânimo, choque e ódio em todo o espectro político. Os jornalistas se viram nas linhas de frente, denunciando – mas também provocando – o comportamento violador de normas do presidente. Um estudo do Centro Shorenstein de Mídia, Política e Políticas Públicas verificou que os mais importantes espaços de mídia se mostravam "inclementes" em sua cobertura dos primeiros cem dias da administração Trump.[1] Sobre matérias jornalísticas de inclinação clara, o estudo verificou, 80% eram negativas – percentual muito mais alto do que sob Clinton (60%), George W. Bush (57%) e Obama (41%).

Rapidamente, os funcionários da administração Trump passaram a se sentir sitiados.[2] Não havia uma única semana em que a cobertura de imprensa não fosse pelo menos 70% negativa.[3] E, em meio ao turbilhão de rumores sobre laços da campanha de Trump com a Rússia, um destacado conselheiro especial, Robert Mueller, foi designado para supervisionar a investigação do caso. Em apenas poucos meses de sua presidência, Donald Trump já enfrentava rumores de impeachment. Ainda assim, ele preservou o apoio de sua base e, como outros demagogos eleitos, dobrou a aposta. Declarou que sua administração estava sendo acossada por forças poderosas, dizendo a formandos da Academia da Guarda-Costeira dos Estados

Unidos que "nenhum político na história, e digo isso com muita segurança, foi mais maltratado nem mais injustiçado do que eu".[4] A questão, portanto, era como Trump responderia: iria o presidente outsider que se considerava sob assalto injustificado atacar, como aconteceu no Peru e na Turquia?

Donald Trump exibiu claros instintos autoritários durante o seu primeiro ano de mandato. No capítulo 4, apresentamos três estratégias através das quais autoritários eleitos buscam consolidar o poder: capturar os árbitros, tirar da partida importantes jogadores do time adversário e reescrever as regras para inverter a situação de jogo contra os oponentes. Trump tentou *todas as três*.

TRUMP DEMONSTROU UMA hostilidade impressionante contra os árbitros – policiais, serviços de inteligência, agências éticas e tribunais. Logo depois de sua posse, ele buscou garantir que os chefes das agências de inteligência dos Estados Unidos, inclusive o FBI, a CIA e a Agência de Segurança Nacional (NSA), tivessem com ele uma lealdade pessoal, evidentemente para usar esses órgãos como um escudo contra investigações sobre os vínculos de sua campanha com a Rússia. Durante as suas primeiras semanas de mandato, Trump convocou o diretor do FBI James Comey para um jantar na Casa Branca, no qual, segundo Comey, solicitou garantias de lealdade. Depois, segundo consta, ele pressionou Comey a encerrar a investigação sobre seu recém-demitido conselheiro de Segurança Nacional, Michael Flynn, instou o diretor de Inteligência Nacional, Daniel Coats, e o diretor da CIA, Mike Pompeo, a intervirem na investigação de Comey e pediu pessoalmente a Coats e ao chefe da NSA, Michael Rogers, que dessem declarações negando a existência de qualquer conluio com a Rússia (o que ambos recusaram).[5]

Trump também tentou punir ou expurgar agências que atuavam com independência. Mais notavelmente, demitiu Comey depois que ficou claro que este não podia ser pressionado a proteger a administração e estava ampliando a investigação sobre a Rússia.[6] Somente uma vez nos 82 anos de história do FBI um presidente havia despedido um diretor do órgão antes do término de seu mandato de dez anos – e, nesse caso, a iniciativa foi uma resposta a claras violações éticas e contou com apoio dos dois partidos.⁷

A demissão de Comey não foi a única investida do presidente contra árbitros que se recusaram a atuar em sua defesa. Trump tinha tentado estabelecer uma relação pessoal com o procurador federal Preet Bharara, baseado em Manhattan, cujas investigações sobre lavagem de dinheiro sabidamente ameaçavam alcançar o círculo íntimo de Trump;⁸ quando Bharara, uma respeitada figura anticorrupção, continuou sua investigação, foi afastado pelo presidente.⁹ Depois que o procurador-geral Jeff Sessions se retirou da investigação russa e seu vice Rod Rosenstein nomeou o respeitado ex-diretor do FBI Robert Mueller conselheiro especial para supervisionar a investigação, Trump humilhou Sessions publicamente, segundo consta a fim de precipitar a sua renúncia.¹⁰ Os advogados da Casa Branca chegaram a lançar um esforço para descobrir alguma sujeira sobre Mueller, buscando conflitos de interesse que pudessem desacreditá-lo ou resultar na sua demissão.¹¹ No final de 2017, muitos dos aliados de Trump estavam pedindo abertamente que ele demitisse Mueller, e houve preocupação geral de que logo ele o fizesse.

Os esforços de Trump para descarrilar investigações independentes evocaram o tipo de assalto contra árbitros que costumamos ver nos países menos democráticos – por exemplo, a destituição da promotora geral venezuelana Luisa Ortega, uma chavista nomeada que afirmou sua independência e começou a investigar corrupção e abusos no governo de Maduro. Embora o mandato de Ortega não fosse expirar até 2021 e ela só pudesse ser destituída pelo Legislativo (que estava nas mãos da oposição), a Assembleia Constituinte pró-governo, dubiamente eleita, a afastou em agosto de 2017.¹²

Trump também atacou magistrados que tomaram decisões contra ele. Depois que o juiz James Robart, do Nono Circuito da Corte de Apelação, suspendeu o veto migratório decretado pela Presidência, Trump aludiu à "opinião deste pretenso juiz, que no fundo tira do nosso país a aplicação da lei".¹³ Dois meses depois, quando o mesmo tribunal bloqueou temporariamente a retenção de fundos federais de cidades-santuário, a Casa Branca denunciou o julgamento como um ataque contra o estado de direito por um "juiz não eleito".[14] O próprio Trump respondeu ameaçando dispersar o Nono Circuito.[15]

O presidente fez críticas indiretas ao Judiciário em agosto de 2017, ao perdoar o controverso ex-xerife Joe Arpaio, do Arizona, condenado por violar uma ordem da corte federal que o impedia de praticar abordagens por perfil racial. Arpaio era um aliado político e um herói para muitos apoiadores anti-imigrantes de Trump. Como já observamos, o poder constitucional de indulto do chefe do Executivo é ilimitado, mas, historicamente, os presidentes o têm exercido com grande comedimento, buscando aconselhar-se junto ao Departamento de Justiça e jamais concedendo perdões por autoproteção ou ganho político. Trump violou com ousadia essas normas. Não só ele não consultou o Departamento de Justiça, mas o perdão foi claramente político – um gesto popular para sua base.[16] A iniciativa reforçou temores de que o presidente pudesse no fim das contas perdoar a si mesmo e a seu círculo íntimo – questão que, segundo relatos, foi explorada por seus advogados.[17] Uma atitude desse tipo constituiria um ataque sem precedentes contra a independência do Judiciário. Como afirma o estudioso de direito constitucional Martin Redish: "Se um presidente puder imunizar seus agentes desse jeito, os tribunais perderão efetivamente toda a sua autoridade para proteger direitos constitucionais contra a invasão do poder Executivo."[18]

A administração Trump também maltratou, inevitavelmente, o Escritório de Ética Governamental (OGE), uma agência guardiã independente que, embora não disponha de poder legal, havia sido respeitada pelas administrações anteriores.[19] Diante dos inúmeros conflitos de interesse criados pelos negócios de Trump, o diretor do OGE, Walter Shaub, criticou reiteradamente o presidente eleito durante a transição. A administração respondeu lançando ataques contra o OGE. O presidente do Comitê de Supervisão da Câmara dos Representantes, Jason Chaffetz, aliado de Trump, chegou a mencionar uma investigação sobre Shaub.[20] Em maio, funcionários da administração tentaram forçar o OGE a interromper investigações sobre a nomeação de ex-lobistas pela Casa Branca.[21] Acossado e ignorado pela Casa Branca, Shaub renunciou, deixando para trás o que o jornalista Ryan Lizza chamou de um OGE "destruído".[22]

O comportamento de Trump em relação a tribunais, órgãos de polícia e de inteligência e outras agências independentes foi tirado de uma cartilha autoritária. Ele falou abertamente em usar o Departamento de Justiça e o FBI para perseguir democratas, inclusive Hillary Clinton. No final de 2017, o Departamento de Justiça considerou nomear um conselheiro especial para investigar Clinton. A despeito de seus expurgos e ameaças, contudo, a administração não conseguiu capturar os árbitros. Trump não substituiu Comey por um lealista, em grande parte porque a manobra foi vetada por destacados senadores republicanos.[23] Da mesma forma, os republicanos no Senado resistiram aos esforços de Trump para substituir o procurador-geral Sessions.[24] Porém, o presidente tinha outras batalhas a travar.

A ADMINISTRAÇÃO TRUMP também intensificou esforços para tirar de campo jogadores importantes do sistema político. Os ataques retóricos de Trump contra críticos na mídia são um exemplo disso. Suas acusações reiteradas de que espaços como o *New York Times* e a CNN estavam distribuindo "fake news" e conspirando contra ele soam familiares a qualquer estudante de autoritarismo. Num tuíte de fevereiro de 2017, ele chamou a mídia de "inimiga do povo americano",[25] uma terminologia que, observaram os críticos, imitava a de Stálin e Mao. A retórica de Trump era com frequência ameaçadora. Poucos dias depois desse tuíte, Trump disse ao Comitê de Ação Política Conservadora:

> Eu amo a Primeira Emenda; ninguém a ama mais do que eu ... Entretanto, como vocês viram ao longo de toda a campanha, e mesmo agora, as fake news não dizem a verdade ... Eu digo que elas não representam o povo. Nunca representarão o povo, e nós vamos fazer alguma coisa quanto a isso.[26]

Fazer o quê, exatamente? No mês seguinte, Trump retornou à sua promessa de campanha de "ampliar o escopo das leis de calúnia e difamação", tuitando que o *New York Times* tinha "desgraçado o mundo da mídia. Fizeram pouco-caso de mim por dois anos inteiros. Mudar as leis de calúnia e difamação?".[27] Quando um repórter lhe perguntou se a administração estava mesmo considerando essas mudanças, o chefe de gabinete da Casa Branca, Raince Paul, respondeu: "Acho que demos uma olhada nisso."[28] O presidente equatoriano Rafael Correa usou essa abordagem. Seus processos de milhões de dólares por difamação e a prisão de jornalistas sob essa acusação tiveram um efeito assustador sobre a mídia.[29] Embora tenha deixado de lado a questão, Trump continuou com suas ameaças. Em julho, ele tuitou um vídeo manipulado, feito a partir de material bruto antigo da WWE, com uma cena em que ele se agarra, derruba e soca uma pessoa com um logotipo da CNN por sobre o rosto.

Donald Trump pensou também em usar as agências reguladoras do governo contra empresas de mídia hostis. Durante a campanha em 2016, ele ameaçara Jeff Bezos, dono do *Washington Post* e da Amazon, com uma ação antitruste, tuitando: "Se eu for presidente, ah, eles vão ter problemas."[30] Ele também ameaçou bloquear a fusão pendente entre a Time Warner (matriz da CNN) e a AT&T,[31] e houve relatos, durante os primeiros meses de sua gestão, de que os conselheiros da Casa Branca estivessem considerando usar a autoridade antitruste da administração como fonte de alavancagem contra a CNN. E, finalmente, em outubro de 2017, Trump atacou a NBC e outras redes, ameaçando "cassar sua licença".

Houve um setor em que a administração Trump foi além das ameaças e tentou usar a máquina do governo para punir seus críticos. Durante a sua primeira semana no cargo, Trump assinou uma ordem executiva autorizando agências federais a reterem fundos das cidades-santuário[32] que se recusassem a cooperar com as sanções estritas contra imigrantes sem documentos. "Se formos obrigados", declarou ele em fevereiro de 2017, "nós vamos cortar os financiamentos."[33] O plano fez lembrar manobras reiteradas do governo Chávez para tirar das administrações municipais de cidades geridas pela oposição o controle sobre hospitais, forças policiais, portos e outras infraestruturas locais.[34] À diferença do presidente venezuelano, contudo, Trump foi impedido pelos tribunais.[35]

Embora Trump tenha travado uma guerra verbal contra a mídia e outros críticos, essas palavras não chegaram (ainda) a levar a ações. Nenhum jornalista foi preso e nenhuma plataforma de mídia alterou suas coberturas devido a pressões do governo. Os esforços de Trump para inverter o mando de campo a seu favor foram mais preocupantes. Em maio de 2017, ele reclamou mudanças no que chamou de regras "arcaicas"[36] do Senado, inclusive a eliminação da obstrução, o que teria fortalecido a maioria republicana às expensas da minoria democrata. Senadores republicanos de fato eliminaram a obstrução para indicações para a Suprema Corte, abrindo caminho para a ascensão de Neil Gorsuch, mas rejeitaram a ideia de acabar inteiramente com ela.[37]

Talvez a iniciativa mais antidemocrática já empreendida pela administração Trump tenha sido a criação da Comissão Presidencial de Aconselhamento sobre Integridade Eleitoral, presidida pelo vice-presidente Mike Pence, mas dirigida pelo vice-presidente da comissão, Kris Kobach. Para compreender seu impacto potencial, lembrem-se de que a Lei dos Direitos Civis e a Lei do Direito de Voto incitaram uma forte mudança na identificação partidária: o Partido Democrata tornou-se o principal representante de eleitores minoritários e da primeira e segunda gerações de imigrantes eleitores, enquanto os eleitores do GOP permaneceram esmagadoramente brancos. Como a fração minoritária do eleitorado está crescendo, essas mudanças favorecem os democratas, uma percepção que foi fortalecida com a vitória de Barack Obama na eleição de 2008, na qual a taxa de comparecimento das minorias foi incomumente alta.

Percebendo uma ameaça, alguns líderes republicanos vieram à baila com uma resposta que evoca recordações do Sul de Jim Crow: dificultar o voto para a minoria de cidadãos de baixa renda.[38] Como a minoria de eleitores pobres é esmagadoramente democrata, medidas que desanimassem o comparecimento entre esses eleitores provavelmente inverteriam o mando de campo em favor dos republicanos. Isso seria alcançado através de leis estritas de identificação do eleitor – exigindo, por exemplo, que os eleitores apresentassem uma carteira de motorista válida ou outra fotografia de identificação emitida pelo governo ao chegar à seção eleitoral.[39]

A pressão por leis de identificação do eleitor se baseava numa informação falsa: de que fraudes eleitorais eram disseminadas nos Estados Unidos.[40] Todos os estudos respeitáveis concluíram que os níveis desse tipo de fraude no país eram baixos.[41] Não obstante, os republicanos começaram a pressionar para combater esse problema não existente. Os dois primeiros estados a adotarem leis de identificação de eleitores foram Geórgia e Indiana, ambos em 2005. Um congressista da Geórgia, John Lewis, um longevo líder dos direitos civis, descreveu a lei de seu estado como um "imposto de votação moderno".[42] Estima-se que 300 mil eleitores na Geórgia não possuam as formas de identidade exigidas e que afro-americanos tenham cinco vezes mais probabilidade de não as possuírem do que brancos.[43] A lei de identificação de eleitores de Indiana, que o juiz Terence Evans, do Sétimo Circuito da Corte de Apelação, caracterizou como "uma tentativa não muito finamente disfarçada de desestimular o comparecimento de certas pessoas consideradas inclinadas a votar pelos democratas no dia da eleição",[44] foi levada à Suprema Corte, onde foi mantida em 2008. Depois disso, leis de identificação de eleitores proliferaram. Projetos de lei foram apresentados em 37 estados entre 2010 e 2012,[45] e, em 2016, quinze deles as tinham adotado,[46] embora elas só fossem vigentes em apenas dez para a eleição de 2016.

Essas leis foram aprovadas exclusivamente em estados onde os republicanos controlavam ambas as casas legislativas, e em todos, exceto o Arkansas, o governador era republicano. Há pouca dúvida de que minorias eleitorais fossem o alvo principal. Leis de identificação de eleitores quase certamente terão um impacto desproporcional sobre a minoria de eleitores de baixa renda.[47] Segundo um estudo, 37% dos afro-americanos e 27% dos latinos relataram não possuir uma carteira de motorista válida,[48] em contraste com 16% de brancos. Um estudo do Brennan Center for Justice estimou que 11% dos cidadãos americanos (21 milhões de eleitores qualificados) não possuem fotografias de identificação emitidas pelo governo e que, entre afro-americanos, essa proporção aumenta para 25%.[49]

Dos onze estados com mais alto comparecimento de negros em 2008, sete adotaram leis de identificação de eleitores mais rígidas,[50] e dos doze estados que experimentaram as maiores taxas de crescimento da população hispânica entre 2000 e 2010, nove aprovaram leis que tornavam votar mais difícil. Os estudiosos apenas começaram a analisar o impacto das leis de identificação de eleitores, e a maioria dos estudos só descobriu um efeito modesto sobre os comparecimentos.[51] Não obstante, um efeito modesto pode ser decisivo em eleições apertadas, em especial se essas leis tiverem ampla adoção.

É precisamente isso que a Comissão Presidencial de Aconselhamento sobre Integridade Eleitoral espera fazer. O chefe de fato da comissão, Kris Kobach, foi descrito como o "primeiro defensor da supressão do direito de voto" do país.[52] Como secretário de Estado no Kansas, Kobach ajudou a impor uma das mais rigorosas leis de identificação de eleitores da nação.[53] Para Kobach, Donald Trump foi um aliado útil. Durante a campanha de 2016, Trump havia se queixado de que a eleição fora "armada"; depois do pleito, ele fez a extraordinária afirmação de que tinha "vencido a eleição popular, se deduzidas as milhões de pessoas que votaram ilegalmente".[54] Ele repetiu esta afirmação num encontro com líderes congressuais, dizendo ter havido entre 3 e 5 milhões de votos ilegais.[55] A afirmação não tem base: um projeto de monitoramento nacional da votação conduzido pela organização de mídia ProPublica não descobriu nenhuma evidência de fraude.[56] O repórter Philip Bump, do *Washington Post*, passou um pente fino no sistema de agregação de notícias Nexis, em busca de casos documentados de fraude em 2016, encontrando um total de quatro.[57]

Entretanto, a obsessão patente de Trump com o fato de ter "ganhado" a eleição popular convergia com as metas de supressão do direito de voto de Kobach. Este apoiou as reivindicações de Trump, declarando que ele estava "absolutamente certo"[58] ao afirmar que o número de votos ilegais excedia a margem de vitória de Clinton. (Kobach disse depois que "provavelmente nunca saberemos"[59] quem ganhou no voto popular.) Kobach conquistou a atenção de Trump, ajudou a convencê-lo a criar a Comissão Presidencial de Aconselhamento sobre Integridade Eleitoral e foi nomeado para comandá-la.

As atividades iniciais da comissão sugerem que seu objetivo fosse a supressão de eleitores. Primeiro, ela está coletando histórias de fraude em todo o país, o que poderia fornecer munição para a restrição do direito de voto no âmbito estadual ou, talvez, para revogar a Lei Nacional de Registro do Eleitor ("Motor Voter Act") de 1993, que amplia as possibilidades de registro. Com efeito, a comissão está pronta para servir como porta-voz nacional relevante nos esforços republicanos para aprovar leis mais duras de identificação de eleitores. Segundo, a comissão objetiva encorajar ou facilitar expurgos nas listas eleitorais estaduais, os quais invariavelmente removeriam, como sugerem as pesquisas existentes, inúmeros eleitores legítimos. A comissão já buscou promover verificações cruzadas de registros eleitorais para descobrir casos de registro duplo, em que as pessoas estariam registradas em mais de um estado.[60] Também há relatos de que a comissão planeja usar o banco de dados do Departamento de Segurança Interna de titulares de visto de residência permanente, o *green card*, ou de outros vistos para passar um pente fino nas listas eleitorais em busca de não cidadãos. O risco, como mostra um estudo, é que o número de erros – devido à existência de muitas pessoas com o mesmo nome e data de nascimento – vai exceder vastamente o número de registros ilegais que sejam descobertos.[61]

Esforços para desencorajar o ato de votar são antidemocráticos em essência e têm uma história particularmente deplorável nos Estados Unidos. Embora os esforços atuais de restrição eleitoral não estejam nem sequer perto daqueles de longo alcance empreendidos pelos democratas sulistas no final do século XIX, eles são significativos. Haja vista as rigorosas leis de identificação de eleitores afetarem de maneira desproporcional a minoria de eleitores de baixa renda, que são esmagadoramente democratas, elas inclinam as eleições em favor do GOP.

A Comissão sobre Integridade Eleitoral de Trump não levou a cabo quaisquer reformas concretas em 2017, e sua solicitação canhestra de informações sobre eleitores foi amplamente repelida pelos estados.[62] Porém, se continuar com seu projeto de maneira descontrolada, ela tem o potencial de infligir danos reais ao processo eleitoral de nosso país.

De muitas maneiras, o presidente Trump seguiu o roteiro eleitoral autoritário durante o seu primeiro ano. Ele fez esforços para capturar os árbitros, tirar da partida jogadores importantes que pudessem detê-lo e inverter o mando de campo. Entretanto, ele falou mais do que agiu, e suas ameaças mais notórias não se concretizaram. Iniciativas antidemocráticas perturbadoras, inclusive aparelhar o FBI, enchendo-o de lealistas e bloqueando a investigação de Mueller, foram descarriladas pela oposição de republicanos e por sua própria incompetência. Uma iniciativa importante, a Comissão Presidencial de Aconselhamento sobre Integridade Eleitoral, está apenas começando a decolar, de modo que é mais difícil avaliar seu impacto. No geral, portanto, Trump repetidamente bateu de raspão nas grades de proteção, como um motorista irresponsável, mas não as rompeu. Apesar de motivos claros de preocupação, poucos retrocessos reais ocorreram em 2017. Não ultrapassamos o limite rumo ao autoritarismo.

Entretanto, ainda é cedo. O retrocesso da democracia é com frequência gradual, seus efeitos se desdobrando lentamente com o passar do tempo. Comparando o primeiro ano de mandato de Trump com o de outros autoritários potenciais, o quadro é confuso. A Tabela 3 apresenta uma lista de dez países nos quais líderes potencialmente autoritários chegaram ao poder pela via eleitoral. Em alguns deles, como o Equador e a Rússia, o retrocesso ficou evidente já no primeiro ano. Em contraste, no Peru sob Fujimori e na Turquia sob Erdoğan, isso não ocorreu no início. Fujimori se engajou em batalhas retóricas de ódio durante o seu primeiro ano como presidente, mas não investiu contra as instituições democráticas antes de quase dois anos. O colapso demorou até mais na Turquia.

O destino da democracia durante o restante da administração de Trump vai depender de vários fatores. O primeiro é o comportamento dos líderes republicanos. As instituições democráticas dependem crucialmente da disposição dos partidos governantes de defendê-las – mesmo contra seus próprios líderes. O fracasso do plano de Roosevelt de aparelhamento da corte e a queda de Nixon foram possibilitados, em parte, quando membros importantes do próprio partido do presidente – democratas no caso de Roosevelt e republicanos no caso de Nixon – decidiram

TABELA 3. O boletim autoritário após um ano

País	Líder	Data de início	Captura de árbitros	Remoção de jogadores	Mudança de regras	Destino do regime
Argentina	Juan Perón	Junho de 1946	SIM	NÃO	NÃO	Autoritário
Equador	Rafael Correa	Janeiro de 2007	SIM	SIM	SIM	Moderadamente autoritário
Hungria	Viktor Orbán	Maio de 2010	LIMITADA	NÃO	NÃO	Moderadamente autoritário
Itália	Silvio Berlusconi	Junho de 2001	NÃO	NÃO	NÃO	Democrático
Peru	Alberto Fujimori	Julho de 1990	NÃO	NÃO	NÃO	Autoritário
Peru	Ollanta Humala	Julho de 2011	NÃO	NÃO	NÃO	Democrático
Polônia	Jarosław Kaczyński	Novembro de 2015	SIM	NÃO	NÃO	Moderadamente autoritário
Rússia	Vladimir Putin	Maio de 2000	NÃO	SIM	NÃO	Altamente autoritário
Turquia	Recep Erdoğan	Março de 2003	NÃO	NÃO	NÃO	Autoritário
Venezuela	Hugo Chávez	Fevereiro de 1999	SIM	SIM	SIM	Autoritário

se levantar e se opor a eles. Mais recentemente, na Polônia, os esforços do partido governista Lei e Justiça para desmantelar freios e contrapesos sofreram um revés quando o presidente Andrzej Duda, membro do Lei e Justiça à época, vetou dois projetos de lei que teriam capacitado o governo a promover um expurgo abrangente na Suprema Corte e aparelhá-la, enchendo-a de lealistas.[63] Na Hungria, em contraste, o primeiro-ministro Viktor Orbán enfrentou pouca resistência do partido governante ao fazer sua investida autoritária.

O relacionamento entre Donald Trump e seu partido é igualmente importante, sobretudo considerando o controle pelos republicanos de ambas as casas do Congresso. Líderes republicanos podem escolher se manter leais. Lealistas ativos não apenas apoiam o presidente, mas defendem publicamente até mesmo as suas iniciativas mais controversas.[64] Lealistas passivos se afastam da atenção pública quando irrompem escândalos, mas continuam a votar com o presidente. Lealistas críticos tentam, em certo sentido, ficar em cima do muro, fazer as duas coisas ao mesmo tempo: eles podem se distanciar publicamente do pior comportamento do presidente, mas não fazem nada (por exemplo, votar no Congresso) que o enfraqueça e, muito menos, possa causar sua queda. Em face de abusos presidenciais, qualquer uma dessas respostas vai habilitar o autoritarismo.

Uma segunda abordagem é de controle. Republicanos que adotam essa estratégia podem apoiar o presidente em muitas questões, de indicações para o Judiciário à reforma tributária ou do sistema de saúde, mas estabelecem um limite. Esta pode ser uma postura difícil de manter. Como membros do mesmo partido, eles estão em posição de se beneficiar se o presidente tiver êxito – contudo, compreendem que o presidente pode infligir danos reais às instituições no longo prazo. Eles trabalham com o presidente sempre que é possível, enquanto, ao mesmo tempo, adotam certas medidas para garantir que ele não abuse do poder, permitindo que continue seu mandato, mas, com sorte, restringindo-o. Por fim, em princípio, líderes parlamentares podem buscar o afastamento do presidente. Isso teria um alto custo político. Derrubar seu próprio governante não só implica riscos de acusação de traição de colegas partidários (imaginem, por exemplo, as reações de Sean Hannity e Rush Limbaugh), mas também traz a possibilidade de se descarrilar toda a agenda legislativa do partido. Isso prejudicaria as perspectivas eleitorais de curto prazo do partido, como aconteceu depois da renúncia de Nixon. No entanto, se a ameaça que vem da Presidência for grave o bastante (ou se o comportamento do presidente começar a prejudicar o seu próprio índice de popularidade), os líderes do partido podem julgar necessário derrubar um dos seus.

Durante o primeiro ano de Trump no cargo, os republicanos responderam aos abusos presidenciais com uma mistura de lealdade e restrição. De início, a lealdade predominou. Porém, depois que o presidente demitiu James Comey em maio de 2017, alguns senadores do GOP se inclinaram para a restrição, deixando claro que não apoiariam um lealista de Trump para sucedê-lo. Senadores republicanos também trabalharam para garantir o avanço de uma investigação independente sobre o envolvimento da Rússia na eleição de 2016. Uns poucos pressionaram discretamente para que o Departamento de Justiça nomeasse um conselheiro especial, e muitos apoiaram a indicação de Robert Mueller.[65] Quando surgiram relatos de que a Casa Branca estava explorando maneiras de afastar Mueller, e quando partidários de Trump pediram o afastamento de Mueller, senadores republicanos importantes, como Susan Collins, Bob Corker, Lindsey Graham e John McCain, se posicionaram abertamente contra.[66] E quando Trump se mostrou inclinado a despedir o procurador-geral Jeff Sessions, que, tendo se retirado da investigação, não podia demitir Mueller, senadores do GOP vieram prontamente em defesa de Sessions. O presidente do comitê judiciário do Senado, Chuck Grassley, disse que não ia marcar audiências para a substituição se Sessions fosse demitido.[67]

Embora os senadores Graham, McCain e Corker raramente se unam à oposição (cada um deles votou com Trump em pelo menos 85% das vezes), eles tomaram medidas importantes para conter o presidente.[68] Nenhum líder republicano buscou o afastamento de Trump em 2017, mas, como disse a jornalista Abigail Tracy, alguns pareciam "ter chegado a seu próprio limite".[69]

Outro fator que afeta o destino da nossa democracia é a opinião pública. Se não puderem apelar aos militares nem organizar violência em larga escala, autoritários em potencial terão que descobrir outros meios de persuadir aliados a segui-los e de fazer críticos recuarem ou desistirem. O apoio público é uma ferramenta útil no que diz respeito a isso. Quando um líder eleito desfruta, digamos, uma taxa de aprovação de 70%, os críticos trocam de camisa e aderem, a cobertura de mídia se suaviza, os juízes são mais relutantes em tomar decisões contra o governo, e mesmo os políticos rivais, preocupados com a perspectiva de que fazer oposição estridente possa isolá-los, mantêm a cabeça abaixada. Em contraste, quando a taxa de aprovação é baixa, a mídia e a oposição ficam mais atrevidas, juízes têm a ousadia de enfrentar com destemor o presidente, e aliados começam a dissentir. Fujimori, Chávez e Erdoğan tinham imenso apoio popular quando lançaram seus ataques contra as instituições democráticas.

Para entender como o apoio público pode afetar a gestão de Trump, perguntem a si mesmos: e se os Estados Unidos fossem como a Virgínia Ocidental? A Virgínia Ocidental é o estado mais pró-Trump da União. Segundo uma pesquisa do Gallup, a taxa de aprovação do presidente girou numa média de 60% na primeira metade de 2017, em comparação com 40% no âmbito nacional.[70] Em face da sua popularidade, a oposição na Virgínia Ocidental claudicou – mesmo entre os democratas. O senador democrata Joe Manchin votou com Trump 54% das vezes até agosto de 2017, mais do que qualquer outro democrata no Senado.[71] O jornal *The Hill* arrolou Manchin entre os "10 Maiores Aliados de Trump no Congresso".[72] O governador democrata do estado, Jim Justice, foi mais longe: trocou de partido. Abraçado a Trump num comício, Justice não apenas o elogiou como um "bom homem" com "ideias realistas", mas descartou a investigação sobre a Rússia, declarando: "Será que já não ouvimos o bastante sobre a Rússia?"[73] Se os democratas em todo o país se comportassem como fizeram na Virgínia Ocidental, Trump enfrentaria pouca resistência – mesmo na questão da interferência estrangeira na eleição.

Quanto mais alta a taxa de aprovação de Trump, mais perigoso ele se torna. Sua popularidade vai depender do estado da economia, assim como de acontecimentos circunstanciais. Eventos que ponham em evidência a incompetência do governo, como a resposta inepta do governo Bush ao Furacão Katrina, em 2005, podem minar o apoio público. Outras circunstâncias, porém, como ameaças à segurança, podem incrementá-lo.

Isso nos leva a um fator final capaz de configurar a capacidade de Trump de prejudicar nossa democracia: crise. Crises graves de segurança – guerras ou ataques terroristas de larga escala – são modificadores do jogo político. Quase invariavelmente, elas aumentam o apoio ao governo.[74] Os cidadãos se tornam mais inclinados a tolerar, e mesmo endossar, medidas autoritárias quando temem por sua própria segurança.[75] E não são apenas os cidadãos médios que respondem dessa maneira. Juízes se mostram notoriamente relutantes em obstruir investidas do poder Executivo em meio a crises, quando há a percepção de que a segurança nacional está em risco.⁷⁶ Segundo o cientista político William Howell, as restrições institucionais sobre Bush desapareceram na esteira dos ataques do 11 de Setembro, permitindo que ele "fizesse o que quisesse para definir e reagir à crise".⁷⁷

Portanto, crises de segurança são momentos de perigo para a democracia. Líderes com carta branca para "fazer o que quiserem" podem infligir grande dano às instituições democráticas. Como vimos, foi precisamente isso que fizeram líderes como Fujimori, Putin e Erdoğan. Para autoritários potenciais que se sentem injustamente cercados por oponentes e algemados pelas instituições democráticas, essas crises abrem janelas de oportunidade.

Nos Estados Unidos, também, crises de segurança permitiram apropriações de poder Executivo, desde a suspensão do habeas corpus por Lincoln até o confinamento de nipo-americanos por Roosevelt e a Lei Patriótica de Bush. Porém, havia uma diferença importante. Lincoln, Roosevelt e Bush eram democratas comprometidos, e, no fim das contas, cada um deles exerceu considerável reserva ao lidar com a vasta autoridade engendrada pela crise.

Donald Trump, em contraste, raramente exibiu reserva em qualquer contexto. As chances de ocorrer um conflito em seu turno também são consideráveis. Elas o seriam para qualquer presidente – os Estados Unidos combateram em guerras terrestres ou sofreram ataques terroristas graves sob seis dos seus últimos doze presidentes. Porém, considerando a inaptidão de Trump em matéria de política externa, os riscos são especialmente grandes.⁷⁸ Nosso temor é que, se tiver de enfrentar uma guerra ou um ataque terrorista, Trump explore plenamente a crise – usando-a para atacar seus oponentes políticos e restringir as liberdades que os norte-americanos dão como certas. Em nossa opinião, esse enredo representa o maior perigo enfrentado hoje pela democracia americana.

MESMO QUE TRUMP não desmantele diretamente as instituições democráticas, suas violações das normas vão sem dúvida corrompê-las. Trump, como escreveu David Brooks, "pôs abaixo os padrões de comportamento que outrora regeram a vida política".⁷⁹ Seu partido o premiou por isso ao indicá-lo para concorrer à Presidência. Já em exercício do mandato, sua violação continuada de normas expandiu a zona de comportamentos presidenciais aceitáveis, dando a táticas antes consideradas aberrantes e inadmissíveis, como mentir, trapacear e intimidar, um lugar proeminente na caixa de ferramentas dos políticos.

A violação presidencial de normas não é inerentemente ruim. Muitas violações são inócuas. Em janeiro de 1977, Jimmy Carter surpreendeu a polícia, a imprensa e 250 mil norte-americanos reunidos para assistir à sua posse quando ele e a esposa caminharam os pouco mais de três quilômetros do Capitólio até a Casa Branca. O *New York Daily News* descreveu a decisão de Carter de abandonar a "limusine fechada e blindada" como um "rompimento sem precedentes do costume".⁸⁰ Desde então, o presidente eleito dar pelo menos uma saída da limusine protegida durante o desfile de posse se tornou o que o *New York Times* chamou de "um costume informal"⁸¹ para mostrar que ele é "o presidente do povo".

A violação de normas também pode ser democratizante: na eleição de 1840, William Henry Harrison quebrou a tradição saindo e fazendo campanha entre os eleitores.⁸² A regra anterior era que os candidatos evitassem fazer campanha, para preservar a ficção ao estilo Cincinato de que não nutrem ambição pessoal pelo poder – mas limitando a capacidade dos eleitores de conhecê-los.

Ou tomemos outro exemplo: em 1901, um comunicado de imprensa de rotina da Casa Branca foi emitido em nome do novo presidente Theodore Roosevelt com o título: "Booker T. Washington, do Instituto Tuskegee, Alabama, jantou com o presidente esta noite".⁸³ Embora líderes políticos negros tenham visitado a Casa Branca antes, um jantar com uma figura política afro-americana tão importante foi, como um historiador descreveu, uma violação da "etiqueta social prevalecente de dominação branca".⁸⁴ A reação foi imediata e brutal. Um jornal descreveu a visita como "o mais abominável ultraje jamais perpetrado por qualquer cidadão nos Estados Unidos". O senador William Jennings Bryan comentou: "Espera-se que ambos [Roosevelt e Washington], tendo refletido, compreendam a prudência de abandonar seu propósito de eliminar fronteiras de raça." Em face da grande comoção, a assessoria de imprensa da Casa Branca primeiro negou que o evento tivesse acontecido, em seguida disse que tinha sido "apenas" um almoço, e depois o defendeu, dizendo que pelo menos nenhuma mulher tinha comparecido.

Como os valores sociais mudam ao longo do tempo, um grau de violação presidencial de normas é inevitável – até desejável. Contudo, as violações de normas de Donald Trump em seu primeiro ano de mandato diferem de maneira fundamental daquelas de seus predecessores. Em primeiro lugar, ele foi um violador em série de normas. Nunca antes um presidente desdenhou tantas regras não escritas em tão pouco tempo. Muitas das transgressões foram triviais – Trump quebrou uma tradição de 150 anos por não ter um animal de estimação. Outras foram agourentas.[85] O primeiro discurso de posse de Trump, por exemplo, foi mais sombrio do que esses discursos costumam ser (ele falou, por exemplo, de "carnificina americana"),[86] levando o ex-presidente George W. Bush a observar: "É, isso foi muito estranho."

Contudo, o ponto em que ele realmente se destaca de seus predecessores é sua prontidão para desafiar regras não escritas de maior consequência, inclusive as que são essenciais para a saúde da democracia. Entre elas estão as normas há muito vigentes de separar assuntos privados e públicos, como as que regulam o nepotismo. A legislação atual, que proíbe presidentes de nomear membros da família para o gabinete ou cargos em agências, não inclui posições na equipe da Casa Branca. Assim, a nomeação por Trump de sua filha, Ivanka, e de seu genro, Jared Kushner, para postos de aconselhamento de alto nível foi tecnicamente legal – mas desdenha o espírito da lei.

Também havia normas regulando conflitos presidenciais de interesse. Como presidentes não podem usar o cargo público para enriquecimento pessoal, aqueles que são empresários têm que se separar de seus negócios antes de assumir o mandato. Contudo, as leis que governam essa separação são surpreendentemente vagas. Tecnicamente, não é exigido que funcionários do governo se desfaçam de seus haveres, mas apenas que se neguem a tomar decisões que afetem os seus interesses.[87] Entretanto, tornou-se prática padrão para funcionários do governo simplesmente deixar os cargos em suas empresas para evitar qualquer eventual suspeita de transgressão. Trump não exerceu em absoluto esta reserva, apesar de seus inéditos conflitos de interesse.[88] Ele transferiu aos filhos o controle de seus negócios, num movimento considerado bastante insuficiente por funcionários encarregados da ética no governo. O Escritório de Ética Governamental relatou ter recebido 39.105 queixas públicas envolvendo conflitos de interesse da administração Trump entre 1º de outubro de 2016 e 31 de março de 2017, um aumento maciço em comparação com o mesmo período em 2008-2009 (quando Obama tomou posse), que teve apenas 733 queixas registradas.[89]

O presidente também violou normas democráticas essenciais quando denunciou abertamente a legitimidade das eleições.[90] Embora sua alegação de "milhões" de eleitores ilegais tenha sido rejeitada por verificadores de fatos, repudiada por políticos de ambos os partidos e descartada como sem fundamento por cientistas sociais, Trump a repetiu em público e em particular.[91] Nenhum político mais importante em mais de um século havia questionado a integridade do processo eleitoral norte-americano – nem sequer Al Gore, que perdeu uma das eleições mais apertadas da história nas mãos da Suprema Corte dos Estados Unidos.

Falsas acusações de fraude podem minar a confiança pública em eleições – e quando cidadãos não confiam no processo eleitoral, muitas vezes perdem a fé na própria democracia. No México, depois que o candidato perdedor André Manuel López Obrador insistiu que a eleição de 2006 lhe tinha sido roubada, a confiança no sistema eleitoral mexicano declinou. Uma pesquisa de opinião realizada antes da eleição presidencial de 2012 verificou que 71% dos mexicanos acreditavam que podiam estar ocorrendo fraudes.[92] Nos Estados Unidos, os números eram bem mais dramáticos. Numa pesquisa realizada antes da eleição de 2016, 84% dos eleitores republicanos disseram acreditar que um "número significativo" de fraudes tinha ocorrido em eleições norte-americanas,[93] e quase 60% disseram acreditar que imigrantes ilegais iam "votar em número significativo". Essas dúvidas persistiram após a eleição. Segundo uma pesquisa de opinião da Morning Consult/Politico em julho de 2017, 47% dos republicanos acreditavam que Trump tinha vencido na votação popular,[94] comparados com 40% que acreditavam que Hillary Clinton havia ganhado. Em outras palavras, cerca de metade daqueles que se identificaram como republicanos disseram acreditar que as eleições norte-americanas são fraudadas. Tais crenças podem engendrar consequências graves. Uma pesquisa conduzida em junho de 2017 perguntava: "Se Donald Trump dissesse que a eleição presidencial de 2020 deve ser adiada até que o país esteja seguro de que somente cidadãos norte-americanos qualificados possam votar, você apoiaria ou não o adiamento da eleição?" Cinquenta e dois por cento dos republicanos disseram que apoiariam o adiamento.[95]

Trump também abandonou regras básicas de civilidade política. Ele quebrou normas de reconciliação pós-eleitorais, pois continuou a atacar Hillary Clinton. E também violou a regra não escrita de que presidentes em exercício não devem atacar seus predecessores. Às 6h35 da manhã de 4 de março de 2017, Trump tuitou: "Terrível! Acabo de descobrir que Obama mandou 'grampear meus telefones' na Trump Tower pouco antes da vitória. Nada encontrou. Isso é macarthismo!"[96] E prosseguiu meia hora depois: "O presidente Obama teve que se sujar um bocado pra grampiar [sic] meus telefones durante o processo sagrado da eleição. Isso é Nixon/Watergate. O cara é mau (ou doente)!"

Talvez a mais notória violação de normas de Trump tenha sido mentir. A ideia de que presidentes devem dizer a verdade em público é consensual na política norte-americana. Como consultor republicano, Whit Ayers gosta de dizer a seus clientes que candidatos em busca de credibilidade não devem "jamais negar o inegável" nem "jamais mentir".[97] Dada esta norma, os políticos costumam evitar mentiras mudando de assunto, reformulando as perguntas difíceis ou respondendo-as apenas em parte. As invenções rotineiras e descaradas de Trump não têm precedentes. Essa tendência de sua personalidade já era manifesta na campanha de 2016. O site de checagem PolitiFact classificou 69% de suas declarações públicas como "principalmente falsas" (21%); "falsas" (33%); ou "mentira deslavada" (15%). Apenas 17% foram classificadas como "verdade" ou "principalmente verdade".[98]

Como presidente, Trump continuou a mentir. Analisando todas as suas declarações públicas desde a posse, o *New York Times* mostrou que, mesmo usando uma métrica conservadora – confrontar afirmações nitidamente falsas com afirmações dúbias –, Trump "realizou algo notável".[99] Ele fez pelo menos uma declaração pública falsa ou enganosa em cada um dos seus primeiros quarenta dias de mandato. Nenhuma mentira é óbvia demais. Trump reivindicou ter tido a maior vitória no colégio eleitoral desde Ronald Reagan (na verdade, George H.W. Bush, Clinton e Obama venceram por margem maior do que ele);[100] afirmou ter assinado mais projetos de lei em seis meses do que qualquer outro presidente (ele estava muito atrás de vários presidentes, inclusive George H.W. Bush e Clinton). Em julho de 2017, Trump se vangloriou de que o chefe dos Escoteiros dos Estados Unidos teria dito a ele que seu discurso fora "o mais importante que já tinham ouvido",[101] mas teve sua declaração imediatamente contestada pela própria organização dos escoteiros.

O próprio Trump não chegou a pagar propriamente um preço por suas mentiras. Num ambiente político e midiático no qual cidadãos engajados filtram os acontecimentos cada vez mais com suas próprias lentes partidárias, os apoiadores de Trump não passaram a vê-lo como desonesto no primeiro ano de sua Presidência.[102] Para o nosso sistema político, entretanto, as consequências de sua desonestidade são devastadoras. Numa democracia, os cidadãos têm direito básico à informação.[103] Sem informações críveis sobre o que nossos líderes eleitos estão fazendo, não podemos exercer de forma efetiva o nosso direito de voto. Quando o presidente dos Estados Unidos mente para o público, nosso acesso a informações dignas de crédito é colocado em risco e a confiança no governo é corroída (e como poderia ser *diferente?*). Quando cidadãos não acreditam em seus líderes eleitos, as fundações da democracia representativa se enfraquecem. O valor das eleições é diminuído quando cidadãos não têm fé nos líderes que elegem.

Essa perda de fé é exacerbada pelo abandono das normas básicas de respeito à mídia promovido pelo presidente Trump. Uma imprensa independente é um bastião das instituições democráticas; nenhuma democracia pode viver sem ela. Todo presidente norte-americano desde Washington travou batalhas com a mídia. Muitos a desdenhavam privadamente. Com poucas exceções, porém, os presidentes dos Estados Unidos reconheceram a centralidade da mídia como uma instituição democrática e respeitaram seu lugar no sistema político. Mesmo presidentes que desprezavam a mídia em particular a tratavam com um mínimo de respeito e civilidade em público. Essa norma básica deu origem a inúmeras regras não escritas que governam a relação do presidente com a imprensa. Algumas delas – como acenar para a imprensa ao embarcar no Air Force One – são superficiais, mas outras, como realizar coletivas de imprensa acessíveis a todos os jornalistas encarregados de cobrir a Casa Branca, são mais significativas.

Os insultos públicos do presidente Trump contra a mídia e até contra jornalistas em particular não têm precedentes na história moderna dos Estados Unidos. Ele disse que a mídia estava "entre os seres humanos mais desonestos do planeta"[104] e acusou repetidas vezes veículos como o *New York Times*, o *Washington Post* e a CNN de mentir ou distribuir "fake news". Trump não esteve imune a ataques pessoais. Em junho de 2017, ele foi atrás da apresentadora de televisão Mika Brzezinski e de seu coapresentador Joe Scarborough numa tempestade de tuítes singularmente cáusticos:

> Eu ouvi o mal-avaliado @Morning_Joe falar mal de mim (não assisto mais). Então, por que a Louca Mika de Q.I. baixo, junto com o Psicopata Joe, vieram...

> ... a Mar-a-Lago três noites seguidas perto da véspera do Ano-Novo, e insistiram em ficar comigo. Ela estava sangrando à beça no rosto por causa de uma plástica. Eu disse não![105]

Mesmo Richard Nixon, que em particular dizia que a mídia era "o inimigo", nunca fez esse tipo de ataque. Para encontrarmos comportamentos semelhantes nesse hemisfério, é preciso olhar para Hugo Chávez e Nicolás Maduro na Venezuela ou para Rafael Correa no Equador.

A administração Trump também quebrou normas estabelecidas ao excluir seletivamente repórteres de eventos de imprensa. Em 24 de fevereiro de 2017, o secretário de imprensa Sean Spicer vetou a presença de repórteres do *New York Times*, CNN, *Politico*, *BuzzFeed* e *Los Angeles Times* na reunião informal geralmente não televisionada com pequenos grupos de jornalistas na Casa Branca, ao mesmo tempo que escolheu a dedo jornalistas de órgãos menores, mas simpáticos, como o *Washington Times* e a One America News Network, para completar a pequena assembleia.[106] O único precedente moderno para uma iniciativa desse tipo foi a decisão de Nixon de barrar o *Washington Post* na Casa Branca depois da eclosão do escândalo Watergate.[107]

EM 1993, o senador democrata de Nova York Daniel Patrick Moynihan, ex-cientista social, fez uma observação incisiva: os seres humanos têm uma capacidade limitada de lidar com pessoas que se comportam de maneiras que divergem de padrões compartilhados.[108] Quando regras não escritas são violadas reiteradamente, comentou Moynihan, as sociedades tendem a "diluir a definição de desvio comportamental" – a alterar o padrão. O que antes era visto como anormal se torna normal.

Moynihan aplicou esse insight, controversamente, à crescente tolerância nos Estados Unidos para com famílias monoparentais, altas taxas de homicídio e doenças mentais. Hoje, isso pode ser aplicado à democracia americana. Embora desvios comportamentais no campo político – a violação de regras não escritas de civilidade, de respeito para com a imprensa, de *não mentir* – não tenham se originado com Donald Trump, sua presidência os tem acelerado. Sob Trump, o país tem diluído a definição de desvio comportamental. O uso rotineiro de insultos pessoais, intimidações, mentiras e fraudes pelo presidente ajudou, inevitavelmente, a normalizar práticas desse tipo. Os tuítes de Trump podem gerar indignação na mídia, entre os democratas e alguns republicanos, mas a efetividade da resposta a eles é limitada pela quantidade abrupta de violações. Como observou Moynihan, diante de violações disseminadas, nós somos sobrepujados – e depois dessensibilizados. Ficamos cada vez mais acostumados àquilo que antes achávamos escandaloso.

Além disso, os desvios comportamentais de Trump têm sido tolerados pelo Partido Republicano, o que tem ajudado a torná-los aceitáveis para grande parte do eleitorado republicano. Com certeza, muitos republicanos condenaram os comportamentos mais ofensivos de Trump. Porém, essas declarações pontuais não são muito punitivas. Todos os senadores republicanos, exceto um, votaram com o presidente pelo menos 85% das vezes durante os seus primeiros sete meses de mandato.[109] Mesmo os senadores Ben Sasse, de Nebraska, e Jeff Flake, do Arizona, que condenavam com veemência as violações do presidente, votaram com ele 94% das vezes.[110] Não existe nenhuma estratégia de "contenção" para um fluxo incessante de tuítes ofensivos. Sem querer pagar o preço político de romper com o seu próprio presidente, os republicanos se veem com poucas alternativas, exceto redefinir constantemente o que é e o que não é tolerável.

Isto vai ter consequências terríveis para a democracia norte-americana. O ataque de Trump a normas básicas expandiu as fronteiras do comportamento político aceitável. Nós podemos já estar assistindo a algumas das consequências. Em maio de 2017, Greg Gianforte, o candidato republicano numa eleição especial para o Congresso, agrediu e jogou no chão um repórter do *Guardian* que estava lhe fazendo perguntas sobre reforma da assistência de saúde.[111] Gianforte foi processado por agressão – mas ganhou a disputa eleitoral. De maneira mais genérica, uma pesquisa de opinião da YouGov realizada para a *Economist* em meados de 2017 revelou um nível surpreendente de intolerância contra a mídia, sobretudo entre republicanos. Quando perguntados se concordavam em permitir que tribunais fechassem órgãos de mídia por publicarem informação "tendenciosa ou imprecisa", 45% dos republicanos pesquisados responderam ser favoráveis, ao passo que somente 20% foram contrários. Mais de 50% dos republicanos apoiam a ideia de impor multas por matérias tendenciosas ou imprecisas.[112] Em outras palavras, uma maioria dos eleitores republicanos disse que apoia o tipo de repressão à mídia que vimos nos últimos anos no Equador, na Turquia e na Venezuela.

Dois vídeos de recrutamento da Associação Nacional de Rifles (NRA) foram divulgados no verão de 2017. No primeiro, a porta-voz da NRA, Dana Loesch, fala sobre os democratas e o uso da força:

Eles usam as escolas deles para ensinar as crianças que seu presidente é um outro Hitler. Eles usam suas estrelas de cinema e cantores, seus shows de comediantes e de premiação para repetir sua narrativa sem parar. E depois eles usam o seu ex-presidente para endossar a "resistência". Tudo para fazê-los marchar em passeatas, para fazê-los protestar, para fazê-los gritar racismo, sexismo, xenofobia e homofobia. Para quebrar vitrines, incendiar carros, fechar estradas interestaduais e aeroportos, intimidar e aterrorizar os que obedecem à lei, até que a única opção restante seja a polícia fazer seu trabalho e pôr fim à loucura. E quando isso acontece, eles usam como desculpa para a sua indignação. A única maneira de acabar com isso, a única maneira de salvarmos nosso país e nossa liberdade é lutarmos contra a violência da mentira com os punhos cerrados da verdade.[113]

No segundo vídeo, Loesch faz uma advertência não muito sutil de violência contra o *New York Times*:

Para nós chega dessa sua afirmação ... pretensiosa de que vocês são jornalismo de algum modo verdadeiro ou baseado em fatos. Considerem isso um alerta ... Em resumo, nós vamos atrás de vocês.[114]

A NRA não é uma organização pequena, periférica. Ela reivindica ter 5 milhões de membros e é intimamente vinculada ao Partido Republicano – Donald Trump e Sarah Palin são filiados de vida inteira. Contudo, ela hoje usa palavras que, no passado, em termos políticos, nós teríamos considerado perigosamente desviantes.

As normas são as grades flexíveis de proteção da democracia; quando elas param de funcionar, a zona de comportamentos políticos aceitáveis se expande, dando origem a discursos e ações que podem pôr a democracia em perigo. Comportamentos que outrora foram considerados impensáveis na política norte-americana estão se tornando pensáveis. Mesmo que Donald Trump não ponha abaixo as grades de proteção da nossa democracia constitucional, ele aumentou a probabilidade de que um futuro presidente o faça.

9. Salvando a democracia

ESCREVER ESTE LIVRO nos fez lembrar que a democracia norte-americana não é tão excepcional quanto às vezes acreditamos que seja. Não há nada em nossa Constituição nem em nossa cultura que nos imunize contra colapsos democráticos. Nós experimentamos catástrofes políticas antes, quando inimizades regionais ou partidárias dividiram de tal modo a nação que ela entrou em guerra civil. Nossos sistemas se recuperaram e líderes republicanos e democratas desenvolveram novas normas e práticas que suportaram mais de um século de estabilidade política. Essa estabilidade, contudo, foi alcançada à custa de exclusão racial e de dominação unipartidária autoritária no Sul. Foi apenas depois de 1965 que os Estados Unidos se democratizaram de maneira plena.[1] E, paradoxalmente, esse processo deu início a um realinhamento fundamental do eleitorado norte-americano, que mais uma vez deixou os partidos muito polarizados.[2] Essa polarização, mais profunda do que em qualquer outro tempo desde a Reconstrução, incitou uma epidemia de quebra das normas que hoje desafia a nossa democracia.

Há uma percepção crescente de que a democracia está recuando em todo o mundo.[3] Venezuela, Tailândia, Turquia, Hungria, Polônia. Larry Diamond, talvez a mais notável autoridade em democracia no mundo, acredita que entramos num período de recessão democrática.[4] Será a presente crise norte-americana parte de uma onda global de retrocesso? Antes da eleição de Donald Trump, afirmações sobre recessão democrática global eram exageradas.[5] O número de democracias cresceu dramaticamente entre os anos 1980 e 1990, chegando ao auge em 2005 e permanecendo estável desde então. Retrocessos dão manchete e capturam nossa atenção, mas para cada Hungria, Turquia e Venezuela há uma

Colômbia, um Sri Lanka ou uma Tunísia – países que se tornaram *mais* democráticos ao longo da última década. A vasta maioria das democracias do mundo – de Argentina, Brasil, Chile e Peru até Grécia, Espanha, República Checa e Romênia, passando por Gana, Índia, Coreia do Sul e África do Sul – permanece intacta. E embora democracias europeias possam estar enfrentando muitos problemas, de economias frágeis ao ceticismo da União Europeia e à reação anti-imigração, há pouca evidência em qualquer uma delas do tipo de corrosão fundamental de normas que temos visto nos Estados Unidos.

Contudo, a ascensão de Trump representa um desafio para a democracia global. Entre a queda do Muro de Berlim e a presidência de Obama, os governos norte-americanos mantiveram uma política externa amplamente democrática. Há numerosas exceções: onde quer que interesses estratégicos dos Estados Unidos estejam em jogo, como na China, na Rússia e no Oriente Médio, a democracia desaparece da agenda. Porém, em grande parte da África, Ásia, Europa oriental e América Latina, os governos norte-americanos usaram pressão diplomática, assistência econômica e outros instrumentos de política externa para se opor ao autoritarismo e pressionar por democratização durante a era pós-Guerra Fria.[6] O período 1990-2015 foi facilmente o quarto de século mais democrático da história mundial – em parte porque as potências ocidentais apoiaram a democracia. Isso pode estar mudando hoje. Sob Donald Trump, o país parece estar abandonando seu papel de promotor da democracia pela primeira vez desde o fim da Guerra Fria. A administração de Trump é a menos pró-democrática desde a de Nixon. Além disso, os Estados Unidos não são mais um modelo de democracia. Um país cujo presidente ataca a imprensa, ameaça pôr sua rival na cadeia e declara que pode não aceitar o resultado da eleição não pode defender a democracia de maneira crível. Autocratas estabelecidos e autocratas em potencial se sentirão ambos provavelmente encorajados com Trump na Casa Branca. Assim, mesmo que a ideia de uma recessão global da democracia fosse um grande mito antes de 2016, a presidência de Trump – junto com a crise da União Europeia, a ascensão da China e a agressividade crescente da Rússia – pode ajudar a fazer dela uma realidade.

VOLTANDO AOS ESTADOS UNIDOS, nós vemos três futuros possíveis para uma América pós-Trump. O primeiro, e mais otimista, é uma rápida recuperação democrática. Nesse cenário, Trump fracassa politicamente: ou perde apoio público e não é reeleito ou, mais dramaticamente, sofre impeachment ou é forçado a renunciar. A implosão da presidência de Trump e o triunfo da resistência anti-Trump energizam os democratas, que então voltam ao poder e revertem as políticas mais notórias de Trump. Se o fracasso do presidente for grave o bastante, o desencanto público pode até motivar reformas para aprimorar a qualidade da nossa democracia, como ocorreu na esteira da renúncia de Nixon em 1974. Líderes republicanos, tendo pagado um alto preço por sua associação com Trump, podem terminar seu flerte com políticas extremistas. Neste futuro, a reputação dos Estados Unidos no mundo seria rapidamente restaurada. O interlúdio Trump seria ensinado nas escolas, recontado em filmes e recitado em trabalhos históricos como uma era de erros trágicos em que a catástrofe foi evitada e a democracia americana, salva.

Este é certamente o futuro que muitos de nós esperamos. Mas é improvável. Lembrem-se de que a investida contra normas democráticas há muito estabelecidas – e a polarização subjacente que a impulsiona – começou muito antes de Donald Trump ascender à Casa Branca. As grades flexíveis de proteção da democracia americana vêm sendo enfraquecidas há décadas; a simples remoção de Trump não vai restaurá-las de maneira milagrosa. Embora a presidência atual possa em última análise ser vista como uma aberração momentânea com apenas modestas pegadas em nossas instituições, acabar com ela não é o suficiente para restaurar uma democracia saudável.

Um segundo futuro, muito mais sombrio, seria aquele em que Trump e os republicanos continuam a vencer com um apelo nacionalista branco. Neste cenário, um GOP pró-Trump manteria a presidência, ambas as casas do Congresso e a maioria das assembleias estaduais, conquistando, finalmente, uma maioria sólida na Suprema Corte.[7] Ele usaria então técnicas de jogo duro constitucional para fabricar maiorias eleitorais brancas. Isso poderia ser feito através de uma combinação de deportação em larga escala, restrições de imigração, expurgos em listas eleitorais e adoção de leis rigorosas de identificação de eleitores. Medidas para promover a reengenharia do eleitorado se fariam provavelmente acompanhar pela eliminação da obstrução parlamentar e outras regras que protegem minorias no Senado, de modo que os republicanos possam impor sua agenda mesmo com maiorias estreitas. Essas medidas podem parecer extremas, mas cada uma delas já foi pelo menos contemplada pela administração Trump.

Esforços para dar suporte ao Partido Republicano através da engenharia de uma nova maioria branca seriam, é claro, profundamente antidemocráticos. Medidas desse tipo provocariam resistência de uma gama ampla de forças, inclusive progressistas, grupos minoritários e grande parte do setor privado. Essa resistência poderia levar a uma escalada das confrontações e até a conflitos violentos, os quais, por sua vez, poderiam ocasionar agravamento de repressão policial e aumento das milícias particulares – em nome da "lei e da ordem". Para uma compreensão de como esse tipo de repressão pode ser estruturado, assistam aos vídeos recentes de recrutamento da NRA ou ouçam como os políticos republicanos comentam o movimento Black Lives Matter.

Este cenário de pesadelo não é provável, mas tampouco é inconcebível. É difícil encontrar exemplos de sociedades em que maiorias em retração tenham aberto mão de seu status dominante sem lutar. No Líbano, o declínio demográfico dos grupos cristãos dominantes contribuiu para uma guerra civil de quinze anos. Em Israel, a ameaça demográfica criada pela anexação de fato da Cisjordânia está empurrando o país para um sistema político que dois de seus ex-primeiros ministros compararam ao apartheid. E, mais perto de casa, na esteira da Reconstrução, os democratas do Sul reagiram à ameaça apresentada pelo sufrágio negro com a revogação dos direitos civis dos afro-americanos por quase um século. Embora os nacionalistas brancos restem uma minoria dentro do GOP, a crescente pressão por leis de identificação de eleitores mais rígidas e expurgos nas listas eleitorais – defendidos por republicanos influentes como o procurador-geral Jeff Sessions e o vice-presidente da Comissão Presidencial de Aconselhamento sobre Integridade Eleitoral, Kris Kobach – sugerem que a reengenharia eleitoral esteja na agenda do GOP.

O terceiro futuro pós-Trump, e em nossa opinião o mais provável, é marcado por polarizações, por um distanciamento maior das convenções políticas não escritas e por crescentes guerras institucionais – em outras palavras, uma democracia sem grades de proteção. Trump e o trumpismo podem muito bem fracassar nesse cenário, mas esse fracasso pouco faria para diminuir a divisão entre os partidos ou reverter o declínio da tolerância e da reserva mútuas.

Para vermos como poderá ser a política sem grades de proteção nos Estados Unidos, pensem na Carolina do Norte de hoje. A Carolina do Norte é um clássico *swing state*.* Com uma economia diversificada e um sistema universitário internacionalmente reconhecido, é mais rica, mais urbana e mais bem-educada do que a maioria dos estados sulistas. Também é demograficamente diversificada, com afro-americanos, asiático-americanos e latinos, somando cerca de um terço da população.[8] Tudo isso torna a Carolina do Norte um terreno mais hospitaleiro a democratas do que os estados do extremo Sul. O eleitorado na Carolina do Norte se assemelha ao eleitorado nacional: é equilibradamente dividido entre democratas e republicanos, com democratas dominando em centros urbanos como Charlotte e Raleigh-Durham e republicanos dominando nas áreas rurais.

O estado se tornou, nas palavras do professor de direito da Universidade Duke, Jedediah Purdy, um "microcosmo da política hiperpartidária e da desconfiança mútua crescente no país".[9] Ao longo da última década, grupos partidários travaram batalhas em torno de restrições ao aborto impostas por republicanos, da recusa do governador republicano de considerar o Medicaid (programa de assistência médica a pessoas de baixa renda) como parte da Lei da Assistência Médica Acessível, de uma proposta de emenda constitucional para proibir o casamento entre pessoas do mesmo sexo e, mais celebremente, da Lei de Privacidade e Segurança em Instalações Públicas (a Lei do Banheiro), que proíbe governos locais de permitir a transgêneros usar banheiros públicos para o gênero com o qual se identifi-

---

* Nos Estados Unidos, *swing state* é o estado que oscila entre democratas e republicanos, com níveis semelhantes de apoio entre os eleitores. (N.T.)

cam.¹⁰ Todas essas iniciativas incitaram uma oposição intensa. Como disse um republicano veterano, a política estadual se tornou "a mais polarizada e agressiva que já vi ... E veja que eu trabalhei para Jesse Helms".¹¹

Pela maioria dos relatos, a queda da Carolina do Norte rumo à guerra política total começou depois que os republicanos conquistaram o controle do Legislativo em 2010. No ano seguinte, a Câmara aprovou um plano de redivisão distrital que muitos consideraram "radicalmente manipulado" – distritos foram esculpidos de modo a concentrar eleitores afro-americanos num pequeno número deles, diluindo desse modo o seu peso eleitoral e maximizando o ganho de cadeiras dos republicanos. O pastor progressista William Barber, líder do movimento Moral Mondays, descreveu os novos distritos como "distritos eleitorais apartheid". As mudanças facultaram aos republicanos capturar nove das treze cadeiras estaduais em 2012 – mesmo que os democratas tenham tido votação maior no estado como um todo.¹²

Depois que a vitória governamental do republicano Pat McCrory deu aos republicanos o controle dos três poderes do estado, o GOP estadual buscou consolidar seu domínio em longo prazo. Armados com o governo, ambas as câmaras legislativas e a maioria da Suprema Corte estadual, os líderes republicanos lançaram uma sequência de reformas destinadas a distorcer o jogo político a seu favor. Eles começaram solicitando acesso a dados do histórico dos eleitores em todo o estado.¹³ Com essa informação nas mãos, o Legislativo aprovou uma série de reformas eleitorais que dificultava o ato de votar. Eles aprovaram leis rigorosas de identificação de eleitores, reduziram as oportunidades de voto para os mais jovens, acabaram com o pré-registro para adolescentes de dezesseis e dezessete anos, eliminaram a possibilidade de registro no dia da votação e reduziram drasticamente o número de locais de votação em vários condados importantes.¹⁴ Os novos dados permitiram aos republicanos projetar reformas direcionadas contra os eleitores afro-americanos com "precisão quase cirúrgica",¹⁵ como formulou a corte federal de apelação. E, quando cortes de apelação suspenderam a execução das novas leis, os republicanos usaram seu controle dos conselhos eleitorais do estado para implementar várias delas ainda assim.¹⁶

A guerra institucional persistiu depois que o democrata Roy Cooper derrotou McCrory por margem estreita na eleição para o governo do estado em 2016. McCrory se recusou a reconhecer o resultado do pleito por quase um mês, com os republicanos fazendo acusações infundadas de fraude eleitoral.[17] Mas isso foi só o começo. Depois que McCrory finalmente reconheceu a derrota em dezembro de 2016, os republicanos convocaram uma "sessão especial surpresa" do Legislativo estadual.[18] Num testemunho do quanto a política tinha se deteriorado, espalharam-se rumores de um "golpe legislativo"[19] iminente, através do qual os republicanos entregariam o governo a McCrory, tirando proveito de uma lei que permite aos legisladores intervir quando os resultados da eleição são questionados.

Não houve nenhum golpe, mas, no que o *New York Times* descreveu como uma "usurpação descarada",[20] a sessão especial aprovou várias medidas para reduzir o poder do governador que entrava. O Senado concedeu a si próprio a autoridade de confirmar indicações para o gabinete governamental, o que deu poderes ao governador republicano em exercício para transferir nomeados em cargos temporários para cargos permanentes.[21] O governador de saída, McCrory, rapidamente empossou quase mil dos seus funcionários escolhidos a dedo – em essência "aparelhando" o poder Executivo.[22] Em seguida, os republicanos mudaram a composição dos conselhos eleitorais estaduais,[23] que eram responsáveis pelas regras locais envolvendo redesenho distrital, registro eleitoral, exigências de identificação de eleitores, horários de votação e distribuição dos locais de votação.[24] Antes, os conselhos estavam sob controle dos governadores em exercício,[25] que podiam conceder a seus partidos a maioria das cadeiras; agora, o GOP tinha criado um sistema de representação partidária igual. Em mais uma virada, o presidente dos conselhos eleitorais seria anualmente rotativo entre os dois partidos,[26] com o partido com a segunda maior filiação (o GOP) ocupando a cadeira em anos pares – que são anos eleitorais. Poucos meses depois, o Legislativo votou diminuir em três cadeiras a corte estadual de apelação, efetivamente roubando três indicações judiciárias do governador Cooper.[27]

Embora o redesenho racial dos distritos eleitorais, a lei eleitoral de 2013 e a reforma dos conselhos eleitorais tenham sido posteriormente derrubados pelas cortes, sua aprovação revelou um Partido Republicano disposto a alavancar todo o seu poder para mutilar seus adversários. O congressista David Price, um democrata de Chapel Hill, disse que a crise legislativa tinha lhe ensinado que a "democracia americana pode ser mais frágil do que imaginamos".[28]

A Carolina do Norte oferece uma janela para vermos como é a política sem grades de proteção – e para termos um vislumbre de um futuro possível dos Estados Unidos. Quando rivais partidários se tornam inimigos, a competição política se avilta em guerra e nossas instituições se transformam em armas. O resultado é um sistema constantemente à beira da crise.

ESTE ENREDO CRUEL salienta a lição central deste livro: quando a democracia norte-americana funcionou, ela se baseou em duas normas que nós muitas vezes tomamos como naturais – tolerância mútua e reserva institucional. Tratar rivais como concorrentes legítimos e subutilizar prerrogativas institucionais próprias no espírito do jogo limpo são regras não escritas na Constituição dos Estados Unidos. Sem elas, contudo, nosso sistema de freios e contrapesos não vai operar como esperamos. Quando o pensador francês barão de Montesquieu elaborou a noção de separação de poderes em sua obra de 1749 *O espírito das leis,* ele se preocupou pouco com o que hoje chamamos de norma.[29] Montesquieu acreditava que a arquitetura inflexível das instituições políticas podia bastar para restringir o poder abusivo – que o projeto constitucional não era diferente de um problema de engenharia, um desafio de elaborar instituições de tal modo que tivessem capacidade de contrabalançar ou neutralizar ambições, mesmo diante da imperfeição de líderes políticos. Muitos de nossos fundadores também acreditavam nisso.

A história não tardou a revelar que os fundadores estavam errados. Sem inovações tais como partidos políticos e as normas a eles associadas, a Constituição que eles construíram tão cuidadosamente na Filadélfia não teria sobrevivido. As instituições eram mais do que apenas regras formais; elas abrangiam o entendimento compartilhado dos comportamentos apropriados que as reveste. A genialidade da primeira geração de líderes políticos americanos não foi eles terem criado instituições à prova de erros, mas o fato de, além de desenhar instituições muito boas, terem estabelecido também – gradualmente e com dificuldades – um conjunto de crenças e práticas compartilhadas que ajudaram a fazer essas instituições funcionarem.

A força do sistema político norte-americano, tem-se dito com frequência, repousa sobre o que o Prêmio Nobel de Economia sueco Gunnar Myrdal chamou de "credo americano": os princípios de liberdade individual e de igualitarismo.[30] Inscritas nos nossos documentos fundadores e repetidas em salas de aula, discursos e páginas editoriais, liberdade e igualdade são valores que se autojustificam. Porém, eles não se efetuam por si sós. A tolerância mútua e a reserva institucional são princípios procedimentais – eles indicam aos políticos como se comportar, para além dos limites da lei, de modo a fazer as instituições funcionarem. Nós devemos atentar para o fato de que esses princípios procedimentais também têm assento no centro do "credo americano" – pois, sem eles, nossa democracia não funcionaria.

Isso tem implicações importantes sobre a forma como cidadãos devem se opor à administração Trump. Na esteira da eleição de 2016, muitos formadores de opinião progressistas concluíram que os democratas precisavam "lutar como os republicanos". Se os republicanos vão quebrar as regras, prosseguia o argumento, os democratas não tinham escolha exceto responder na mesma moeda. Agir com comedimento e civilidade quando o outro lado abandonou a reserva institucional seria como um lutador de boxe entrar no ringue com uma das mãos amarrada atrás das costas. Quando confrontados com um valentão disposto a usar todos os meios necessários para vencer, os que jogam seguindo as regras correm o risco de fazer papel de bobos. A recusa do GOP de permitir que Obama preenchesse a vaga da Suprema Corte deixou aos democratas a sensação de terem tomado um soco pelas costas, sobretudo depois que a vitória de

Trump garantiu que os republicanos iam sair impunes. O cientista político e escritor David Faris tipificou a convocação a "lutar sujo":

> A posição de negociação dos democratas sobre todas as questões ... deve ser muito simples. Ou vocês nos dão Merrick Garland ou podem ir queimar no inferno ... Não só isso, mas os democratas deviam fazer o que deveriam ter feito no dia em que Antonin Scalia morreu: deixar claro que, da próxima vez que controlarem o Senado enquanto o Partido Republicano estiver controlando a Presidência ... o preço a pagar será extraordinariamente alto pelo que aconteceu. O próximo presidente republicano enfrentando um governo dividido não vai conseguir *nada* ... Confirmações, zero. Nenhum juiz, nem mesmo na mais baixa corte distrital do país. Nenhum chefe de gabinete. Nenhuma lei.[31]

Imediatamente depois da eleição de Trump, alguns progressistas convocaram ações para impedir que ele tomasse posse. Num artigo de opinião intitulado "Força, democratas, e lutem como republicanos", publicado um mês *antes* da posse de Trump, Dahlia Lithwick e David S. Cohen lamentaram que os democratas estivessem "fazendo pouco para pará-lo".[32] Embora "não houvesse escassez de teorias legais capazes de questionar a unção do sr. Trump", escreveram eles, os democratas não estavam correndo atrás. Lithwick e Cohen sustentaram que eles "deviam estar lutando com unhas e dentes" para impedir Donald Trump de tomar posse – pressionando recontagens e investigações de fraude em Michigan, na Pensilvânia e no Wisconsin, buscando mudar a posição do Colégio Eleitoral e até tentando derrubar a vitória de Trump nos tribunais.

No dia da posse, alguns democratas questionaram a legitimidade de Trump como presidente. O representante da Califórnia, Jerry McNerney, boicotou a cerimônia, afirmando que a eleição "carecia de legitimidade"[33] devido à interferência russa; igualmente, o representante da Geórgia, John Lewis, declarou que não via Trump como um "presidente legítimo".[34] Quase setenta democratas da Câmara dos Representantes boicotaram a posse de Trump.[35]

Depois que Trump estava instalado na Casa Branca, alguns progressistas convocaram os democratas a "seguir o exemplo da cartilha do GOP e obstruir tudo".[36] Markos Moulitsas, fundador do website Daily Kos, declarou, por exemplo, que "nada deveria passar no Senado sem os republicanos terem que lutar. Não dou a mínima se for a oração da manhã. Tudo tem que virar briga".[37]

Alguns democratas chegaram a evocar um impeachment precoce. Menos de duas semanas após a posse de Trump, o representante Maxime Water tuitou: "Meu maior desejo [é] levar @realDonaldTrump direto para o impeachment."[38] A conversa sobre impeachment pegou depois da demissão do diretor do FBI James Comey, reforçada pela popularidade em queda de Trump, o que aumentou as esperanças dos democratas de ganharem a maioria necessária na Câmara dos Representantes para abrir o processo de impeachment.[39] Numa entrevista em maio de 2017, Waters declarou: "Algumas pessoas não querem nem sequer mencionar a palavra. É quase como se a ideia fosse grandiosa demais. Muito difícil de fazer, coisas demais em que pensar. Eu não vejo desse modo."[40]

Em nossa opinião, a ideia de que os democratas deviam "lutar como os republicanos" é equivocada. Acima de tudo, a evidência oriunda de outros países sugere que essa estratégia beneficia diretamente o jogo dos autoritários. Táticas de terra arrasada costumam enfraquecer o apoio da oposição, pois amedrontam e afastam os moderados. E elas unificam as forças pró-governo, pois mesmo dissidentes dentro do partido cerram fileiras diante de uma oposição intransigente. E, quando a oposição joga sujo, ela proporciona ao governo justificativa para reprimir.[41]

Foi isso que aconteceu na Venezuela de Hugo Chávez. Embora os primeiros poucos anos de Chávez na presidência tenham sido democráticos, os opositores se apavoraram com seu discurso populista. Temerosos de que Chávez fosse guiar a Venezuela para um socialismo ao estilo Cuba, eles tentaram removê-lo preventivamente – e por quaisquer meios que se fizessem necessários. Em abril de 2002, os líderes da oposição apoiaram um golpe de Estado, o qual não apenas fracassou como acabou com sua imagem de democratas. Não dissuadida, a oposição lançou uma greve geral em dezembro de 2002, tentando paralisar o país até que Chávez renunciasse. A greve durou dois meses, custou à Venezuela um montante estimado em 4,5 bilhões de dólares e, no fim das contas, fracassou.[42] As forças anti-Chávez boicotaram então as eleições legislativas de 2005, mas isso apenas permitiu que os chavistas conquistassem o controle do Congresso. Em suma, as três estratégias saíram pela culatra.[43] Elas não só falharam em remover Chávez, mas desgastaram o apoio público da oposição, permitiram a Chávez marcar seus rivais como antidemocráticos e deram ao governo uma desculpa para expurgar o Exército, a polícia e os tribunais, prender ou exilar dissidentes e fechar espaços de mídia independentes.[44] Enfraquecida e desacreditada, a oposição nada pôde fazer para evitar a decadência subsequente do regime rumo ao autoritarismo.

As estratégias de oposição na Colômbia sob o presidente Álvaro Uribe foram mais bem-sucedidas.[45] Uribe, eleito em 2002, lançou uma ofensiva para ganhar poder não muito diferente da de Chávez: sua administração acusou seus críticos de subversão e terrorismo, espionou oponentes e jornalistas, quis enfraquecer os tribunais e duas vezes tentou modificar a Constituição para concorrer a mais um mandato.[46] Em resposta, à diferença de sua contraparte venezuelana, a oposição colombiana nunca tentou derrubar Uribe através de meios anticonstitucionais. Com efeito, como mostra a cientista política Laura Gamboa, os oposicionistas tentaram concentrar seus esforços no Congresso e nos tribunais. Isso tornou mais difícil para Uribe questionar as credenciais democráticas de seus oponentes ou justificar repressões contra eles.[47] Apesar dos abusos de Uribe, a guerra institucional ao estilo venezuelano não aconteceu e as instituições democráticas da Colômbia não foram ameaçadas. Em fevereiro de 2010, a Corte Constitucional da Colômbia derrubou a proposta de Uribe de terceiro mandato, julgando-a inconstitucional e forçando-o a se afastar após dois mandatos. A lição é essa: onde existem canais institucionais, os grupos de oposição devem usá-los.

Mesmo que os democratas lograssem enfraquecer ou afastar Donald Trump via táticas de jogo duro, sua vitória viria a um alto custo – pois eles herdariam uma democracia despojada de suas grades de proteção remanescentes. Se a administração Trump fosse posta de joelhos por obstrucionismo, ou se Trump fosse impedido sem um forte consenso bipartidário, o efeito seria reforçar – e talvez apressar – a dinâmica de antipatia partidária e erosão da norma que ajudou a levá-lo ao poder, para começo da história. Um significativo terço da população provavelmente veria o impeachment de Trump como maquinações de uma vasta conspiração de esquerda – talvez até mesmo como um golpe. A política americana restaria perigosamente à deriva.

Esse tipo de escalada raras vezes acaba bem. Se os democratas não trabalharem para restaurar as normas de tolerância e reserva mútuas, seu próximo presidente provavelmente enfrentará uma oposição disposta a usar todos os meios necessários para derrotá-lo. E se as fissuras partidárias se agravarem ou as regras não escritas continuarem a se desintegrar, os norte-americanos poderão finalmente eleger um presidente ainda mais perigoso do que Trump.

A oposição ao comportamento autoritário da administração Trump deve ser robusta, mas deve buscar preservar, em vez de violar, as regras e normas democráticas. Onde for possível, a oposição deve centrar-se no Congresso, nos tribunais e, é claro, nas eleições. Se Trump for derrotado através de instituições democráticas, isso vai fortalecer essas instituições.

Protestos devem ser vistos de maneira semelhante. O protesto público é um direito básico e uma atividade importante em qualquer democracia, mas seu objetivo deve ser a defesa dos direitos e instituições, não sua ruptura. Num importante estudo sobre os efeitos dos protestos negros nos anos 1960, o cientista político Omar Wasow descobriu que os protestos não violentos liderados pelos negros fortaleceram a agenda nacional de direitos civis em Washington e ampliaram o apoio público a esta agenda.[48] Em contraste, protestos violentos levaram a um declínio do apoio branco e podem ter feito pender a eleição de 1968 de Humphrey para Nixon.

Nós devemos tirar lições de nossa própria história. As forças anti-Trump devem construir uma ampla coalizão pró-democrática. A construção contemporânea de coalizões costuma ser uma convergência de grupos afins: sinagogas, mesquitas, paróquias católicas e igrejas presbiterianas progressistas podem formar coalizões interconfessionais para combater a pobreza ou a intolerância racial, ou grupos latinos fundamentados na fé e em direitos civis podem formar coalizões para defender direitos de imigrantes. Coalizões de convergentes são importantes, mas não bastam para defender a democracia. As coalizões mais efetivas são aquelas que reúnem grupos com opiniões diferentes – e mesmo opostas – sobre muitas questões. Elas são construídas não entre amigos, mas entre adversários. Assim, uma coalizão efetiva em defesa da democracia americana exigiria provavelmente que progressistas forjassem alianças com executivos, líderes religiosos (e sobretudo evangélicos brancos) e republicanos dos estados vermelhos. Líderes empresariais podem não ser aliados naturais de ativistas democratas, mas têm boas razões para se opor a uma administração instável e violadora de normas. E eles podem ser parceiros poderosos. Pensem nos recentes movimentos de boicote visando os governos estaduais que se recusaram a homenagear o aniversário de nascimento de Martin Luther King Jr., continuaram a hastear a bandeira confederada ou violaram direitos de gays ou transgêneros. Quando empresas importantes aderem a boicotes progressistas, eles costumam ter êxito.

Construir coalizões que se estendam além dos nossos aliados naturais é difícil. Exige disposição para deixar de lado, por um momento, questões com as quais nos preocupamos profundamente. Se progressistas fizerem de questões como direito ao aborto ou sistema de saúde de pagador único uma "prova dos nove" para a adesão à coalizão, as chances de construir uma coalizão que inclua evangélicos e executivos republicanos serão nulas. Nós temos que estender nossos horizontes de tempo, engolir em seco e fazer concessões difíceis. Isso *não* significa abandonar as causas que nos importam. Isso significa deixar passar desacordos temporariamente a fim de encontrar bases morais comuns.

Uma coalizão oposicionista ampla teria benefícios importantes. Em primeiro lugar, fortaleceria os defensores da democracia por falar a um setor muito mais amplo da sociedade norte-americana. Em vez de limitar o antitrumpismo a círculos progressistas dos estados azuis, ela o estenderia a uma gama mais vasta do país. Um envolvimento abrangente desse tipo é crucial para isolar e derrotar governos autoritários.

Além disso, enquanto uma coalizão anti-Trump estreita (urbana, secular, progressista) reforçaria os eixos correntes de divisão sectária, uma coalizão mais ampla cortaria transversalmente esses eixos e talvez até ajudasse a minorá-los. Um movimento político que junte – mesmo que temporariamente – apoiadores de Bernie Sanders e gente do mundo dos negócios construiria pontes de comunicação que cruzariam o vasto abismo que se abriu entre os dois principais campos partidários do nosso país. E isso pode ajudar a fomentar mais lealdades transversais numa sociedade que delas tem demasiado pouco. Onde as divisões políticas de uma sociedade têm corte transversal, nós nos alinhamos em lados diferentes de questões com pessoas diferentes em tempos diferentes. Podemos discordar de nossos vizinhos sobre o aborto, mas concordar com eles sobre o sistema de saúde; podemos não gostar das opiniões de um outro vizinho sobre imigração, mas concordar com ele sobre a necessidade de aumentar o salário mínimo. Essas alianças nos ajudam a construir e sustentar normas de tolerância mútua. Quando concordamos com nossos rivais políticos pelo menos às vezes, há uma probabilidade menor de que os vejamos como inimigos mortais.

PENSAR EM COMO resistir aos abusos da administração Trump é sem dúvida importante. Entretanto, o problema fundamental enfrentado pela democracia norte-americana continua a ser a extrema divisão partidária – uma divisão estimulada não só por diferenças políticas, mas por fontes mais profundas de ressentimento, inclusive diferenças raciais e religiosas. A maior polarização dos Estados Unidos precede a presidência de Trump e muito provavelmente vai perdurar depois dela.

Líderes políticos têm duas opções diante da polarização extrema. Primeira, eles podem considerar as divisões da sociedade como naturais, mas tentar se contrapor a elas com cooperação e compromissos no nível das elites. Foi o que os políticos chilenos fizeram. Como vimos no capítulo 5, os intensos conflitos entre socialistas e democratas cristãos ajudaram a destruir a democracia chilena em 1973. Uma desconfiança profunda entre os dois partidos persistiu durante anos, superando a sua repulsão compartilhada pela ditadura de Pinochet.[49] O líder socialista exilado Ricardo Lagos, que deu aulas na Universidade da Carolina do Norte, lembrou que, quando o ex-presidente democrata cristão Eduardo Frei Montalva visitou a universidade, em 1975, pensou que não suportaria conversar com ele – então alegou que estava doente.[50]

Finalmente, porém, os políticos começaram a conversar. Em 1978, Lagos retornou ao Chile e foi convidado a jantar com o ex-senador democrata cristão Tomás Reyes. Eles começaram a ter encontros regulares.[51] Por volta da mesma época, o líder democrata cristão Patricio Aylwin frequentava reuniões de advogados e acadêmicos de diversas origens partidárias, muitos dos quais tinham se cruzado nos corredores dos tribunais enquanto defendiam prisioneiros políticos.[52] Esses encontros do "Grupo dos 24"[53] eram apenas jantares casuais na casa dos membros, mas, segundo Aylwin, eles "consolidaram a confiança entre aqueles de nós que tínhamos sido adversários". Por fim, as conversações frutificaram. Em agosto de 1985, democratas cristãos, socialistas e outros dezenove partidos se reuniram no elegante Circulo Español em Santiago e assinaram o Acordo Nacional para a Transição à Plena Democracia.[54] O pacto constituiu a base da coalizão Concertação Democrática,[55] que desenvolveu uma prática de "consenso político",[56] em cujos termos as principais decisões eram negociadas entre líderes socialistas e democratas cristãos. Não só a Concertação Democrática derrubou Pinochet em um plebiscito em 1988, mas conquistou a Presidência em 1989 e a manteve por duas décadas.

A Concertação desenvolveu um estilo de governo que rompeu nitidamente com a política dos anos 1970. Temerosos de que conflitos renovados pudessem ameaçar a nova democracia chilena, os líderes desenvolveram uma prática de cooperação informal – que os chilenos chamaram de "democracia de acordo" – na qual presidentes consultam os líderes de todos os partidos antes de submeter legislações ao Congresso.[57] A Constituição de 1980 de Pinochet criara um Executivo dominante com autoridade para impor orçamentos mais ou menos de forma unilateral, mas o presidente Aylwin, um democrata cristão, consultava extensivamente os socialistas e outros partidos antes de submeter propostas orçamentárias.[58] E ele não se limitava a consultar seus aliados. Aylwin também negociava legislação com partidos de direita que tinham apoiado a ditadura e defendido Pinochet.[59] Segundo o cientista político Peter Siavelis, as novas normas "ajudaram a prevenir conflitos potencialmente desestabilizantes tanto no interior da coalizão quanto entre a coalizão e a oposição".[60] O Chile tem sido uma das democracias mais estáveis e bem-sucedidas da América Latina nas últimas três décadas.

É duvidoso se democratas e republicanos podem seguir o caminho chileno. É fácil para os políticos lamentarem a ausência de civilidade e de cooperação, ou se mostrarem nostálgicos dos velhos tempos do bipartidarismo. Entretanto, a criação de normas é um empreendimento coletivo – só é possível quando uma massa crítica de líderes aceita e age segundo novas regras não escritas. Geralmente, isso acontece depois que líderes de todo o espectro compreendem que, se não encontrarem uma nova maneira de lidar com a polarização, a democracia morrerá. Com grande frequência, é só quando os políticos sofrem o trauma de uma ditadura violenta, como aconteceu no Chile, ou mesmo de uma guerra civil, como na Espanha, que o que está em jogo se torna claro.

A alternativa a cooperar apesar da polarização é superar a polarização. Nos Estados Unidos, cientistas políticos propuseram todo um aparato de reformas eleitorais – revogar o redesenho de distritos, primárias abertas, voto obrigatório, regras alternativas para eleição de membros do Congresso, para mencionar apenas umas poucas – capazes de mitigar a inimizade sectária no país.[61] A evidência de sua eficácia, contudo, está longe de ser clara. Nós pensamos que seria mais valioso focar nas duas forças subjacentes que impulsionam a polarização norte-americana: realinhamento racial e religioso e desigualdade econômica crescente. Lidar com essas fundações sociais exige rearranjar o que os partidos políticos dos Estados Unidos representam.

O Partido Republicano foi a principal força motriz do abismo que se abriu entre os partidos.[62] Desde 2008, o GOP tem por vezes se comportado como um partido antissistema em seu obstrucionismo, hostilidade partidária e posições políticas extremistas. Sua marcha de 25 anos para a direita se tornou possível pelo esvaziamento ativo do seu núcleo organizacional.[63] Ao longo do último quarto de século, a estrutura de liderança do partido foi eviscerada – primeiro pela ascensão de grupos outsiders bem-financiados (como o Americans for Tax Freedom, o Americans for Prosperity e muitos outros) cuja habilidade de levantar fundos lhes permitiu mais ou menos ditar a agenda política de muitos mandatários eleitos pelo GOP, mas também pela influência crescente da Fox News e outras mídias de direita. Doadores ricos de fora do partido, como os irmãos Koch, e personalidades influentes da mídia exercem mais influência sobre mandatários republicanos eleitos do que a própria liderança do GOP. Republicanos ainda ganham eleições em todo o país, mas o que antes se chamava de "establishment" republicano hoje se transformou num fantasma. Esse esvaziamento ativo deixou o partido vulnerável à encampação pelos extremistas.

Reduzir a polarização exige que o Partido Republicano seja reformado, quiçá refundado de todo. Em primeiro lugar, o GOP precisa reconstruir o seu próprio establishment. Isso significa recuperar o controle da liderança em quatro áreas principais: finanças, organização de bases, comunicação social e seleção de candidatos. A liderança do partido só vai se transformar se conseguir se libertar das igrejas de doadores externos e da mídia de direita. Isso envolve mudanças importantes: os republicanos precisam marginalizar elementos extremistas; necessitam construir um eleitorado mais diverso, de modo que o partido não dependa mais tão pesadamente de sua base cristã branca decrescente; e eles precisam encontrar maneiras de ganhar eleições sem apelar ao nacionalismo branco ou àquilo que o senador republicano Jeff Flake, do Arizona, chama de "adrenalina do populismo, do nativismo e da demagogia".[64]

A refundação do principal partido de centro-direita dos Estados Unidos é uma exigência difícil de cumprir, mas tal transformação tem precedentes históricos – e sob circunstâncias até mais desafiadoras. E onde ela foi bem-sucedida, a reforma de partidos conservadores foi catalisada pelo renascimento da democracia.[65] Um caso particularmente dramático é a redemocratização da Alemanha Ocidental depois da Segunda Guerra Mundial. Um acontecimento subvalorizado estava no centro dessa realização: a formação da União Democrata Cristã (CDU), de centro-direita, a partir dos destroços de uma tradição de direita conservadora desacreditada.[66]

Antes dos anos 1940, a Alemanha nunca havia tido um partido conservador que fosse bem-organizado e bem-sucedido em termos eleitorais, por um lado, e moderado e democrático, por outro. O conservadorismo alemão foi permanentemente devastado por divisões internas e fraqueza institucional.[67] Em particular, a fortíssima divisão entre protestantes e católicos criava um vácuo na centro-direita que forças extremistas e autoritárias podiam explorar. Essa dinâmica alcançou seu ponto mais baixo com a marcha de Hitler para o poder.

Depois de 1945, a centro-direita alemã foi refundada sobre uma base diferente. A CDU se separou de extremistas e autoritários – ela foi fundada sobretudo por figuras conservadoras (como Konrad Adenauer) com credenciais antinazistas "inatacáveis".[68] As declarações de fundação do partido deixam claro que ele se opunha diretamente ao regime anterior e a tudo aquilo que ele havia representado. O líder da CDU deu uma ideia da escala da ruptura, comentando em 1945: "Um velho mundo desapareceu e nós queremos construir um mundo novo."[69] A CDU apresentou uma visão clara de um futuro democrático para a Alemanha:[70] uma sociedade "cristã" que rejeitava a ditadura e abraçava a liberdade e a tolerância.[71]

A CDU também ampliou e diversificou sua base, recrutando católicos e protestantes para o rebanho. Este era o desafio. Mas o trauma do nazismo e da Segunda Guerra Mundial convenceu os líderes conservadores católicos e protestantes a superar as longevas diferenças que outrora fragmentaram a sociedade alemã.[72] Como formulou um líder regional: "A colaboração estreita de católicos e protestantes, que ocorreu nas prisões, masmorras e campos de concentração, levou ao fim o velho conflito e começou a construir pontes." Ao irem de porta em porta aos lares de católicos e protestantes nos anos de fundação em 1945-46, os novos líderes das duas igrejas deram origem a um novo partido de centro-direita que reformaria a sociedade alemã. A CDU se tornou o pilar da democracia alemã no pós-guerra.

Os Estados Unidos desempenharam um papel importante encorajando a formação da CDU. É de grande ironia histórica, portanto, que hoje os norte-americanos possam aprender com aqueles esforços bem-sucedidos a fim de ajudar a resgatar a nossa própria democracia. Que fique bem claro: nós não estamos igualando Donald Trump ou nenhum outro republicano com nazistas alemães. Contudo, a reconstrução bem-sucedida da centro-direita alemã apresenta algumas lições úteis ao GOP. À semelhança de suas contrapartes alemãs, os republicanos têm hoje que expulsar extremistas de suas fileiras, romper claramente com a orientação autoritária e nacionalista branca da administração Trump e encontrar um meio de ampliar a base do partido além dos cristãos brancos. A CDU pode oferecer um modelo: se o GOP abandonasse o nacionalismo branco e suavizasse sua ideologia extremista de livre mercado, um apelo religioso conservador amplo poderia permitir que ele construísse uma base sustentável, por exemplo, entre protestantes e católicos, e ao mesmo tempo potencialmente atraísse um número substancial de eleitores minoritários.

A reconstrução do conservadorismo alemão veio, é claro, depois de uma catástrofe de grandes proporções. A CDU não tinha escolha, exceto se reinventar. A questão diante dos republicanos hoje é se essa reinvenção pode acontecer antes de mergulharmos numa crise mais profunda. Serão os líderes capazes de reunir a antevisão e a coragem política para reorientar o que se transformou num partido político cada vez mais disfuncional, antes que mais danos sejam causados, ou será que necessitaremos de uma catástrofe para inspirar a mudança?

Embora o Partido Democrata não tenha sido o principal impulsionador da polarização em aprofundamento nos Estados Unidos, ele pode todavia desempenhar um papel em sua redução. Alguns democratas sugeriram que o partido se concentre em recapturar a assim chamada classe trabalhadora branca, ou eleitores brancos sem nível universitário. Este foi um tema destacado na esteira da traumática derrota de Hillary Clinton em 2016. Tanto Bernie Sanders como alguns moderados argumentaram apaixonadamente que os democratas tinham que recuperar os esquivos eleitores operários que os haviam abandonado no Cinturão da Ferrugem, nos Apalaches e em outras partes.[73] Para isso, argumentaram muitos formadores de opinião, os democratas precisavam recuar de sua adesão aos imigrantes e às assim chamadas políticas de identidade – um termo de definição vaga que costuma abranger a promoção de diversidade étnica e, mais recentemente, iniciativas antiviolência da polícia, como o Black Lives Matter. Num artigo de opinião no *New York Times*, Mark Penn e Andrew Stein instam os democratas a abandonar "políticas de identidade"[74] e moderar sua postura sobre a imigração para recuperar os votos da classe trabalhadora branca. Embora raramente expressa, a mensagem central é a seguinte: os democratas devem reduzir a importância das minorias étnicas para recuperar a classe trabalhadora branca.

Uma estratégia desse tipo pode reduzir a polarização partidária. Se o Partido Democrata abandonasse as reivindicações de minorias étnicas ou as relegasse a um segundo plano na agenda, ele quase certamente recuperaria os eleitores brancos de renda baixa e média. Com efeito, o partido retornaria ao que era nos anos 1980 e 1990 – um partido cuja face pública era predominantemente branca e no qual as bases de minorias eram, pelo menos, parceiras menores. Os democratas começariam – literalmente – a se parecer mais com os seus rivais republicanos. E, à medida que chegassem mais perto das posições trumpistas sobre imigração e igualdade racial (isto é, aceitassem menos de ambas), pareceriam menos ameaçadores aos olhos da base republicana.

Para nós, esta é uma ideia terrível. Buscar diminuir a influência de grupos de minorias dentro do partido – e não podemos enfatizá-lo com vigor bastante – é o caminho errado para reduzir a polarização. Repetiria alguns dos mais vergonhosos erros do nosso país. A fundação da república norte-americana deixou a dominação racial intacta, o que acabou levando à Guerra Civil. Quando democratas e republicanos finalmente se reconciliaram na esteira da fracassada Reconstrução, sua reconciliação se baseou mais uma vez em exclusão racial. As reformas dos anos 1960 deram ao país uma terceira chance de construir uma democracia verdadeiramente multiétnica. É imperativo que consigamos, embora seja uma tarefa de extraordinária dificuldade. Como escreve nossa colega Danielle Allen:

O fato puro e simples é que o mundo jamais construiu uma democracia multiétnica na qual nenhum grupo étnico em particular tenha uma maioria, na qual igualdade política, igualdade social e economia que empodere a todos tenham sido alcançadas.[75]

Esse é o grande desafio dos Estados Unidos. Nós não podemos nos omitir. Entretanto, há outros modos de os democratas ajudarem a reestruturar a paisagem política. A intensidade das animosidades partidárias hoje reflete o efeito combinado não só da diversidade étnica crescente, mas também a desaceleração do crescimento econômico, a estagnação dos salários entre a população mais pobre e a desigualdade econômica crescente.[76] A polarização sectária de matiz racial que ocorre hoje reflete o fato de a diversidade racial ter aumentado repentinamente durante um período (de 1975 aos dias atuais) no qual o crescimento econômico desacelerou, sobretudo para aqueles na base da pirâmide de distribuição de renda.[77] Para muitos norte-americanos, as mudanças econômicas das últimas décadas trouxeram diminuição da estabilidade no emprego, aumento das horas de trabalho, menos perspectiva de mobilidade ascendente e, portanto, um crescente ressentimento social.[78] O ressentimento alimenta a polarização. Assim, uma maneira de enfrentar a nossa cada vez mais forte divisão partidária seria lidar com as preocupações de subsistência de segmentos há muito negligenciados da população – qualquer que seja a sua etnia.

Políticas voltadas para a desigualdade econômica podem ser polarizadoras e despolarizadoras, a depender de como são organizadas. Ao contrário de muitas outras democracias avançadas, as políticas sociais norte-americanas se basearam de maneira expressiva no chamado teste de meios – que avalia o nível de pobreza individual ou familiar –, distribuindo benefícios somente para aqueles abaixo de certo patamar de renda ou de outra forma elegíveis. Programas de teste de meios criam a percepção entre muitos cidadãos de classe média de que apenas as pessoas pobres se beneficiam de políticas sociais. E como raça e pobreza têm se sobreposto ao longo da história nos Estados Unidos, essas políticas podem acabar por adquirir um estigma racial. Os oponentes de políticas sociais costumam utilizar uma retórica racialmente carregada contra programas de teste de meios – as referências de Ronald Reagan a "rainhas da assistência social" ou à "rapaziada" comprando filé com cupom de alimentação é um exemplo clássico.[79] *Assistência social* se tornou um termo pejorativo no país por causa de uma percepção de que os beneficiários não eram merecedores.

Uma agenda de políticas sociais que abandone os rígidos testes de meios em favor dos modelos mais universalistas encontrados na Europa setentrional pode ter um efeito moderador.[80] Políticas sociais que beneficiem a todos – a previdência social e o programa Medicare são exemplos essenciais – podem ajudar a diminuir ressentimentos, construir pontes que atravessem largas faixas do eleitorado norte-americano e consolidar apoio social a políticas mais duráveis de redução da desigualdade – sem dar munição para reações de motivação racial. Seguros de saúde abrangentes são um exemplo notório. Outros exemplos incluem aumentos mais agressivos do salário mínimo ou uma renda básica universal – política que já foi seriamente considerada e até apresentada ao Congresso pela administração Nixon. Ainda outro exemplo são as políticas de assistência à família,[81] ou programas que forneçam licenças remuneradas para pais, creche subsidiada para filhos de pais trabalhadores e educação pré-escolar para quase todos. A despesa dos Estados Unidos com famílias é hoje igual a um terço da média dos países avançados, o mesmo patamar de México e Turquia.[82] Por fim, os democratas poderiam considerar políticas mais abrangentes de mercado de trabalho, como cursos mais extensivos de formação profissional, subsídio a salários para que empregadores possam treinar e manter empregados, programas de estudo-trabalho para estudantes do ensino médio e faculdades comunitárias e auxílios de transporte para empregados deslocados.[83] Políticas desse tipo têm não só o potencial de reduzir a desigualdade econômica que abastece ressentimentos e polarizações, mas também pode contribuir para a formação de uma coalizão ampla durável que realinhe a política norte-americana.

Adotar medidas que enfrentem a desigualdade econômica e social é, sem dúvida, politicamente difícil – em parte por causa da polarização (e do impasse institucional resultante) que essas políticas visam abordar. E nós não temos nenhuma ilusão sobre os obstáculos para construir coalizões multirraciais – que incluam minorias raciais *e também* a classe trabalhadora branca.[84] Não podemos ter certeza de que políticas universalistas propiciariam bases para uma coalizão desse tipo – mas apenas de que elas representam uma chance melhor que nossos atuais programas de teste de meios. Entretanto, por mais difícil que possa ser, é imperativo que democratas lidem com a questão da desigualdade. Trata-se, afinal, de uma questão de justiça social. A própria saúde da nossa democracia depende disso.

SE COMPARAMOS NOSSA situação presente com crises democráticas em outras partes do mundo e em outros momentos da história, torna-se claro que os Estados Unidos não são tão diferentes de outras nações. Nosso sistema constitucional, embora mais antigo e mais robusto do que qualquer outro na história, é vulnerável às mesmas patologias que mataram a democracia em outros lugares. Em última análise, portanto, a democracia norte-americana depende de nós – os cidadãos dos Estados Unidos. Nenhum líder político isoladamente pode acabar com a democracia; nenhum líder sozinho pode resgatar uma democracia, tampouco. A democracia é um empreendimento compartilhado. Seu destino depende de todos nós.

Nos dias mais sombrios da Segunda Guerra Mundial, quando o próprio futuro do país estava sob risco, o escritor E.B. White foi convidado pelo Conselho de Guerra dos Escritores, criado pelo governo federal norte-americano, a escrever uma resposta rápida à questão "O que é a democracia?". Sua resposta foi modesta, mas inspiradora. Ele escreveu:

> Certamente, o Conselho sabe o que é a democracia. É a fila que se forma sem confusão. É o "não" em não empurre. É o furo no saco de cereais que vaza lentamente; é um amassado na cartola. Democracia é a suspeita recorrente de que mais da metade das pessoas está certa mais que a metade do tempo. É a sensação de privacidade na cabine eleitoral, a sensação de comunhão nas bibliotecas, a sensação de vitalidade em toda parte. Democracia é a carta

ao editor. Democracia é o placar na nona entrada. É uma ideia que ainda não foi desmentida, uma canção cuja letra não desandou. É a mostarda no cachorro-quente e o creme no café racionado. Democracia é um pedido do Conselho de Guerra no meio da manhã, no meio de uma guerra, querendo saber o que é a democracia.[85]

O igualitarismo, a civilidade, o sentido de liberdade e o propósito compartilhado retratados por E.B. White eram a essência da democracia americana em meados do século XX. Hoje, essa visão está sob ataque. Para salvar a democracia, os norte-americanos precisam restaurar as normas básicas que a protegiam no passado. Entretanto, é preciso fazer mais do que isso. Nós temos que estender essas normas por toda uma sociedade diversificada. Temos que torná-las realmente inclusivas. Em seu âmago, as normas democráticas dos Estados Unidos sempre foram saudáveis. Porém, por grande parte da nossa história, elas foram acompanhadas – com efeito, sustentadas – por exclusão racial. Hoje, é preciso fazer essas normas funcionarem numa era de igualdade racial e de diversidade étnica sem precedentes. Poucas sociedades conseguiram ser multirraciais e genuinamente democráticas. Esse é o nosso desafio. Se o respondermos de maneira satisfatória, a América será sem dúvida excepcional.

Notas

Introdução (p.13-21)

1. Os estudiosos de direito constitucional Aziz Huq e Tom Ginsburg chamam essa forma de colapso democrático de "regressão constitucional". Ver Aziz Huq e Tom Ginsburg, "How to Lose a Constitutional Democracy", *UCLA Law Review* 65 (2018); também Ellen Lust e David Waldner, *Unwelcome Change: Understanding, Evaluating, and Extending Theories of Democratic Backsliding* (Washington, DC: U.S. Agency for International Development, 2015).
2. Bart Jones, *Hugo!: The Hugo Chávez Story from Mud Hut to Perpetual Revolution* (Hanover, NH: Steerforth Press, 2007), p.225.
3. Steven Levitsky e Lucan A. Way, *Competitive Authoritarianism: Hybrid Regimes After the Cold War* (Nova York: Cambridge University Press, 2010); também Scott Mainwaring e Aníbal Pérez-Liñán, *Democracies and Dictatorships in Latin America: Emergence, Survival, and Fall* (Nova York: Cambridge University Press, 2014).
4. Huq e Ginsburg, "How to Lose a Constitutional Democracy", p.36.
5. Latinobarómetro. Disponível em: <http://www.latinobarometro.org/latOnline.jsp> (pergunta: Democracy -> Scale [country] is democratic). Acesso em: 16 mar 2017.
6. Robert Mickey, Steven Levitsky e Lucan Ahmad Way, "Is America Still Safe for Democracy?", *Foreign Affairs*, mai/jun 2017, p.20-9.

1. Alianças fatídicas (p.23-40)

1. Simonetta Falasca-Zamponi, *Fascist Spectacle: The Aesthetics of Power in Mussolini's Italy* (Berkeley: University of California Press, 1997), p.1.
2. Robert Paxton, *The Anatomy of Fascism* (Nova York: Vintage, 2004), p.90.
3. Falasca-Zamponi, *Fascist Spectacle*, p.2.
4. Ibid.
5. Citado em Richard Evans, *The Coming of the Third Reich* (Nova York: Penguin, 2003), p.308.
6. Hermann Beck, *The Fateful Alliance: German Conservatives and Nazis in 1933: The Machtergreifung in a New Light* (Nova York: Berghahn Press, 2011). Ver também Daniel Ziblatt, *Conservative Parties and the Birth of Democracy* (Cambridge: Cambridge University Press, 2017).
7. Alexander De Grand, *The Hunchback's Tailor: Giovanni Giolitti and Liberal Italy from the Challenge of Mass Politics to the Rise of Fascism* (Westport, CT: Praeger, 2001), p.241-42.

8. Extraído de Cristina Marcano e Alberto Barrera Tyszka, *Hugo Chávez* (Nova York: Random House, 2004), p.304.
9. Ver José E. Molina, "The Unraveling of Venezuela's Party System", em Jennifer L. McCoy e David J. Myers (orgs.), *The Unraveling of Representative Democracy in Venezuela* (Baltimore: Johns Hopkins University Press, 2004), p.162.
10. Citado em Jones, *Hugo!*, p.186.
11. Ibid., p.189.
12. Marcano e Barrera Tyszka, *Hugo Chávez*, p.107.
13. Jones, *Hugo!*, p.226.
14. Citado em Marcano e Barrera Tyszka, *Hugo Chávez*, p.107.
15. Citado em Larry Eugene Jones, "'The Greatest Stupidity of My Life': Alfred Hugenberg e the Formation of the Hitler Cabinet, January 1933", *Journal of Contemporary History* 27, n.1 (1992), p.63-87.
16. Latinobarómetro. Disponível em: <http://www.latinobarometro.org/latOnline.jsp>. Acesso em: 16 mar 2017.
17. Juan J. Linz, *The Breakdown of Democratic Regimes: Crisis, Breakdown, and Reequilibration* (Baltimore: Johns Hopkins University Press, 1978), p.29-30.
18. Ibid., p.27-38.
19. Steven Levitsky e James Loxton, "Populism and Competitive Authoritarianism in the Andes", *Democratization* 20, n.1 (2013).
20. Nancy Bermeo, *Ordinary People in Extraordinary Times: The Citizenry and the Breakdown of Democracy* (Princeton, NJ: Princeton University Press, 2003), p.238.
21. Ziblatt, *Conservative Parties and the Birth of Democracy*, p.344.
22. Idem.
23. Linz, *The Breakdown of Democratic Regimes*, p.32-3.
24. Ibid., p.37
25. Giovanni Capoccia, *Defending Democracy: Reactions to Extremism in Interwar Europe* (Baltimore: Johns Hopkins University Press, 2005), p.121.
26. Ibid., p.120.
27. Ibid., p.121.
28. Ibid., p.122-3.
29. Capoccia, *Defending Democracy*, p.121.
30. Risto Alapuro e Erik Allardt, "The Lapua Movement: The Threat of Rightist Takeover in Finland, 1930-32", em Juan J. Linz e Alfred Stepan (orgs.), *The Breakdown of Democratic Regimes: Europe* (Baltimore: Johns Hopkins University Press, 1978), p.130.
31. Ibid., p.130.
32. Bermeo, *Ordinary People in Extraordinary Times*, p.240; Alapuro e Allardt, "The Lapua Movement", p.130-31.
33. Alapuro e Allardt, "The Lapua Movement", p.130-31.
34. Bermeo, *Ordinary People in Extraordinary Times*, p.240.
35. Alapuro e Allardt, "The Lapua Movement", p.130.

36. Ibid., p.133.
37. Bermeo, *Ordinary People in Extraordinary Times*, p.240.
38. Ibid., p.241.
39. Ibid., p.239-41.
40. "Bürgerlicher Aufruf für Van der Bellen", *Die Presse*, 14 mai 2016. Disponível em: <http://diepresse.com/home/innenpolitik/bpwahl/4988743/Buergerlicher-Aufruf-fuer-Van-der-Bellen>.
41. Entrevista com o autor, 16 mar 2017.

2. Guardiões da América (p.41-58)

1. Seymour Martin Lipset e Earl Raab, *The Politics of Unreason: Right-Wing Extremism in America, 1790-1970* (Nova York: Harper & Row, 1970), p.152.
2. Lipset e Raab, *The Politics of Unreason*, p.170-71.
3. Citado em Alan Brinkley, *Voices of Protest: Huey Long, Father Coughlin & the Great Depression* (Nova York: Vintage Books, 1983), p.119.
4. Ibid., p.83, 175-77.
5. Ibid., p.119. Ainda em 1938, uma pesquisa de opinião do Gallup verificou que 27% dos norte-americanos aprovavam o padre Coughlin, enquanto 32% o desaprovavam (Lipset e Raab, *The Politics of Unreason*, p.171-73).
6. Arthur Schlesinger, *The Age of Roosevelt: The Politics of Upheaval, 1935-1936* (Boston: Houghton Mifflin, [1960] 2003), p.viii, 68.
7. Richard D. White Jr., *Kingfish: The Reign of Huey P. Long* (Nova York: Random House, 2006), p.45, 99, 171; Brinkley, *Voices of Protest*, p.69.
8. Schlesinger, *The Age of Roosevelt*, p.62; White, *Kingfish*, p.248-53; William Ivy Hair, *The Kingfish and His Realm: The Life and Times of Huey P. Long* (Baton Rouge: Louisiana State University Press, 1991), p.276-80.
9. White, *Kingfish*, p.45.
10. Citado em ibid., p.253.
11. Ibid., p.352.
12. Ibid., p.198.
13. Robert E. Snyder, "Huey Long and the Presidential Election of 1936", *Louisiana History* 16, n.2 (primavera de 1975), p.123; White, *Kingfish*, p.198.
14. Brinkley, *Voices of Protest*, p.81; Hair, *The Kingfish and His Realm*, p.306-7.
15. Snyder, "Huey Long and the Presidential Election of 1936", p.128.
16. Lipset e Raab, *The Politics of Unreason*, p.209, 224.
17. Ibid., p.21.
18. Ibid., p.237.
19. Arthur T. Hadley, *The Invisible Primary* (Englewood Cliffs, NJ: Prentice Hall, 1976), p.238; Jody Carlson, *George C. Wallace and the Politics of Powerlessness: The Wallace Campaigns for the Presidency, 1964-1976* (New Brunswick, NJ: Transaction Books, 1981), p.6.

20. Lipset e Raab, *The Politics of Unreason*, p.355-56.
21. Dan T. Carter, *The Politics of Rage: George Wallace, the Origins of the New Conservatism, and the Transformation of American Politics*, 2.ed. (Baton Rouge: Louisiana State University Press, 2000), p.344-52; Stephan Lesher, *George Wallace: American Populist* (Reading, MA: Addison-Wesley, 1994), p.276-78; Lipset e Raab, *The Politics of Unreason*, p.345-57.
22. Lipset e Raab, *The Politics of Unreason*, p.21.
23. Carlson, *George C. Wallace and the Politics of Powerlessness*, p.149.
24. Este relato da convenção de 1920 se baseia em duas fontes: Francis Russell, *The Shadow of Blooming Grove: Warren G. Harding in His Times* (Nova York: McGraw-Hill, 1968), p.379-81; e John Morello, *Selling the President, 1920: Albert D. Lasker, Advertising, and the Election of Warren G. Harding* (Westport, CT: Praeger, 2001), p.41-3.
25. Russell, *The Shadow of Blooming Grove*, p.376.
26. Ver David Samuels e Matthew Shugart, *Presidents, Parties, and Prime Ministers: How the Separation of Powers Affects Party Organization and Behavior* (Nova York: Cambridge University Press, 2010).
27. Alexander Hamilton, *Federalist* 1.
28. James W. Ceaser, *Presidential Selection: Theory and Development* (Princeton, NJ: Princeton University Press, 1979), p.64.
29. Citado em Robert Dahl, *How Democratic Is the American Constitution?*, 2.ed. (New Haven, CT: Yale University Press, 2003), p.76.
30. James W. Ceaser, *Reforming the Reforms: A Critical Analysis of the Presidential Selection Process* (Cambridge, MA: Ballinger Publishing Company, 1982), p.84-7.
31. Ibid., p.19-21.
32. Ibid., p.23.
33. Ibid., p.27.
34. Ver, por exemplo, Nelson W. Polsby, *Consequences of Party Reform* (Nova York: Oxford University Press, 1983), p.169-70.
35. Austin Ranney, testemunho perante o Comitê do Senado sobre Regras e Administração, 10 set 1980. Citado em Ceaser, *Reforming the Reforms*, p.96.
36. Lipset e Raab, *The Politics of Unreason*, p.111.
37. Para mais informações sobre a relação entre Henry Ford e o regime nazista, ver Neil Baldwin, *Henry Ford and the Jews: The Mass Production of Hatred* (Nova York: Public Affairs, 2002).
38. Ver Reynold M. Wik, *Henry Ford and Grass-roots America* (Ann Arbor: University of Michigan Press, 1972).
39. Ibid., p.8-10, 42, 167.
40. Ibid., p.162, 172-73.
41. "Ford Leads in Presidential Free-for-All", *Collier's*, 26 mai 1923, p.7; "Politics in Chaos as Ford Vote Grows", *Collier's*, 23 jun 1923, p.8.
42. "Ford First in Final Returns", *Collier's*, 14 jul 1923, p.5.
43. Edward Lowry, "Dark Horses and Dim Hopes", *Collier's*, 10 nov 1923, p.12.

44. Citado em Wik, *Henry Ford and Grass-roots America*, p.162.
45. "If I Were President", *Collier's*, 4 ago 1923, p.29.
46. Brinkley, *Voices of Protest*, p.75-7; Hair, *The Kingfish and His Realm*, p.268-69; White, *Kingfish*, p.191.
47. Robert E. Snyder, "Huey Long and the Presidential Election of 1936", *Louisiana History* 16, n.2 (primavera de 1975), p.131-33.
48. Carlson, *George C. Wallace and the Politics of Powerlessness*, p.33-6.
49. Lipset and Raab, *The Politics of Unreason*, p.21.
50. Stephen Lesher, *George Wallace: American Populist* (Reading, MA: Addison-Wesley, 1994), p.387-88; Carlson, *George C. Wallace and the Politics of Powerlessness*, p.71.
51. Lynne Olson, *Those Angry Days: Roosevelt, Lindbergh, and America's Fight over World War II, 1931-1941* (Nova York: Random House, 2014), p.18-20, 72.
52. A. Scott Berg, *Lindbergh* (Nova York: G.P. Putnam's Sons, 1998), p.410.
53. Olson, *Those Angry Days*, p.442.
54. Berg, *Lindbergh*, p.398.
55. Citado em Norman Mailer, *Miami and the Siege of Chicago* (Nova York: Random House, 1968), p.7.
56. Marty Cohen, David Karol, Hans Noel e John Zaller, *The Party Decides: Presidential Nominations Before and After Reform* (Chicago: University of Chicago Press, 2008), p.1.
57. "A Look Back at the 1968 Democratic Convention". Disponível em: <https://www.youtube.com/watch?v=aUKzSsVmnpY>. Acesso em: 11 mai 2017.
58. Democratic National Committee, *Mandate for Reform* (Washington, DC: Democratic National Committee, abr 1970), p.14.
59. Citado em James W. Ceaser, *Presidential Selection: Theory and Development* (Princeton, NJ: Princeton University Press, 1979), p.273.
60. Democratic National Committee, *Mandate for Reform*, p.49.
61. Ceaser, *Presidential Selection*, p.237.
62. Ambas as citações são tiradas de David E. Price, *Bringing Back the Parties* (Washington, DC: Congressional Quarterly, 1984), p.149-50.
63. Em 1972, a indicação democrata quase foi capturada por George Wallace, e o futuro indicado, George McGovern, sofreu uma derrota esmagadora para Richard Nixon. Em 1976, a indicação foi para Jimmy Carter, um relativo outsider, e em 1980 o presidente Carter enfrentou uma dura campanha nas primárias contra o senador Edward Kennedy.
64. Nelson W. Polsby e Aaron Wildavsky, *Presidential Elections* (Nova York: The Free Press, 1968), p.230.
65. Cohen, Karol, Noel e Zaller, *The Party Decides*, p.175-79.
66. Arthur Hadley, *The Invisible Primary* (Englewood Cliffs, NJ: Prentice Hall, 1976).
67. Ibid., p.xiii.

3. A grande abdicação republicana (p.59-75)

1. Com "outsiders" queremos dizer candidatos que nunca ocuparam um cargo eletivo ou posto de gabinete. Contamos todos os candidatos que ou bem participa-

ram de uma primária ou cujo nome foi colocado em disputa numa convenção. Agradecemos a Fernando Bizzarro por sua assistência na compilação desses dados.
2. Para uma explicação detalhada de por que foi assim, ver Cohen, Karol, Noel e Zaller, *The Party Decides*.
3. James Ceaser, Andrew Busch e John Pitney Jr., *Defying the Odds: The 2016 Elections and American Politics* (Washington, DC: Rowman & Littlefield, 2017), p.69.
4. Nate Silver, "Dear Media: Stop Freaking Out About Donald Trump's Polls", *FiveThirtyEight*, 23 nov 2015. Disponível em: <http://fivethirtyeight.com/features/dear-media-stop-freaking-out-about-donald-trumps-polls>.
5. Marty Cohen, David Karol, Hans Noel e John Zaller, "Party Versus Faction in the Reformed Presidential Nominating System", *PS* (out 2016), p.704-5; Theda Skocpol e Alex Hertel-Fernandez, "The Koch Network and Republican Party Extremism", *Perspectives on Politics* 14, n.3 (2016), p.681-99.
6. Ibid., p.705.
7. Ibid., p.703-4.
8. David Frum, "The Great Republican Revolt", *The Atlantic*, 9 set 2015.
9. Ver Matthew Levendusky, *How Partisan Media Polarize America* (Chicago: University of Chicago Press, 2013); Cass R. Sunstein, *#Republic: Divided Democracy in the Age of Social Media* (Princeton, NJ: Princeton University Press, 2017).
10. Ver John Sides, Michael Tesler e Lynn Vavreck, *Identity Crisis: The 2016 Presidential Campaign and the Battle for the Meaning of America* (Princeton, NJ: Princeton University Press, 2018).
11. "The Endorsement Primary", *FiveThirtyEight*, 7 jun 2016. Disponível em: <https://projects.fivethirtyeight.com/2016-endorsement-primary>.
12. Idem.
13. Idem.
14. Entre republicanos, em comparação com os apoiadores de candidatos republicanos rivais, mais que o dobro de apoiadores de Trump arrolou a Breirbart News como a sua principal fonte noticiosa. Ver Pew Research Center, "Trump, Clinton Voters Divided in Their Main Source for Election News", 18 jan 2017, p.3, 5.
15. Ver Sides, Tesler e Vavreck, *Identity Crisis*, cap.4.
16. Nathaniel Persily, "The 2016 U.S. Election: Can Democracy Survive the Internet?", *Journal of Democracy*, abr 2017, p.67.
17. Idem.
18. "Why the Never Trump Movement Failed at the Republican National Convention", ABCNews.com, 20 jul 2016.
19. Sobre fraude eleitoral nos Estados Unidos, ver Richard L. Hasen, *The Voting Wars: From Florida 2000 to the Next Election Meltdown* (New Haven, CT: Yale University Press, 2012) e Lorraine C. Minnite, *The Myth of Voter Fraud* (Ithaca, NY: Cornell University Press, 2010). Sobre a ausência de fraudes na eleição de 2016, ver Jessica Huseman e Scott Klein, "There's No Evidence Our Election Was Rigged", ProPublica, 28 nov 2016.

20. Darren Samuelsohn, "A Guide to Donald Trump's 'Rigged' Election", *Politico*, 25 out 2016.
21. Idem.
22. Jeremy Diamond, "Trump: 'I'm Afraid the Election's Going to Be Rigged'", CNN.com, 2 ago 2016.
23. "U.S. Election 2016: Trump Says Election 'Rigged at Polling Places'", BBC.com, 17 out 2016.
24. "Donald Trump, Slipping in Polls, Warns of 'Stolen Election'", *New York Times*, 14 out 2016.
25. "Poll: 41 Percent of Voters Say Election Could Be Stolen from Trump", *Politico*, 17 out 2016.
26. "14 of Trump's Most Outrageous Birther Claims – Half from After 2011", CNN.com, 16 set 2016.
27. Lisa Hagen, "Trump: Clinton 'Has to Go to Jail'", *The Hill*, 12 out 2016.
28. "Donald Trump Says He May Pay Legal Fees of Accused Attacker from Rally", *New York Times*, 13 mar 2016.
29. "Don't Believe Donald Trump Has Incited Violence at Rallies? Watch This Video", *Vox*, 12 mar 2016. Disponível em: <https://www.vox.com/2016/3/12/11211846/donald-trump-violence-rallies>.
30. "Donald Trump Suggests 'Second Amendment People' Could Act Against Hillary Clinton", *New York Times*, 9 ago 2016.
31. "Trump: Clinton 'Has to Go to Jail'", CNN.com, 13 out 2016.
32. "Donald Trump Threatens to Rewrite Libel Laws to Make It Easier to Sue the Media", *Business Insider*, 26 fev 2016.
33. Idem.
34. Esta definição de "abdicação coletiva" e a discussão subsequente se baseiam no importante estudo de Ivan Ermakoff sobre a Alemanha e a França entreguerras, intitulado *Ruling Oneself Out: A Theory of Collective Abdications* (Durham, NC: Duke University Press, 2008).
35. Linz, *The Breakdown of Democratic Regimes*, p.37.
36. Para dados eleitorais que suportam este ponto sobre a eleição presidencial francesa de 2017, ver "French Election Results: Macron's Victory in Charts", *Financial Times*, 9 mai 2017. Disponível em: <https://www.ft.com/content/62d782d6-31a7-11e7-9555-23ef563ecf9a>.
37. Ver <https://www.hillaryclinton.com/briefing/updates/2016/09/29/number-of-prominent-republicans-and-independents-backing-hillary-clinton-grows>. Acesso em: 20 mai 2017.
38. Idem.
39. Idem.
40. Idem.
41. "78 Republican Politicians, Donors, and Officials Who Are Supporting Hillary Clinton", *Washington Post*, 7 nov 2016.

42. "French Election Results: Macron's Victory in Charts", *Financial Times*, 9 mai 2017 (ver diagrama "How Allegiances Shifted from the First to the Second Round of Voting in the French Presidential Election").
43. Alan Abramowitz, *The Polarized Public? Why American Government Is So Dysfunctional* (Nova York: Pearson, 2012); "Partisanship and Political Animosity in 2016", Pew Research Center, 22 jun 2016. Disponível em: <http://www.people-press.org/2016/06/22/partisanship-and-political-animosity-in-2016>.
44. John Sides, Michael Tesler e Lynn Vavreck, "The 2016 U.S. Election: How Trump Lost and Won", *Journal of Democracy* 28, n.2 (abr 2017), p.36-7; Sides, Tessler e Vavreck, *Identity Crisis*, cap.2.

4. Subvertendo a democracia (p.76-98)

1. Gregory Schmidt, "Fujimori's 1990 Upset Victory in Peru: Rules, Contingencies, and Adaptive Strategies", *Comparative Politics* 28, n.3 (1990), p.321-55.
2. Luis Jochamowitz, *Ciudadano Fujimori: La Construcción de un Político* (Lima: Peisa, 1993), p.259-63.
3. Charles Kenney, *Fujimori's Coup and the Breakdown of Democracy in Latin America* (Notre Dame, IN: University of Notre Dame Press, 2004), p.126-27; também Susan C. Stokes, *Mandates and Democracy: Neoliberalism by Surprise in Latin America* (Nova York: Cambridge University Press, 2001), p.69-71.
4. Ver Kenneth Roberts, "Neoliberalism and the Transformation of Populism in Latin America", *World Politics* 48, n.1 (jan 1995), p.82-116.
5. Gregory Schmidt, "Presidential Usurpation or Congressional Preference? The Evolution of Executive Decree Authority in Peru", em John M. Carey e Matthew S. Shugart (orgs.), *Executive Decree Authority* (Nova York: Cambridge University Press, 1998), p.124; Kenney, *Fujimori's Coup and the Breakdown of Democracy in Latin America*, p.131-32.
6. Yusuke Murakami, *Peru en la era del Chino: La política no institucionalizada y el pueblo en busca de un salvador* (Lima: Instituto de Estudios Peruanos, 2012), p.282; Maxwell A. Cameron, "The *Eighteenth Brumaire* of Alberto Fujimori", em Maxwell Cameron e Philip Mauceri (orgs.), *The Peruvian Labyrinth: Polity, Society, Economy* (University Park: Pennsylvania State University Press, 1997), p.54-8; Cynthia McClintock, "La Voluntad Política Presidencial y la Ruptura Constitucional", em Fernando Tuesta (org.), *Los Enigmas Del Podre: Fujimori 1990-1996* (Lima: Fundación Friedrich Ebert, 1996).
7. McClintock, "La Voluntad Política Presidencial y la Ruptura Constitucional", p.65.
8. Catherine Conaghan, *Fujimori's Peru: Deception in the Public Sphere* (Pittsburgh: University of Pittsburgh Press, 2005), p.30.
9. Kenney, *Fujimori's Coup and the Breakdown of Democracy in Latin America*, p.132.
10. Schmidt, "Presidential Usurpation or Congressional Preference?", p.118-19.

11. Cameron, "The *Eighteenth Brumaire* of Alberto Fujimori", p.55.
12. Conaghan, *Fujimori's Peru*, p.30.
13. McClintock, "La Voluntad Política Presidencial y la Ruptura Constitucional", p.65.
14. Kenney, *Fujimori's Coup and the Breakdown of Democracy in Latin America*, p.146.
15. Cameron, "The *Eighteenth Brumaire* of Alberto Fujimori", p.55; Kenney, *Fujimori's Coup and the Breakdown of Democracy in Latin America*, p.56-7, 172-76, 186.
16. Jones, *Hugo!*, p.1.
17. Kirk Hawkins, *Venezuela's Chavismo and Populism in Comparative Perspective* (Nova York: Cambridge University Press, 2010), p.61.
18. "Silvio Berlusconi Says Communist Judges Out to Destroy Him", Reuters, 20 out 2009.
19. "Assaults on Media Make Ecuador an Odd Refuge", *The Age*, 21 jun 2012. Disponível em: <http://www.theage.com.au/federal-politics/political-news/assaults-on-media-make-ecuador-an-odd-refuge-20120620-20okw.html?deviceType=text>.
20. Ahmet Sik, "Journalism Under Siege", EnglishPen, 2016. Disponível em: <https://www.englishpen.org/wp-content/uploads/2016/03/JournalismUnderSiege_FINAL.pdf>.
21. Joseph Page, *Perón* (Nova York: Random House, 1983), p.162-65.
22. Jones, *Hugo!*, p.309.
23. János Kornai, "Hungary's U-Turn: Retreating from Democracy", *Journal of Democracy* 26, n.43 (jul 2015), p.35.
24. Maxwell A. Cameron, "Endogenous Regime Breakdown: The Vladivideo and the Fall of Peru's Fujimori", em Julio F. Carrión (org.), *The Fujimori Legacy: The Rise of Electoral Authoritarianism in Peru* (University Park: Pennsylvania State University Press, 2006).
25. Conaghan, *Fujimori's Peru*, p.167; e Cameron, "Endogenous Regime Breakdown", p.180.
26. Page, *Perón*, p.165.
27. Gretchen Helmke, *Courts Under Constraints: Judges, Generals, and Presidents in Argentina* (Nova York: Cambridge University Press, 2005), p.64.
28. Page, *Perón*, p.165; Helmke, *Courts Under Constraints*, p.64.
29. Conaghan, *Fujimori's Peru*, p.126-31.
30. Bojan Bugaric e Tom Ginsburg, "The Assault on Postcommunist Courts", *Journal of Democracy* 27, n.3 (jul 2016), p.73.
31. Ibid., p.73-4.
32. Joanna Fomina e Jacek Kucharczyk, "Populism and Protest in Poland", *Journal of Democracy* 27, n.4 (out 2016), p.62-3. O tribunal declarou o projeto de emenda inconstitucional no começo de 2016, mas o governo ignorou a decisão, com o líder do Lei e Justiça, Jarosław Kaczyński, declarando que seu partido "não permitiria a anarquia na Polônia, mesmo que seja promovida por tribunais" (Bugaric e Ginsburg, "The Assault on Postcommunist Courts", p.74).

33. Allan R. Brewer-Carías, *Dismantling Democracy in Venezuela: The Chávez Authoritarian Experiment* (Nova York: Cambridge University Press, 2010), p.58-9; Jones, *Hugo!*, p.241-42.
34. Ibid., p.242.
35. Brewer-Carías, *Dismantling Democracy in Venezuela*, p.59.
36. Javier Corrales e Michael Penfold, *Dragon in the Tropics: Hugo Chávez and the Political Economy of Revolution in Venezuela* (Washington, DC: The Brookings Institution, 2011), p.27; e Brewer-Carías, *Dismantling Democracy in Venezuela*, p.236-38.
37. "El chavismo nunca pierde en el Supremo Venezolano", *El País*, 12 dez 2014. Disponível em: <http://internacional.elpais.com/internacional/2014/12/12/actualidad/1418373177_159073.html>; também Javier Corrales, "Autocratic Legalism in Venezuela", *Journal of Democracy* 26, n.2 (abr 2015), p.44.
38. Conaghan, *Fujimori's Peru*, p.154-62.
39. Idem.
40. Ibid., p.137.
41. Helmke, *Courts Under Constraints*, p.64.
42. Dan Slater, "Iron Cage in an Iron Fist: Authoritarian Institutions and the Personalization of Power in Malaysia", *Comparative Politics* 36, n.1 (out 2003), p.94-5. A condenação de Anwar foi revertida em 2004, um ano depois de Mahathir Mohamad deixar o cargo.
43. Corrales, "Autocratic Legalism in Venezuela", p.44-5; "Venezuelan Opposition Leader Leopoldo López Sentenced to Prison Over Protest", *New York Times*, 10 set 2015.
44. "El Universo Verdict Bad Precedent for Free Press in America", *Committee to Protect Journalists Alert*, 16 fev 2012. Disponível em: <https://cpj.org/2012/02/el-universo-sentence-adark-precedent-for-free-pre.php>.
45. Soner Cagaptay, *The New Sultan: Erdogan and the Crisis of Modern Turkey* (Londres: I.B. Tauris, 2017), p.124; também Svante E. Cornell, "As Dogan Yields, Turkish Media Freedom Plummets", *Turkey Analyst*, 18 jan 2010. Disponível em: <https://www.turkeyanalyst.org/publications/turkey-analyst-articles/item/196-as-dogan-yields-turkish-media-freedom plummets.html>.
46. Marshall Goldman, *PetroState: Putin, Power, and the New Russia* (Oxford: Oxford University Press, 2008), p.102.
47. Peter Baker e Susan Glasser, *Kremlin Rising: Vladimir Putin's Russia and the End of the Revolution*, ed. rev. (Dulles, VA: Potomac Books, 2007), p.83.
48. Ibid., p.482.
49. "Venden TV Venezolana Globovisón y Anuncian Nueva Linea Editorial de 'Centro'", *El Nuevo Herald*, 12 mai 2013. Disponível em: <http://www.elnuevoherald.com/noticias/mundo/america-latina/venezuela-es/article2023054.html>.
50. "Media Mogul Learns to Live with Chávez", *New York Times*, 5 jul 2007.
51. Baker e Glasser, *Kremlin Rising*, p.86-7; Goldman, *PetroState*, p.102.

52. Goldman, *PetroState*, p.103, 106, 113-16. Também Baker e Glasser, *Kremlin Rising*, p.286-92.
53. Levitsky e Way, *Competitive Authoritarianism*, p.198.
54. "Rakibimiz Uzan", *Sabah*, 4 jun 2003. Disponível em: <http://arsiv.sabah.com.tr/2003/06/04/p01.html>.
55. Svante E. Cornell, "Erdoğan Versus Koc Holding: Turkey's New Witch Hunt", *Turkey Analyst*, 9 out 2013. Disponível em: <http://www.turkeyanalyst.org/publications/turkey-analyst-articles/item/64-erdogan-vs-ko>.
56. Edwin Williamson, *Borges: A Life* (Nova York: Penguin, 2004), p.292-95.
57. Gustavo Dudamel, "Why I Don't Talk Venezuelan Politics", *Los Angeles Times*, 29 set 2015.
58. Gustavo Dudamel, "A Better Way for Venezuela", *New York Times*, 19 jul 2017.
59. "Venezuela Cancels Gustavo Dudamel Tour After His Criticisms", *New York Times*, 21 ago 2017.
60. Harold Crouch, *Government and Society in Malaysia* (Ithaca, NY: Cornell University Press, 1996), p.58-9, 74.
61. William Case, "New Uncertainties for an Old Pseudo-Democracy: The Case of Malaysia", *Comparative Politics* 37, n.1 (out 2004), p.101.
62. Kim Lane Scheppele, "Understanding Hungary's Constitutional Revolution", em Armin von Bogdandy e Pal Sonnevend (orgs.), *Constitutional Crisis in the European Constitutional Area* (Londres: Hart/Beck, 2015), p.120-21; e Gabor Toka, "Constitutional Principles and Electoral Democracy in Hungary", em Ellen Bos e Kálmán Pocza (orgs.), *Constitution Building in Consolidated Democracies: A New Beginning or Decay of a Political System?* (Baden-Baden: Nomos-Verlag, 2014).
63. Cas Mudde, "The 2014 Hungarian Parliamentary Elections, or How to Craft a Constitutional Majority", *Washington Post*, 14 abr 2014.
64. Ver V.O. Key Jr., *Southern Politics in State and Nation* (Knoxville: University of Tennessee Press, 1984); e Robert Mickey, *Paths out of Dixie: The Democratization of Authoritarian Enclaves in America's Deep South, 1944-1972* (Princeton, NJ: Princeton University Press, 2015).
65. Key Jr., *Southern Politics in State and Nation*, p.537; Richard Vallely, *The Two Reconstructions: The Struggle for Black Enfranchisement* (Chicago: University of Chicago Press, 2004), p.122.
66. Mickey, *Paths out of Dixie*, p.38.
67. Vallely, *The Two Reconstructions*, p.24, 33; Mickey, *Paths out of Dixie*, p.38.
68. J. Morgan Kousser, *The Shaping of Southern Politics: Suffrage Restriction and the Establishment of the One-Party South, 1880-1910* (New Haven, CT: Yale University Press, 1974), p.15, 28-9.
69. Mickey, *Paths out of Dixie*, p.38, 73; Vallely, *The Two Reconstructions*, p.3, 78-9.
70. Vallely, *The Two Reconstructions*, p.77; e Kousser, *The Shaping of Southern Politics*, p.31.
71. Kousser, *The Shaping of Southern Politics*, p.26-7, 41.

72. Key Jr., *Southern Politics in State and Nation*, p.8.
73. Citado em Kousser, *The Shaping of Southern Politics*, p.209. Toombs disse certa vez que estava disposto a "enfrentar trinta anos de guerra para se ver livre do sufrágio negro no Sul". Citado em Eric Foner, *Reconstruction: America's Unfinished Revolution* (Nova York: HarperCollins, 1988), p.590-91.
74. Key Jr., *Southern Politics in State and Nation*, p.535-39; Kousser, *The Shaping of Southern Politics*; Vallely, *The Two Reconstructions*, p.121-48. Dois estados não confederados, Delaware e Oklahoma, também revogaram os direitos eleitorais dos afro-americanos (Vallely, *The Two Reconstructions*, p.122-23).
75. Mickey, *Paths out of Dixie*, p.42-3; Kousser, *The Shaping of Southern Politics*.
76. Alexander Keyssar, *The Right to Vote: The Contested History of Democracy in the United States* (Nova York: Basic Books, 2000), p.89.
77. Kousser, *The Shaping of Southern Politics*, p.190.
78. Mickey, *Paths out of Dixie*, p.72-3.
79. Kousser, *The Shaping of Southern Politics*, p.145.
80. Ibid., p.92.
81. Mickey, *Paths out of Dixie*, p.73. Os republicanos não conquistaram o governo da Carolina do Sul até 1974.
82. Kousser, *The Shaping of Southern Politics*, p.103, 113. Este parágrafo se baseia em Kousser, *The Shaping of Southern Politics*, p.104-121.
83. Ibid., p.131-32.
84. Oito anos depois, uma convenção constitucional acrescentou um imposto eleitoral, teste de alfabetização e exigências de propriedade. Ver Kousser, *The Shaping of Southern Politics*, p.137.
85. Kousser, *The Shaping of Southern Politics*, p.224.
86. Stephen Tuck, "The Reversal of Black Voting Rights After Reconstruction", em Desmond King, Robert C. Lieberman, Gretchen Ritter e Laurence Whitehead (orgs.), *Democratization in America: A Comparative-Historical Analysis* (Baltimore: Johns Hopkins University Press, 2009), p.140.
87. Foner, *Reconstruction*, p.582.
88. William C. Rempel, *Delusions of a Dictator: The Mind of Marcos as Revealed in His Secret Diaries* (Boston: Little, Brown and Company, 1993), p.32, 101-3.
89. Vídeo completo do discurso de Marcos em 23 de setembro de 1972, ABS-CVN News. Disponível em: <https://www.youtube.comwatch?v=bDCHIIXEXes>.
90. Ver John Mueller, *War, Presidents, and Public Opinion* (Nova York: Wiley, 1973). Estudos empíricos mais recentes do efeito do "reagrupamento em torno da bandeira" nos Estados Unidos incluem John R. Oneal e Anna Lillian Bryan, "The Rally 'Round the Flag Effect in U.S. Foreign Policy Crises, 1950-1985", *Political Behavior* 17, n.4 (1995), p.379-401; Matthew A. Baum, "The Constituent Foundations of the Rally-'Round-the-Flag Phenomenon", *International Studies Quarterly* 46 (2002), p.263-98; e J. Tyson Chatagnier, "The Effect of Trust in Government on Rallies 'Round the Flag", *Journal of Peace Research* 49, n.5 (2012), p.631-45.

91. David W. Moore, "Bush Approval Rating Highest in Gallup History", *Gallup News Service*, 21 set 2001. Disponível em: <http://www.gallup.com/poll/4924/bush-job-approval-highest-gallup-history.aspx>.
92. Leonie Huddy, Nadia Khatib e Theresa Capelos, "The Polls-Trends, Reactions to the Terrorist Attacks of September 11, 2001", *Public Opinion Quarterly* 66 (2002), p.418-50; Darren W. Davis e Brian D. Silver, "Civil Liberties vs. Security: Public Opinion in the Context of the Terrorist Attacks on America", *American Journal of Political Science* 48, n.1 (2004), p.28-46; Leonie Huddy, Stanley Feldman e Christopher Weber, "The Political Consequences of Perceived Threat and Felt Insecurity", *The Annals of the American Academy of Political and Social Science* 614 (2007), p.131-53; e Adam J. Berinsky, *In Time of War: Understanding American Public Opinion from World War II to Iraq* (Chicago: University of Chicago Press, 2009), cap.7.
93. Moore, "Bush Approval Rating Highest in Gallup History".
94. Sourcebook of Criminal Justice Online. Disponível em: <http://www.albany.edu/sourcebook/ind/TERRORISM.Public_opinion.Civil_liberties.2.html>.
95. "Gallup Vault: World War II-Era Support for Japanese Internment", 31 ago 2016. Disponível em: <http://www.gallup.com/vault/195257/gallup-vault-wwii-era-support-japanese-internment.aspx>.
96. Sobre "estados de exceção" nas constituições latino-americanas, ver Brian Loveman, *The Constitution of Tyranny: Regimes of Exception in Spanish America* (Pittsburgh: University of Pittsburgh Press, 1994). Sobre a Constituição dos Estados Unidos, ver Huq e Ginsburg, "How to Lose a Constitutional Democracy", p.29-31.
97. Julio F. Carrion, "Public Opinion, Market Reforms, and Democracy in Fujimori's Peru", em Julio F. Carrion (org.), *The Fujimori Legacy: The Rise of Electoral Authoritarianism in Peru* (University Park: Pennsylvania State University Press, 2005), p.129.
98. Sterling Seagrave, *The Marcos Dynasty* (Nova York: Harper and Row, 1988), p.243-44; Rempel, *Delusions of a Dictator*, p.52-5. Em fevereiro de 1970, Marcos escreveu em seu diário: "Entristeceu-me ser levado a me refugiar no anticomunismo" (Rempel, *Delusions of a Dictator*, p.53).
99. Rempel, *Delusions of a Dictator*, p.61, 122, 172-73.
100. Seagrave, *The Marcos Dynasty*, p.244.
101. Rempel, *Delusions of a Dictator*, p.105-7.
102. "Philippines: Marcos Gambles on Martial Law", United States Department of State Declassified Intelligence Note, Bureau of Intelligence Research, 6 out 1972. Também Seagrave, *The Marcos Dynasty*, p.242.
103. Stanley Karnow, *In Our Image: America's Empire in the Philippines* (Nova York: Ballantine Books, 1989), p.359. Também Seagrave, *The Marcos Dynasty*, p.262.
104. Ver relato da historiografia por Richard Evans, "The Conspiracists", *London Review of Books* 36, n.9 (2014), p.3-9.
105. Ver John B. Dunlop, *The Moscow Bombings: Examinations of Russian Terrorist Attacks at the Onset of Vladimir Putin's Rule* (Londres: Ibidem, 2014). Também Baker e Glasser, *Kremlin Rising*, p.55.

106. Baker e Glasser, *Kremlin Rising*, p.55.
107. Richard Sakwa, *Putin: Russia's Choice*, 2.ed. (Nova York: Routledge, 2007), p.20-2; Masha Gessen, *Man Without a Face: The Unlikely Rise of Vladimir Putin* (Londres: Penguin, 2012), p.23-42; e Dunlop, *The Moscow Bombings*.
108. Cagaptay, *The New Sultan*, p.181-82.
109. "Turkey: Events of 2016", Human Rights Watch World Report 2017. Disponível em: <https://www.hrw.org/world-report/2017/country-chapters/turkey>. Também "Turkey Coup Attempt: Crackdown Toll Passes 50,000", BBC.com, 20 jul 2016.
110. A reforma deu ao presidente a autoridade de dissolver o Parlamento e indicar quatro quintos da Corte Constitucional. Ver a avaliação da emenda constitucional pela Associação de Advogados Turcos disponível em: <http://anayasadegisikligi.barobirlik.org.tr/Anayasa_Degisikligi.aspx>.

5. As grades de proteção da democracia (p.99-116)

1. Karen Orren e Stephen Skowronek, *The Search for American Political Development* (Cambridge: Cambridge University Press, 2004), p.36.
2. Para fontes, ver Guillermo O'Donnell e Laurence Whitehead, "Two Comparative Democratization Perspectives: 'Brown Areas' and 'Immanence'", em Desmond King, Robert C. Lieberman, Gretchen Ritter e Laurence Whitehead (orgs.), *Democratization in America: A Comparative-Historical Perspective*, p.48.
3. Kenneth F. Ledford, "German Lawyers and the State in the Weimar Republic", *Law and History Review* 13, n.2 (1995), p.317-49.
4. George Athan Billias, *American Constitutionalism Heard Round the World, 1776-1989* (Nova York: New York University Press, 2009), p.124-25; Zackary Elkins, Tom Ginsburg e James Melton, *The Endurance of National Constitutions* (Nova York: Cambridge University Press, 2009), p.26.
5. Jonathan M. Miller, "The Authority of a Foreign Talisman: A Study of U.S. Constitutional Practice as Authority in Nineteenth Century Argentina and the Argentine Elite's Leap of Faith", *The American University Law Review* 46, n.5 (1997), p.1464-572. Também Billias, *American Constitutionalism Heard Round the World*, p.132-35.
6. Miller, "The Authority of a Foreign Talisman", p.1510-11.
7. Raul C. Pangalangan, "Anointing Power with Piety: People Power, Democracy, and the Rule of Law", em Raul C. Pangalangan (org.), *Law and Newly Restored Democracies: The Philippines Experience in Restoring Political Participation and Accountability* (Tóquio: Institute of Developing Economies, 2002), p.3.
8. Benjamin Harrison, *This Country of Ours* (Nova York: Charles Scribner's Sons, 1897), p.ix.
9. Huq e Ginsburg, "How to Lose a Constitutional Democracy", p.72. Também William G. Howell, *Power Without Persuasion: The Politics of Direct Presidential Action* (Princeton, NJ: Princeton University Press, 2003), p.13-6.

10. Huq e Ginsburg, "How to Lose a Constitutional Democracy", p.61-3; também Bruce Ackerman, *The Decline and Fall of the American Republic* (Cambridge, MA: Harvard University Press, 2010), p.183.
11. Huq e Ginsburg, "How to Lose a Constitutional Democracy", p.70.
12. Ibid., p.29, 31. Também Howell, *Power Without Persuasion*, p.13-4, 183-87; e Ackerman, *The Decline and Fall of the American Republic*, p.67-85.
13. Huq e Ginsburg, "How to Lose a Constitutional Democracy", p.60, 75. O estudioso de direito constitucional Bruce Ackerman, de Yale, chega a uma conclusão semelhante. Ver Ackerman, *The Decline and Fall of the American Republic*.
14. Ver Gretchen Helmke e Steven Levitsky (orgs.), *Informal Institutions and Democracy: Lessons from Latin America* (Baltimore: Johns Hopkins University Press, 2006).
15. O estudioso de direito constitucional Keith Whittington, de Princeton, as chama de "convenções". Ver Keith E. Whittington, "The Status of Unwritten Constitutional Conventions in the United States", *University of Illinois Law Review* 5 (2013), p.1847-70.
16. Ver Scott Mainwaring e Aníbal Pérez-Liñan, *Democracies and Dictatorships in Latin America: Emergence, Survival, and Fall* (Nova York: Cambridge University Press, 2013).
17. Para um relato clássico das normas ou "costumes do povo" do Senado dos Estados Unidos, ver Donald R. Matthews, *U.S. Senators and Their World* (Chapel Hill: University of North Carolina Press, 1960).
18. Richard Hofstadter, *The Idea of a Party System: The Rise of Legitimate Opposition in the United States, 1780-1840* (Berkeley: University of California Press, 1969), p.8.
19. Joseph J. Ellis, *American Sphinx: The Character of Thomas Jefferson* (Nova York: Alfred A. Knopf, 1997), p.122; Gordon S. Wood, *The Idea of America: Reflections on the Birth of the United States* (Nova York: Penguin Books, 2011), p.114; e Hofstadter, *The Idea of a Party System*, p.105, 111.
20. Wood, *The Idea of America*, p.244-45; Hofstadter, *The Idea of a Party System*, p.94.
21. Wood, *The Idea of America*, p.245.
22. Hofstadter, *The Idea of a Party System*.
23. Gabriel Jackson, *The Spanish Republic and the Civil War, 1931-1939* (Princeton, NJ: Princeton University Press, 1965), p.52.
24. Shlomo Ben-Ami, "The Republican 'Take-Over': Prelude to Inevitable Catastrophe", em Paul Preston (org.), *Revolution and War in Spain, 1931-1939* (Londres: Routledge, 2001), p.58-60.
25. Gerard Alexander, *The Sources of Democratic Consolidation* (Ithaca, NY: Cornell University Press, 2002), p.111.
26. Raymond Carr, *Spain 1808-1939* (Oxford: Oxford University Press, 1966), p.621.
27. Michael Mann, *Fascists* (Cambridge: Cambridge University Press, 2004), p.330.
28. Juan J. Linz, "From Great Hopes to Civil War: The Breakdown of Democracy in Spain", em Juan J. Linz e Alfred Stepan (orgs.), *The Breakdown of Democratic Regimes: Europe* (Baltimore: Johns Hopkins University Press, 1978), p.162.
29. Jackson, *The Spanish Republic and the Civil War*, p.147-48.

30. Citado em Linz, "From Great Hopes to Civil War", p.161.
31. Um total de 2 mil trabalhadores foram mortos na repressão, e estima-se que 20 mil simpatizantes de esquerda foram encarcerados. Ver Hugh Thomas, *The Spanish Civil War* (Londres: Penguin Books, 2001), p.136; Stanley Payne, *The Franco Regime 1936-1974* (Madison: University of Wisconsin Press, 1987), p.43.
32. Jackson, *The Spanish Republic and the Civil War*, p.165-68.
33. Tomamos emprestado de Alisha Holland o termo "reserva". Ver Alisha Holland, "Forbearance", *American Political Science Review* 110, n.2 (mai 2016), p.232-46; e Holland, *Forbearance as Redistribution: The Politics of Informal Welfare in Latin America* (Nova York: Cambridge University Press, 2017). Ver também Eric Nelson, "Are We on the Verge of the Death Spiral That Produced the English Revolution of 1642-1649?", History News Network, 14 dez 2014. Disponível em: <http://historynewsnetwork.org/article/157822>.
34. *Oxford Dictionary*. Disponível em: <https://en.oxforddictionaries.com/definition/forbearance>.
35. Whittington, "The Status of Unwritten Constitutional Conventions in the United States", p.106.
36. Reinhard Bendix, *Kings or People: Power and the Mandate to Rule* (Berkeley: University of California Press, 1978), p.7.
37. Edmund Morgan, *Inventing the People: The Rise of Popular Sovereignty in England and America* (Nova York: W.W. Norton, 1988), p.21; Bendix, *Kings or People*, p.234.
38. Anthony Dawson e Paul Yachnin (orgs.), *Richard II, The Oxford Shakespeare* (Oxford: Oxford University Press, 2011), p.241.
39. Whittington, "The Status of Unwritten Constitutional Conventions in the United States", p.107.
40. Julia R. Azari e Jennifer K. Smith, "Unwritten Rules: Informal Institutions in Established Democracies", *Perspectives on Politics* 10, n.1 (mar 2012); também Whittington, "The Status of Unwritten Constitutional Conventions in the United States", p.109-12.
41. Thomas Jefferson, carta ao Legislativo do Estado de Vermont, 10 dez 1807, citado em Thomas H. Neale, *Presidential Terms and Tenure: Perspectives and Proposals for Change* (Washington, DC: Congressional Research Service, 2004), p.5.
42. Bruce Peabody, "George Washington, Presidential Term Limits, and the Problem of Reluctant Political Leadership", *Presidential Studies Quarterly* 31, n.3, p.402.
43. Whittington, "The Status of Unwritten Constitutional Conventions in the United States", p.110. Quando tentou um terceiro mandato não consecutivo, Theodore Roosevelt não conseguiu ganhar a indicação republicana, e, quando concorreu como candidato independente, foi baleado durante a campanha por um homem que afirmou estar defendendo o limite de dois mandatos. Ver Elkins, Ginsburg e Melton, *The Endurance of National Constitutions*, p.47.
44. Azari e Smith, "Unwritten Rules: Informal Institutions em Established Democracies", p.44.

45. Ver Nelson, "Are We on the Verge of the Death Spiral That Produced the English Revolution of 1642-1649?".
46. Juan J. Linz, "The Perils of Presidentialism", *Journal of Democracy* 1, n.1 (jan 1990), p.51-69; ver também Gretchen Helmke, *Institutions on the Edge: The Origins and Consequences of Inter-Branch Crises in Latin America* (Nova York: Cambridge University Press, 2017).
47. Mark Tushnet, "Constitutional Hardball", *The John Marshall Law Review* 37 (2004), p.550, 523-53.
48. Page, *Perón*, p.165.
49. Delia Ferreria Rubio e Matteo Gorreti, "When the President Governs Alone: The *Decretazo* in Argentina, 1989-1993", em John M. Carey e Matthew Soberg Shugart (orgs.), *Executive Decree Authority* (Nova York: Cambridge University Press, 1998).
50. Ibid., p.33, 50.
51. "Venezuela's Supreme Court Consolidates President Nicolás Maduro's Power", *New York Times*, 12 out 2016; "Supremo de Venezuela declara constitucional el Decreto de Emergencia Económica", *El País*, 21 jan 2016. Disponível em: <http://internacional.elpais.com/internacional/2016/01/21/america/1453346802_377899.html>.
52. "Venezuela Leaps Towards Dictatorship", *The Economist*, 31 mar 2017; "Maduro podrá aprobar el presupuesto a espaldas del Parlamento", *El País*, 13 out 2016. Disponível em: <http://internacional.elpais.com/internacional/2016/10/13/america/1476370249_347078.html>; "Venezuela's Supreme Court Consolidates President Nicolás Maduro's Power", *New York Times*, 12 out 2016; "Supremo de Venezuela declara constitucional el Decreto de Emergencia Económica", *El País*, 21 jan 2016. Disponível em: <http://internacional.elpais.com/internacional/2016/01/21/america/1453346802_377899.html>.
53. "Radiografía de los chavistas que controlan el TSJ en Venezuela", *El Tiempo*, 29 ago 2016. Disponível em: <http://www.eltiempo.com/mundo/latinoamerica/perfil-de-los-jueces-del-tribunal-supremo-de-justicia-de-venezuela-44143>.
54. Lev Marsteintredet, Mariana Llanos e Detlef Nolte, "Paraguay and the Politics of Impeachment", *Journal of Democracy* 42, n.4 (2013), p.113.
55. Marsteintredet, Llanos e Nolte, "Paraguay and the Politics of Impeachment", p.112-14.
56. Francisco Toro, "What's in a Coup?", *New York Times*, 29 jun 2012.
57. O artigo 225 da Constituição do Paraguai de 1992 permite que o Congresso afaste o presidente por "desempenho insatisfatório de seus deveres", uma formulação "intencionalmente vaga que pode significar quase qualquer coisa que dois terços dos senadores queiram que signifique". Ver Toro, "What's in a Coup?".
58. Aníbal Pérez-Liñán, *Presidential Impeachment and the New Political Instability in Latin America* (Nova York: Cambridge University Press, 2007), p.26.
59. Carlos De la Torre, *Populist Seduction in Latin America*, 2.ed. (Atenas, OH: Ohio University Press, 2010), p.106; Pérez-Liñán, *Presidential Impeachment and the New Political Instability in Latin America*, p.155.

60. Ver De la Torre, *Populist Seduction in Latin America*, p.102; Ximena Sosa, "Populism in Ecuador: From José M. Velasco to Rafael Correa", em Michael L. Conniff (org.), *Populism in Latin America*, 2.ed. (Tuscaloosa, AL: University of Alabama Press, 2012), p.172-73; e Pérez-Liñán, *Presidential Impeachment and the New Political Instability in Latin America*, p.26.
61. Kousser, *The Shaping of Southern Politics*, p.134-36.
62. Nelson, "Are We on the Verge of the Death Spiral That Produced the English Revolution of 1642-1649?". Também Linz, "The Perils of Presidentialism", e Helmke, *Institutions on the Edge*.
63. Nelson, "Are We on the Verge of the Death Spiral That Produced the English Revolution of 1642-1649?"
64. Ver Arturo Valenzuela, *The Breakdown of Democratic Regimes: Chile* (Baltimore: Johns Hopkins University Press, 1978), p.13-20.
65. Pamela Constable e Arturo Valenzuela, *A Nation of Enemies: Chile Under Pinochet* (Nova York: W.W. Norton, 1991), p.21-2. Também Luis Maira, "The Strategy and Tactics of the Chilean Counterrevolution in the Area of Political Institutions", em Federico Gil, Ricardo Lagos e Henry Landsberger (orgs.), *Chile at the Turning Point: Lessons of the Socialist Years, 1970-1973* (Filadélfia: Institute for the Study of Human Issues, 1979), p.247.
66. Constable e Valenzuela, *A Nation of Enemies*, p.21.
67. Valenzuela, *The Breakdown of Democratic Regimes*, p.22-39.
68. Constable e Valenzuela, *A Nation of Enemies*, p.25.
69. Youssef Cohen, *Radicals, Reformers, and Reactionaries: The Prisoner's Dilemma and the Collapse of Democracy in Latin America* (Chicago: University of Chicago Press, 1994), p.100.
70. Rodrigo Tomic, "Christian Democracy and the Government of the Unidad Popular", em Federico Gil, Ricardo Lagos e Henry Landsberger (orgs.), *Chile at the Turning Point: Lessons of the Socialist Years, 1970-1973*, p.232.
71. Paul Sigmund, *The Overthrow of Allende and the Politics of Chile, 1964-1976* (Pittsburgh: University of Pittsburgh Press, 1977), p.18; Valenzuela, *The Breakdown of Democratic Regimes*, p.45.
72. Julio Faúndez, *Marxism and Democracy in Chile: From 1932 to the Fall of Allende* (New Haven, CT: Yale University Press, 1988), p.181.
73. Valenzuela, *The Breakdown of Democratic Regimes*, p.48; Sigmund, *The Overthrow of Allende*, p.111.
74. Sigmund, *The Overthrow of Allende*, p.118-20; Faúndez, *Marxism and Democracy in Chile*, p.188-90.
75. Valenzuela, *The Breakdown of Democratic Regimes*, p.49.
76. Ibid., p.50-60, 81; Ricardo Israel, *Politics and Ideology in Allende's Chile* (Tempe: Arizona State University Center for Latin American Studies, 1989), p.210-16.
77. Sigmund, *The Overthrow of Allende*, p.133; Cohen, *Radicals, Reformers, and Reactionaries*, p.104-5.
78. Maira, "The Strategy and Tactics of the Chilean Counterrevolution", p.249-56.

79. Ibid., p.249-56; Israel, *Politics and Ideology in Allende's Chile*, p.216.
80. Sigmund, *The Overthrow of Allende*, p.164.
81. Valenzuela, *The Breakdown of Democratic Regimes*, p.67; Constable e Valenzuela, *A Nation of Enemies*, p.28.
82. Valenzuela, *The Breakdown of Democratic Regimes*, p.67-77.
83. Israel, *Politics and Ideology in Allende's Chile*, p.80.
84. Jorge Tapia Videla, "The Difficult Road to Socialism: The Chilean Case from a Historical Perspective", em Federico Gil, Ricardo Lagos e Henry Landsberger (orgs.), *Chile at the Turning Point: Lessons of the Socialist Years, 1970-1973*, p.56; Sigmund, *The Overthrow of Allende*, p.282; Valenzuela, *The Breakdown of Democratic Regimes*, p.83-5.
85. Valenzuela, *The Breakdown of Democratic Regimes*, p.89-94.
86. Cohen, *Radicals, Reformers, and Reactionaries*, p.117.

6. As regras não escritas da política norte-americana (p.117-40)

1. Franklin Roosevelt, primeiro discuro de posse, 4 mar 1933. The Avalon Project: Documents in Law, History, and Diplomacy, Yale Law School. Disponível em: <http://avalon.law.yale.edu/20th_century/froos1.asp>.
2. Samuel Eliot Morison e Henry Steele Commager, *The Growth of the American Republic* (Nova York: Oxford University Press, 1953), p.615-16.
3. Sidney Milkis e Michael Nelson, *The American Presidency: Origins and Development, 1776-2014*, 7.ed. (Washington, DC: Congressional Quarterly Press, 2016), p.378-79.
4. Noah Feldman, *Scorpions: The Battles and Triumphs of FDR's Great Supreme Court Justices* (Nova York: Twelve, 2010), p.108.
5. Hofstadter, *The Idea of a Party System*, p.107.
6. Matthew Crenson e Benjamin Ginsberg, *Presidential Power: Unchecked and Unbalanced* (Nova York: W.W. Norton, 2007), p.49-50; Hofstadter, *The Idea of a Party System*, p.107-11.
7. Ibid., p.136, 140; Wood, *The Idea of America*, p.246.
8. Ibid., p.216.
9. Donald B. Cole, *Martin Van Buren and the American Political System* (Princeton, NJ: Princeton University Press, 1984), p.39, 430.
10. Ver Hofstadter, *The Idea of a Party System*, p.216-31.
11. Donald Fehrenbacher, *The South and the Three Sectional Crises* (Baton Rouge: Louisiana State University Press, 1980), p.27.
12. Citado em John Niven, *John C. Calhoun and the Price of Union: A Biography* (Baton Rouge: Louisiana State University Press, 1988), p.325.
13. Deputado Henry M. Shaw, Câmara dos Representantes dos Estados Unidos, 20 abr 1858. Disponível em: <https://archive.org/details/kansasquestionspooshaw>; Ulrich Bonnell Phillips, *The Life of Robert Toombs* (Nova York: The MacMillan Company, 1913), p.183.

14. Deputado Thaddeus Stevens, Câmara dos Representantes dos Estados Unidos, 20 fev 1850. Disponível em: <https://catalog.hathitrust.org/Record/009570624>.
15. Joanne B. Freeman, "Violence Against Members of Congress Has a Long, and Ominous, History", *Washington Post*, 15 jun 2017. Ver também Joanne B. Freeman, *The Field of Blood: Congressional Violence and the Road to Civil War* (Nova York: Farrar, Straus and Giroux, 2018).
16. Milkis e Nelson, *The American Presidency*, p.212-13.
17. Louis Menand, *The Metaphysical Club: A Story of Ideas in America* (Nova York: Farrar, Straus and Giroux, 2001), p.61.
18. Woodrow Wilson, *Congressional Government: A Study in American Politics* (Boston: Houghton Mifflin Company, 1885).
19. Robert Green Ingersoll, *Fifty Great Selections, Lectures, Tributes, After Dinner Speeches* (Nova York: C.P. Farrell, 1920), p.157-58.
20. Horwill, *The Usages of the American Constitution*, p.188.
21. Keith Whittington, "Bill Clinton Was No Andrew Johnson: Comparing Two Impeachments", *University of Pennsylvania Journal of Constitutional Law* 2, n.2 (mai 2000), p.438-39.
22. Charles Calhoun, *From Bloody Shirt to Full Dinner Pail: The Transformation of Politics and Governance in the Gilded Age* (Nova York: Hill and Wang, 2010), p.88.
23. C. Vann Woodward, *Reunion and Reaction: The Compromise of 1877 and the End of Reconstruction* (Boston: Little, Brown and Company, 1966).
24. Nolan McCarty, Keith Poole e Howard Rosenthal, *Polarized America: The Dance of Ideology and Unequal Riches* (Cambridge, MA: MIT Press, 2008), p.10.
25. Kimberly Morgan and Monica Prasad, "The Origins of Tax Systems: A French American Comparison", *American Journal of Sociology* 114, n.5 (2009), p.1366.
26. James Bryce, *The American Commonwealth*, vol.1 (Nova York: Macmillan and Company, 1896), p.393-94.
27. Howell, *Power Without Persuasion*, p.13-4.
28. Arthur Schlesinger, *The Imperial Presidency* (Boston: Houghton Mifflin, [1973] 2004); Crenson e Ginsberg, *Presidential Power*; Ackerman, *The Decline and Fall of the American Republic*; Milkis e Nelson, *The American Presidency*; e Chris Edelson, *Power Without Constraint: The Post-9/11 Presidency and National Security* (Madison: University of Wisconsin Press, 2016).
29. Ackerman, *The Decline and Fall of the American Republic*, p.87-119; Crenson e Ginsberg, *Presidential Power*, p.180-351; e Edelson, *Power Without Constraint*.
30. William Howell, "Unitary Powers: A Brief Overview", *Presidential Studies Quarterly* 35, n.3 (2005), p.417.
31. Ver James F. Simon, *Lincoln and Chief Justice Taney: Slavery, Secession, and the President's War Powers* (Nova York: Simon & Schuster, 2007).
32. Alexander Hamilton, artigo 74 de *O federalista*.
33. Citado em Fred Greenstein, *Inventing the Job of President: Leadership Style from George Washington to Andrew Jackson* (Princeton, NJ: Princeton University Press, 2009), p.9.

34. Milkis e Nelson, *The American Presidency*, p.91.
35. Ibid., p.82.
36. Citado em ibid., p.82.
37. Gerhard Peters e John T. Woolley, "Executive Orders", em John T. Woolley e Gerhard Peters (orgs.), *The American Presidency Project*, Santa Barbara, CA, 1999-2017. Disponível em: <http://www.presidency.ucsb.edu/data/orders.php>.
38. Gary Wills, *Cincinnatus: George Washington and the Enlightenment* (Garden City, NY: Doubleday, 1984), p.23.
39. Gordon Wood, *Revolutionary Characters: What Made the Founders Different* (Nova York: Penguin, 2006), p.30-1. Ver também Seymour Martin Lipset, "George Washington and the Founding of Democracy", *Journal of Democracy* 9, n.4 (out 1998), p.24-36.
40. Stephen Skowronek, *The Politics Presidents Make: Leadership from John Adams to Bill Clinton* (Cambridge, MA: Harvard University Press, 1993), p.243-44.
41. Citado em Milkis e Nelson, *The American Presidency*, p.125-27.
42. Citado em ibid., p.125.
43. Ibid., p.128.
44. Sidney Milkis e Michael Nelson, *The American Presidency: Origins and Development, 1776-2007*, 5.ed. (Washington, DC: Congressional Quarterly Press, 2008), p.217.
45. Ibid., p.289-90.
46. Crenson e Ginsberg, *Presidential Power*, p.211; Ackerman, *The Decline and Fall of the American Republic*, p.87.
47. Lauren Schorr, "Breaking the Pardon Power: Congress and the Office of the Pardon Attorney", *American Criminal Law Review* 46 (2009), p.1535-62.
48. Alexander Pope Humphrey, "The Impeachment of Samuel Chase", *The Virginia Law Register* 5, n.5 (set 1889), p.283-89.
49. Ellis, *American Sphinx*, p.225.
50. Humphrey, "The Impeachment of Samuel Chase", p.289. O historiador Richard Hofstadter descreve o impeachment de Chase como um "ato puro e simples de guerra partidária" (Hofstadter, *The Idea of a Party System*, p.163).
51. Lee Epstein e Jeffrey A. Segal, *Advice and Consent: The Politics of Judicial Appointment* (Nova York: Oxford University Press, 2005), p.31.
52. As sete ocasiões são: 1) Em 1800, quando o Congresso federalista em final de mandato reduziu os membros da corte de seis para cinco, a fim de limitar a capacidade de Jefferson de moldar o Judiciário; 2) Em 1801, quando o recém-empossado Congresso jeffersoniano restaurou o tamanho da corte de cinco para seis membros; 3) Em 1807, quando o Congresso expandiu a corte para sete integrantes, com o objetivo de dar a Jefferson uma indicação adicional; 4) Em 1837, quando o Congresso expandiu a corte para nove membros, a fim de dar a Andrew Jackson duas indicações adicionais; 5) Em 1863, quando o Congresso expandiu a corte para dez membros, para conceder a Lincoln um juiz antiescravidão; 6) Em 1866, quando o Congresso dominado pelos republicanos reduziu a corte a sete membros, para

limitar a capacidade do presidente democrata Andrew Johnson de moldar a corte; e 7) Em 1869, quando o Congresso expandiu a corte para nove membros, para dar ao recém-eleito presidente republicano Ulysses S. Grant duas indicações adicionais. Ver Jean Edward Smith, "Stacking the Court", *New York Times*, 26 jul 2007.
53. Woodrow Wilson, *An Old Master and Other Political Essays* (Nova York: Charles Scribner's Sons, 1893), p.151.
54. Benjamin Harrison, *This Country of Ours* (Nova York: Charles Scribner's Sons, 1897), p.317.
55. Horwill, *The Usages of the American Constitution*, p.190.
56. Lee Epstein e Jeffrey A. Segal, *Advice and Consent: The Politics of Judicial Appointment* (Nova York: Oxford University Press, 2005), p.46.
57. Citado em H.W. Brands, *Traitor to His Class: The Privileged Life and Radical Presidency of Franklin Delano Roosevelt* (Nova York: Doubleday, 2008), p.470-71.
58. Citado em Feldman, *Scorpions*, p.108.
59. Brands, *Traitor to His Class*, p.472.
60. Gene Gressley, "Joseph C. O'Mahoney, FDR, and the Supreme Court", *Pacific Historical Review* 40, n.2 (1971), p.191.
61. Morison e Commager, *The Growth of the American Republic*, p.618.
62. Gregory Koger, *Filibustering: A Political History of Obstruction in the House and Senate* (Chicago: University of Chicago Press, 2010); Gregory J. Wawro e Eric Schickler, *Filibuster: Obstruction and Lawmaking in the U.S. Senate* (Princeton, NJ: Princeton University Press, 2006).
63. Ibid., p.6.
64. Matthews, *U.S. Senators and Their World*, p.100.
65. Ibid., p.101; Wawro e Schickler, *Filibuster*, p.41.
66. Matthews, *U.S. Senators and Their World*, p.101.
67. Ibid.; também Donald Matthews, "The Folkways of the United States Senate: Conformity to Group Norms and Legislative Effectiveness", *American Political Science Review* 53, n.4 (dez 1959), p.1064-89.
68. Matthews, *U.S. Senators and Their World*, p.98-9.
69. Citado em Matthews, "Folkways", 1959, p.1069.
70. Matthews, *U.S. Senators and Their World*, p.98.
71. Ibid., p.99.
72. Matthews, "Folkways", p.1072.
73. Citado em Matthews, *U.S. Senators and Their World*, p.100.
74. Sobre as origens e a evolução do obstrucionismo no Senado, ver Sarah Binder e Steven Smith, *Politics or Principle? Filibustering in the United States Senate* (Washington, DC: Brookings Institution Press, 1997); Wawro e Schickler, *Filibuster*; e Koger, *Filibustering*.
75. Wawro e Schickler, *Filibuster*, p.25-8.
76. Binder e Smith, *Politics or Principle?*, p.114.
77. Ibid., p.11.

78. Wawro e Schickler, *Filibuster*, p.41.
79. Binder e Smith, *Politics or Principle?*, p.60.
80. Ibid., p.9.
81. Horwill, *The Usages of the American Constitution*, p.126-28; Lee Epstein e Jeffrey A. Segal, *Advice and Consent: The Politics of Judicial Appointments* (Nova York: Oxford University Press, 2007); e Robin Bradley Kar e Jason Mazzone, "The Garland Affair: What History and the Constitution *Really* Say About President Obama's Powers to Appoint a Replacement for Justice Scalia", *New York University Law Review* 91 (mai 2016), p.58-61.
82. Horwill, *The Usages of the American Constitution*, p.137-38; Kar e Mazzone, "The Garland Affair", p.59-60.
83. Epstein e Segal, *Advice and Consent*, p.21.
84. Horwill, *The Usages of the American Constitution*, p.137-38.
85. Baseado em Kar e Mazzone, "The Garland Affair", p.107-14.
86. Epstein e Segal, *Advice and Consent*, p.106.
87. Ibid., p.107.
88. Baseado em Kar e Mazzone, "The Garland Affair", p.107-14.
89. James Bryce, *American Commonwealth* (Nova York: Macmillan and Company, [1888] 1896), p.211.
90. Keith Whittington, "An Impeachment Should Not Be a Partisan Affair", *Lawfare*, 16 mai 2017.
91. Ibid.
92. Tushnet, "Constitutional Hardball", p.528.
93. Dados de Gerhard Peters e John T. Woolley, "The American Presidency Project" (2017). Disponível em: <http://www.presidency.ucsb.edu/executive_orders.php?year=2017>.
94. O estudioso de direito constitucional Noah Feldman descreve o aparelhamento da corte como "um dos mais notáveis exemplos de astúcia jamais tentado". Ver Feldman, *Scorpions*, p.108.
95. Edward Shils, *The Torment of Secrecy* (Glencoe: Free Press, 1956), p.140.
96. Richard Fried, *Nightmare in Red: The McCarthy Era in Perspective* (Oxford: Oxford University Press, 1990), p.122.
97. Citado em ibid., p.123.
98. Ibid., p.125.
99. Citado em ibid., p.125.
100. Citado em Robert Griffith, *The Politics of Fear: Joseph McCarthy and the Senate* (Amherst: University of Massachusetts Press, 1970), p.53-4.
101. Iwan Morgan, *Nixon* (Londres: Arnold Publishers, 2002), p.19.
102. Matthews, *U.S. Senators and Their World*, p.70.
103. Fried, *Nightmare in Red*, p.22.
104. David Nichols, *Ike and McCarthy: Dwight Eisenhower's Secret Campaign Against Joseph McCarthy* (Nova York: Basic Books, 2017), p.12-5.
105. Morgan, *Nixon*, p.53.

106. Ibid., p.57.
107. Geoffrey Kabaservice, *Rule and Ruin: The Downfall of Moderation and the Destruction of the Republican Party, from Eisenhower to the Tea Party* (Nova York: Oxford University Press, 2012), p.126.
108. Morgan, *Nixon*, p.158-59; Keith W. Olson, *Watergate: The Presidential Scandal That Shook America* (Lawrence: University Press of Kansas, 2003), p.2.
109. Jonathan Schell, "The Time of Illusion", *The New Yorker*, 2 jun 1975; Olson, *Watergate*, p.30.
110. Morgan, *Nixon*, p.24.
111. Rick Perlstein, *Nixonland: The Rise of a President and the Fracturing of America* (Nova York: Scribner, 2008), p.667.
112. Morgan, *Nixon*, p.160, 179; Olson, *Watergate*, p.12; Perlstein, *Nixonland*, p.517, 676.
113. Morgan, *Nixon*, p.24.
114. Perlstein, *Nixonland*, p.413.
115. Olson, *Watergate*, p.35-42.
116. Citado em ibid., p.90.
117. Ibid., p.76-82.
118. Ibid., p.102.
119. Ibid., p.155.
120. Morgan, *Nixon*, p.186-87.
121. Olson, *Watergate*, p.164.
122. Eric Schickler, *Racial Realignment: The Transformation of American Liberalism, 1932-1965* (Princeton, NJ: Princeton University Press, 2016).
123. Ver também Mickey, Levitsky e Way, "Is America Still Safe for Democracy?", p.20-9.

7. A desintegração (p.141-68)

1. Essa reconstrução que se seguiu à resposta da mídia social à morte de Scalia é baseada em duas fontes: Jonathan Chait, "Will the Supreme Court Just Disappear?", *New York Magazine*, 21 fev 2016, e "Supreme Court Justice Antonin Scalia Dies: Legal and Political Worlds React", *The Guardian*, 14 fev 2016.
2. Idem.
3. Kar e Mazzone, "The Garland Affair", p.53-111. Segundo Kar e Mazzone, há seis ocasiões na história norte-americana – todas anteriores ao século XX – em que o Senado se recusou a aprovar a indicação de um presidente à Suprema Corte. Em todas as seis, a legitimidade do indicado esteve aberta a questionamento porque sua indicação fora feita depois que o sucessor do presidente já havia sido eleito ou porque o próprio presidente não havia sido eleito, mas chegara ao cargo via vice-presidência (durante o século XIX, havia debate constitucional sobre os vices sucessores serem verdadeiros presidentes ou apenas presidentes em exercício).

4. Baseado em Kar e Mazzone, "The Garland Affair", p.107-14.
5. Texto do discurso reeditado em "To College Republicans: Text of Gingrich Speech", *West Georgia News*. Disponível em: <http://www.pbs.org/wgbh/pages/frontline/newt/newt78 speech.html>.
6. Ike Brannon, "Bob Michel, House GOP Statesman Across Five Decades, Dies at Age 93", *Weekly Standard*, 17 fev 2017.
7. Ronald Brownstein, *The Second Civil War: How Extreme Partisanship Has Paralyzed Washington and Polarized America* (Nova York: Penguin, 2007), p.137, 144; Thomas E. Mann e Norman J. Ornstein, *The Broken Branch: How Congress Is Failing America and How to Get It Back on Track* (Oxford: Oxford University Press, 2008), p.65.
8. Matt Grossman e David A. Hopkins, *Asymmetric Politics: Ideological Republicans and Interest Group Democrats* (Nova York: Oxford University Press, 2016), p.285.
9. Brownstein, *The Second Civil War*, p.142.
10. Thomas E. Mann e Norman J. Ornstein, *It's Even Worse Than It How the American Constitutional System Collided with the New Politics of Extremism* (Nova York: Basic Books, 2016), p.35.
11. Citado em James Salzer, "Gingrich's Language Set New Course", *Atlanta Journal-Constitution*, 29 jan 2012.
12. Citado em ibid.
13. Gail Sheehy, "The Inner Quest of Newt Gingrich", *Vanity Fair*, 12 jan 2012.
14. Mann e Ornstein, *It's Even Worse Than It Looks*, p.39; James Salzer, "Gingrich's Language Set New Course".
15. Sean Theriault, *The Gingrich Senators: The Roots of Partisan Warfare in Congress* (Oxford: Oxford University Press, 2013).
16. Citado em Salzer, "Gingrich's Language Set New Course".
17. Michael Wines, "G.O.P. Filibuster Stalls Passage of Clinton $16 Billion Jobs Bill", *New York Times*, 2 abr 1993.
18. Binder e Smith, *Politics or Principle?*, p.10-11; Mann e Ornstein, *The Broken Branch*, p.107-8.
19. Ex-senador Charles Mathias, citado em Binder e Smith, *Politics or Principle?*, p.6.
20. Dados do Senado dos Estados Unidos. Disponíveis em: <https://www.senate.gov/pagelayout/reference/cloture_motions/clotureCounts.htm>.
21. Mann e Ornstein, *The Broken Branch*, p.109-10; Grossman e Hopkins, *Asymmetric Politics*, p.293.
22. Whittington, "Bill Clinton Was No Andrew Johnson", p.459.
23. O impeachment de Andrew Johnson em 1868 foi uma questão muito mais séria, envolvendo disputas importantes sobre a autoridade constitucional do presidente. Ver Whittington, "Bill Clinton Was No Andrew Johnson".
24. Mann and Ornstein, *The Broken Branch*, p.122.
25. Jacob Hacker e Paul Pierson, *Winner Take All Politics* (Nova York: Simon & Schuster, 2010), p.207.
26. Citado em John Ydstie, "The K Street Project and Tom DeLay", NPR, 14 jan 2006.

27. Sam Tanenhaus, "Tom DeLay's Hard Drive", *Vanity Fair*, jul 2004.
28. Brownstein, *The Second Civil War*, p.227.
29. Tanenhaus, "Tom DeLay's Hard Drive".
30. Brownstein, *The Second Civil War*, p.263-323.
31. Ibid., p.339-40.
32. Todd F. Gaziano, "A Diminished Judiciary: Causes and Effects of the Sustained High Vacancy Rates in the Federal Courts", The Heritage Foundation, 10 out 2002; Mann e Ornstein, *The Broken Branch*, p.164-65.
33. Neil Lewis, "Washington Talk: Democrats Readying for a Judicial Fight", *New York Times*, 1º mai 2001.
34. Tushnet, "Constitutional Hardball", p.524-25; Epstein e Segal, *Advice and Consent*, p.99.
35. Citado em Mann e Ornstein, *The Broken Branch*, p.167.
36. Dados do Senado dos Estados Unidos. Disponíveis em: <https://www.senate.gov/pagelayout/reference/cloture_motions/clotureCounts.htm>.
37. Mann e Ornstein, *It's Even Worse Than It Looks*, p.7, 50.
38. Mann e Ornstein, *The Broken Branch*, p.172.
39. Ibid., p.xi.
40. Brownstein, *The Second Civil War*, p.274-75.
41. Ibid., p.274-75.
42. Tushnet, "Constitutional Hardball", p.526.
43. Steve Bickerstaff, *Lines in the Sand: Congressional Redistricting in Texas and the Downfall of Tom DeLay* (Austin: University of Texas Press, 2007), p.132, 171.
44. Ibid., p.84-108.
45. Ibid., p.102-4.
46. Citado em ibid., p.108.
47. Ibid., p.220, 228.
48. Ibid., p.251-53.
49. Citado em ibid., p.251-53.
50. "First Democrat Issue: Terrorist Rights", *The Rush Limbaugh Show*, 10 jan 2006. Disponível em: <https://origin-www.rushlimbaugh.com/daily/2006/01/10/first_democrat_issue_terrorist_rights>.
51. Ann Coulter, *Treason: Liberal Treachery from the Cold War to the War on Terrorism* (Nova York: Three Rivers Press, 2003).
52. Coulter, *Treason*, p.292, 16.
53. "Coulter Right on Rape, Wrong on Treason", CoulterWatch, 11 dez 2014. Disponível em: <https://coulterwatch.wordpress.com/2014/12/11/coulter-right-onrape-wrong-ontreason/#_edn3>.
54. Para um resumo desses ataques, ver Martin A. Parlett, *Demonizing a President: The "Foreignization" of Barack Obama* (Santa Barbara, CA: Praeger, 2014).
55. Grossman e Hopkins, *Asymmetric Politics*, p.129-30.
56. Parlett, *Demonizing a President*, p.164.

57. "Rep. Steve King: Obama Will Make America a 'Totalitarian Dictatorship'", *ThinkProgress*, 28 out 2008.
58. Grossman e Hopkins, *Asymmetric Politics*, p.130.
59. Dana Milibank, "Unleashed, Palin Makes a Pit Bull Look Tame", *Washington Post*, 7 out 2008.
60. Frank Rich, "The Terrorist Barack Hussein Obama", *New York Times*, 11 out 2008.
61. Ver Christopher S. Parker e Matt A. Barreto, *Change They Can't Believe In: The Tea Party and Reactionary Politics in America* (Princeton, NJ: Princeton University Press, 2013); ver também Theda Skocpol e Vanessa Williamson, *The Tea Party and the Remaking of American Conservatism* (Nova York: Oxford University Press, 2013).
62. "Georgia Congressman Calls Obama Marxist, Warns of Dictatorship", *Politico*, 11 nov 2008.
63. "Broun Is Asked, Who'll 'Shoot Obama'", *Politico*, 25 fev 2011.
64. Mann e Ornstein, *It's Even Worse Than It Looks*, p.214.
65. Ver Parker e Barreto, *Change They Can't Believe In*.
66. Citado em Parker e Barreto, *Change They Can't Believe In*, p.2.
67. Citado em Jonathan Alter, *The Center Holds: Obama and His Enemies* (Nova York: Simon & Schuster, 2013), p.36.
68. Citado em Parker e Barreto, *Change They Can't Believe In*, p.200.
69. "Newt Gingrich: Obama 'First Anti-American President'", *Newsmax*, 23 mar 2016; e "Gingrich: Obama's Worldview Shaped by Kenya", *Newsmax*, 12 set 2010.
70. Darren Samuelson, "Giuliani: Obama Doesn't Love America", *Politico*, 18 fev 2015.
71. "Mike Coffman Says Obama 'Not an American' at Heart, Then Apologizes", *Denver Post*, 16 mai 2012.
72. Gabriel Winant, "The Birthers in Congress", *Salon*, 28 jul 2009.
73. Ibid.
74. "What Donald Trump Has Said Through the Years About Where President Obama Was Born", *Los Angeles Times*, 16 dez 2016.
75. Parker e Barreto, *Change They Can't Believe In*, p.210.
76. "Fox News Poll: 24 Percent Believe Obama Not Born in the U.S", FoxNews.com, 7 abr 2011.
77. "Poll: 43 Percent of Republicans Believe Obama is a Muslim", *The Hill*, 13 set 2015.
78. Daniel Stone, "Newsweek Poll: Democrats May Not Be Headed for a Bloodbath", *Newsweek*, 27 ago 2010.
79. Citado em Abramowitz, *The Polarized Public?*, p.101.
80. Skocpol e Williamson, *The Tea Party and the Remaking of American Conservatism*, p.83-120.
81. "How the Tea Party Fared", *New York Times*, 4 nov 2010. Também Michael Tesler, *Post-Racial or Most-Racial? Race and Politics in the Obama Era* (Chicago: University of Chicago Press, 2016), p.122-23.
82. "Who Is in the Tea Party Caucus in the House?", CNN.com (*Political Ticker*), 29 jul 2011.

83. "Ted Cruz Calls Obama 'The Most Lawless President in the History of This Country'", Tu94.9FM. Disponível em: <http://tu949fm.iheart.com/articles/national-news-104668/listen-ted-cruz-calls-barack-obama-14518575>.
84. Ver relato de Michael Grunwald, *The New New Deal: The Hidden Story of Change in the Obama Era* (Nova York: Simon & Schuster, 2013), p.140-42.
85. Idem.
86. Citado em Abramowitz, *The Polarized Public?*, p.122.
87. O projeto de lei foi finalmente aprovado. Ver Joshua Green, "Strict Obstructionist", *The Atlantic*, jan/fev 2011.
88. Mann e Ornstein, *It's Even Worse Than It Looks*, p.87-9.
89. Ibid., p.85.
90. Milkis e Nelson, *The American Presidency*, p.490.
91. Mann e Ornstein, *It's Even Worse Than It Looks*, p.92-4.
92. "Reid, Democrats Trigger 'Nuclear' Option; Eliminate Most Filibusters on Nominees", *Washington Post*, 21 nov 2013.
93. Citado em ibid.
94. Citado em Jonathan Turley, "How Obama's Power Plays Set the Stage for Trump", *Washington Post*, 10 dez 2015.
95. Ver Nelson, "Are We on the Verge of the Death Spiral That Produced the English Revolution of 1642-1649?".
96. "Obama Mandates Rules to Raise Fuel Standards", *New York Times*, 21 mai 2010.
97. "Obama to Permit Young Migrants to Remain in U.S.", *New York Times*, 15 jun 2012.
98. "Obama Orders Cuts in Federal Greenhouse Gas Emissions", *New York Times*, 19 mar 2015.
99. "McConnell Urges U.S. States to Defy U.S. Plan to Cut Greenhouse Gases", *New York Times*, 4 mar 2015.
100. "A New Phase in Anti-Obama Attacks", *New York Times*, 11 abr 2015.
101. Mann e Ornstein, *It's Even Worse Than It Looks*, p.5.
102. Ibid., p.6-7.
103. Grossman e Hopkins, *Asymmetric Politics*, p.295-96; Mann e Ornstein, *It's Even Worse Than It Looks*, p.7-10.
104. Ibid., p.25-6.
105. Ibid., p.7-8, 26-7.
106. Ibid., p.26.
107. Como afirma Michael Gerson, ex-redator de discursos de George W. Bush: "O Senado simplesmente nada tem a ver com a condução da política externa com um governo estrangeiro, ainda mais um governo adversário ... A carta de Cotton dá a impressão de que os republicanos do Senado estão trabalhando para as negociações fracassarem." Michael Gerson, "The True Scandal of the GOP Senators' Letter to Iran", *Washington Post*, 12 mar 2015.
108. Citado em Susan Milligan, "Disrespecting the Oval Office", *U.S. News & World Report*, 16 mar 2015.

109. O *New York Daily News* estampou em letras garrafais a palavra "Traidores" em sua capa no dia seguinte.
110. Kar e Mazzone, "The Garland Affair".
111. "Republican Senators Vow to Block Any Clinton Supreme Court Nominee Forever", *The Guardian*, 2 nov 2006.
112. Idem.
113. Citado em ibid.
114. Marc J. Hetherington e Jonathan D. Weiler, *Authoritarianism and Polarization in American Politics* (Nova York: Cambridge University Press, 2009); Abramowitz, *The Polarized Public?*.
115. Bill Bishop e Robert G. Cushing, *The Big Sort: Why the Clustering of Like-Minded America Is Tearing Us Apart* (Boston: Houghton Mifflin, 2008), p.23.
116. Shanto Iyengar, Gaurav Sood e Yphtach Lelkes, "Affect, Not Ideology: A Social Identity Perspective on Polarization", *Public Opinion Quarterly* 76, n.3 (2012), p.417-18.
117. Idem.
118. Pew Research Center, "Partisanship and Political Animosity in 2016", 22 jun 2016. Disponível em: <http://www.people-press.org/2016/06/22/partisanship-and-political-animosity-in-2016>.
119. Ver James L. Sundquist, *Dynamics of the Party System: Alignment and Re-Alignment of Political Parties in the United States* (Washington, DC: The Brookings Institution, 1983), p.214-27; Alan I. Abramowitz, *The Disappearing Center: Engaged Citizens, Polarization, and American Democracy* (New Haven, CT: Yale University Press, 2010), p.54-6.
120. Geoffrey Layman, *The Great Divide: Religious and Cultural Conflict in American Party Politics* (Nova York: Columbia University Press, 2001), p.171.
121. Schickler, *Racial Realignment*, p.179; Edward G. Carmines e James A. Stimson, *Issue Evolution: Race and the Transformation of American Politics* (Princeton, NJ: Princeton University Press, 1989), cap.3.
122. Ibid., p.119.
123. Binder e Smith, *Politics or Principle?*, p.88.
124. Ver Mickey, *Paths out of Dixie*.
125. Abramowitz, *The Disappearing Center*, p.66-73; Tesler, *Post-Racial or Most-Racial?*, p.11-3.
126. Earl Black e Merle Black, *The Rise of Southern Republicans* (Cambridge, MA: Harvard University Press, 2002); Abramowitz, *The Disappearing Center*, p.66-73.
127. Carmines e Stimson, *Issue Evolution*.
128. Matthew Levendusky, *The Partisan Sort: How Liberals Became Democrats and Conservatives Became Republicans* (Chicago: University of Chicago Press, 2009).
129. Idem; Abramowitz, *The Disappearing Center*, p.63-73.
130. Ver Pew Research Center, *Political Polarization in the American Public* (Washington, DC: Pew Foundation), 12 jun 2014.
131. Esta seção se baseia em Hetherington e Weiler, *Authoritarianism and Polarization in American Politics*; Abramowitz, *The Disappearing Center*; Abramowitz, *The Polarized*

Public?; e Alan I. Abramowitz e Steven Webster, "The Rise of Negative Partisanship and the Nationalization of U.S. Elections in the 21st Century", *Electoral Studies* 41 (2016), p.12-22.

132. "It's Official: The U.S. Is Becoming a Majority-Minority Nation", *U.S. News & World Report*, 6 jul 2015.
133. Sandra L. Colby e Jennifer M. Ortman, "Projections of the Size and Composition of the U.S. Population: 2014-2060", *United States Census Bureau Current Population Reports*, mar 2015. Disponível em: <https://www.census.gov/content/dam/Census/library/publications/2015/demo/p25-1143.pdf>.
134. Tesler, *Post-Racial or Most-Racial?*, p.166; Abramowitz, *The Polarized Public?*, p.29.
135. Tesler, *Post-Racial or Most-Racial?*, p.166-68.
136. Geoffrey C. Layman, *The Great Divide: Religious and Cultural Conflict in American Party Politics* (Nova York: Columbia University Press, 2001); Abramowitz, *The Polarized Public?*, p.69-77.
137. "The Parties on the Eve of the 2016 Election: Two Coalitions, Moving Further Apart", Pew Research Center, 13 set 2016. Disponível em: <http://www.people-press.org/2016/09/13/2-party-affiliation-among-voters-1992-2016>.
138. Abramowitz, *The Polarized Public?*, p.67.
139. Abramowitz, *The Disappearing Center*, p.129.
140. Idem.
141. Hetherington e Weiler, *Authoritarianism and Polarization in American Politics*, p.27-8, 63-83.
142. Grossman e Hopkins, *Asymmetric Politics*; Mann e Ornstein, *It's Even Worse Than It Looks*.
143. Levendusky, *How Partisan Media Polarize America*, p.14-6; Grossman e Hopkins, *Asymmetric Politics*, p.149-64.
144. Levendusky, *How Partisan Media Polarize America*, p.14.
145. Grossman e Hopkins, *Asymmetric Politics*, p.170-74.
146. Theda Skocpol e Alexander Hertel-Fernandez, "The Koch Network and Republican Party Extremism", *Perspectives on Politics* 16, n.3 (2016), p.681-99.
147. Levendusky, *How Partisan Media Polarize America*, p.152.
148. Idem.
149. Citado em Grossman e Hopkins, *Asymmetric Politics*, p.177.
150. Skocpol e Hertel-Fernandez, "The Koch Network", p.681-99.
151. Elizabeth Drew, *Whatever It Takes: The Real Struggle for Power in America* (Nova York: Viking Press, 1997), p.65.
152. Skocpol e Hertel-Fernandez, "The Koch Network", p.683.
153. Ibid., p.684.
154. Grossman e Hopkins, *Asymmetric Politics*, p.43-6, 118-23.
155. Abramowitz, *The Disappearing Center*, p.129.
156. Richard Hofstadter, *The Paranoid Style in American Politics and Other Essays* (Nova York: Vintage, 1967), p.4.

157. Parker e Barreto, *Change They Can't Believe In*, p.3, 157.
158. Arlie Russell Hochschild, *Strangers in Their Own Land: Anger and Mourning on the American Right* (Nova York: The New Press, 2016).
159. Baseada na análise dos resultados de uma pesquisa nacional, Elizabeth Theiss Morse descobriu que aqueles que mais fortemente se identificam como americanos tendem a ver "verdadeiros americanos" como 1) nativos, 2) falantes de inglês, 3) brancos e 4) cristãos. Ver Elizabeth Theiss Morse, *Who Counts as an American: The Boundaries of National Identity* (Nova York: Cambridge University Press, 2009), p.63-94.
160. Ann Coulter, *Adios America! The Left's Plan to Turn Our Country into a Third World Hellhole* (Washington, DC: Regnery Publishing, 2015), p.19.
161. Parker e Barreto, *Change They Can't Believe In*.

8. Trump contra as grades de proteção (p.169-93)

1. Thomas E. Patterson, "News Coverage of Donald Trump's First 100 Days", Shorenstein Center on Media, Politics, and Public Policy, 18 mai 2017. Disponível em: <https://shorensteincenter.org/news-coverage-donald-trumps-first-100-days>. As plataformas de mídia cobertas no estudo foram *New York Times*, *Wall Street Journal* e *Washington Post*, assim como CNN, CBS, CNN, Fox News, NBC e duas plataformas de mídia europeias.
2. Ver Glenn Thrush e Maggie Haberman, "At a Besieged White House, Tempers Flare and Confusion Swirls", *New York Times*, 16 mai 2017.
3. Patterson, "News Coverage of Donald Trump's First 100 Days".
4. "Trump Says No President Has Been Treated More Unfairly", *Washington Post*, 17 mai 2017.
5. "Comey Memo Says Trump Asked Him to End Flynn Investigation", *New York Times*, 16 mai 2017; "Top Intelligence Official Told Associates Trump Asked Him If He Could Intervene with Comey on FBI Russia Probe", *Washington Post*, 6 jun 2017.
6. Josh Gerstein, "Trump Shocks with Ouster of FBI's Comey", *Politico*, 9 mai 2017; e "Trump Said He Was Thinking of Russia Controversy When He Decided to Fire Comey", *Washington Post*, 11 mai 2017.
7. Philip Bump, "Here's How Unusual It Is for an FBI Director to Be Fired", *Washington Post*, 9 mai 2017; "FBI Director Firing in Early '90s Had Some Similarities to Comey Ouster", *U.S. News & World Report*, 10 mai 2017.
8. Tina Nguyen, "Did Trump's Personal Lawyer Get Preet Bharara Fired?", *Vanity Fair*, 13 jun 2017; "Mueller Expands Probe into Trump Business Transactions", *Bloomberg*, 20 jul 2017.
9. Idem.
10. Nolan McCaskill e Louis Nelson, "Trump Coy on Sessions's Future: 'Time Will Tell'", *Politico*, 25 jul 2017; Chris Cilizza, "Donald Trump Doesn't Want to Fire Jeff Sessions. He Wants Sessions to Quit", CNN.com, 24 jul 2017.

11. Michael S. Schmidt, Maggie Haberman e Matt Apuzzo, "Trump's Lawyers, Seeking Leverage, Investigate Mueller's Investigators", *New York Times*, 20 jul 2017.
12. "Venezuela's Chief Prosecutor Luisa Ortega Rejects Dismissal", BBC.com, 6 ago 2017.
13. "Trump Criticizes 'So-Called Judge' Who Lifted Travel Ban", *Wall Street Journal*, 5 fev 2017.
14. White House Office of the Press Secretary, "Statement on Sanctuary Cities Ruling", 25 abr 2017. Disponível em: <https://www.whitehouse.gov/the-press-office/2017/04/25/statement-sanctuary-cities-ruling>.
15. "President Trump Is 'Absolutely' Considering Breaking Up the Ninth Circuit Court", *Time*, 26 abr 2017.
16. Poucas noites antes, recebendo muitos aplausos, Trump dissera num encontro político: "As pessoas neste salão gostam do xerife Joe?" E ele perguntou retoricamente: "Quer dizer que o xerife Joe foi condenado por fazer seu trabalho?" Ver "Trump Hints at Pardon for Ex-Sheriff Joe Arpaio", CNN.com, 23 ago 2017.
17. "Trump's Lawyers Are Exploring His Pardoning Powers to Hedge Against the Russia Investigation", *Business Insider*, 20 jul 2017.
18. Martin Redish, "A Pardon for Arpaio Would Put Trump in Uncharted Territory", *New York Times*, 27 ago 2017.
19. Ryan Lizza, "How Trump Broke the Office of Government Ethics", *The New Yorker*, 14 jul 2017.
20. Richard Painter, advogado de ética na administração George W. Bush, descreveu a ação de Chaffetz como "força indevida" e "retaliação política". "GOP Lawmaker Hints at Investigating Ethics Chief Critical of Trump", *New York Times*, 13 jan 2017.
21. "White House Moves to Block Ethics Inquiry into Ex-Lobbyists on Payroll", *New York Times*, 22 mai 2017.
22. Lizza, "How Trump Broke the Office of Government Ethics".
23. "Trump Faces Tough Choices in FBI Pick", *The Hill*, 15 mai 2017. A expectativa ampla era que a indicação final de Trump, Christopher Wray, preservasse a independência do FBI.
24. "Trump Is Reportedly Considering Bringing Rudy Giuliani on as Attorney General amid Troubles with Jeff Sessions", *Business Insider*, 24 jul 2017.
25. "Trump Calls the News Media the 'Enemy of the American People'", *New York Times*, 17 fev 2017.
26. "Remarks by President Trump at the Conservative Political Action Committee", White House Office of the Press Secretary, 24 fev 2017. Disponível em: <https://www.whitehouse.gov/the-press-office/2017/02/24/remarks-president-trump-conservative-political-action-conference>.
27. Ver <https://twitter.com/realdonaldtrump/status/847455180912181249>.
28. Jonathan Turley, "Trump's Quest to Stop Bad Media Coverage Threatens Our Constitution", *The Hill*, 2 mai 2017.

29. "Confrontation, Repression in Correa's Ecuador", Committee to Protect Journalists, 1º set 2011. Disponível em: <https://cpj.org/reports/2011/09/confrontation-repression-correa-ecuador.php>.
30. Conor Gaffey, "Donald Trump Versus Amazon: All the Times the President and Jeff Bezos Have Called Each Other Out", *Newsweek*, 25 jul 2017.
31. Philip Bump, "Would the Trump Administration Block a Merger Just to Punish CNN?", *Washington Post*, 6 jul 2017.
32. "President Trump Vows to Take Aggressive Steps on Immigration", *Boston Globe*, 25 jan 2017.
33. "Judge Blocks Trump Effort to Withhold Money from Sanctuary Cities", *New York Times*, 25 abr 2017.
34. "Venezuela Lawmakers Strip Power from Caracas Mayor", Reuters, 7 abr 2009.
35. "Judge Blocks Trump Effort to Withhold Money from Sanctuary Cities", *New York Times*, 25 abr 2017.
36. Aaron Blake, "Trump Wants More Power and Fewer Checks and Balances – Again", *Washington Post*, 2 mai 2017. Também <https://twitter.com/realdonaldtrump/status/869553853750013953>.
37. Aaron Blake, "Trump Asks for More Power. Here's Why the Senate GOP Will Resist", *Washington Post*, 30 mai 2017.
38. Ver Hasen, *The Voting Wars*; Ari Berman, *Give Us the Ballot: The Modern Struggle for Voting Rights in America* (Nova York: Picador, 2015).
39. Berman, *Give Us the Ballot*; Benjamin Highton, "Voter Identification Laws and Turnout in the United States", *Annual Review of Political Science* 20, n.1 (2017), p.49-67.
40. Justin Levitt, "The Truth About Voter Fraud", New York University School of Law Brenner Center for Justice (2007). Disponível em: <https://www.brennancenter.org/publication/truth-about-voter-fraud>; também Minnite, *The Myth of Voter Fraud*; Hasen, *The Voting Wars*, p.41-73; Sharad Goel, Marc Meredith, Michael Morse, David Rothschild e Houshmand Shirani Mehr, "One Person, One Vote: Estimating the Prevalence of Double-Voting in U.S. Presidential Elections", manuscrito não publicado, jan 2017.
41. Ver, for example, Levitt, "The Truth About Voter Fraud"; Minnite, *The Myth of Voter Fraud*.
42. Citado em Berman, *Give Us the Ballot*, p.223.
43. Ibid., p.223.
44. Citado em ibid., p.254.
45. Ibid., p.260-61.
46. Highton, "Voter Identification Laws and Turnout in the United States", p.152-53.
47. Charles Stewart III, "Voter ID: Who Has Them? Who Shows Them?", *Oklahoma Law Review* 66 (2013).
48. Ibid., p.41-2.
49. Berman, *Give Us the Ballot*, p.254.
50. Ibid., p.264.

51. Highton, "Voter Identification Laws and Turnout in the United States", p.153.
52. Peter Waldman, "Why We Should Be Very Afraid of Trump's Vote Suppression Commission", *Washington Post*, 30 jun 2017.
53. Ver Ari Berman, "The Man Behind Trump's Voter-Fraud Obsession", *New York Times Magazine*, 13 jun 2017.
54. Ver <https://twitter.com/realdonaldrump/status/802972944532209664?lang=en>.
55. "Without Evidence, Trump Tells Lawmakers 3 Million to 5 Million Illegal Ballots Cost Him the Popular Vote", *Washington Post*, 23 jan 2017. A declaração de Trump parece estar baseada nas afirmações do célebre teórico da conspiração Alex Jones em seu website Infowars. Ver Jessica Huseman e Scott Klein, "There's No Evidence Our Election Was Rigged", ProPublica, 28 nov 2016.
56. Huseman e Klein, "There's No Evidence Our Election Was Rigged".
57. "There Have Been Just Four Documented Cases of Voter Fraud in the 2016 Election", *Washington Post*, 1º dez 2016.
58. Berman, "The Man Behind Trump's Voter-Fraud Obsession".
59. Max Greenwood e Ben Kamisar, "Kobach: 'We May Never Know' If Clinton Won Popular Vote", *The Hill*, 19 jul 2017.
60. Waldman, "Why We Should Be Very Afraid of Trump's Vote Suppression Commission".
61. Goel, Meredith, Morse, Rothschild e Houshmand, "One Person, One Vote".
62. Em julho de 2017, reportou-se que 44 estados tinham se recusado a compartilhar informação sobre eleitores com a Comissão. Ver "Forty-Four States and DC Have Refused to Give Certain Voter Information to Trump Commission", CNN.com, 5 jul 2017.
63. "Poland's President Vetoes 2 Laws That Limited Courts' Independence", *New York Times*, 24 jul 2017.
64. O representante Duncan Hunter, da Califórnia, defendeu Trump publicamente mesmo após a divulgação da fita *Access Hollywood* durante a campanha de 2016. Ver "Trump's 10 Biggest Allies in Congress", *The Hill*, 25 dez 2016.
65. "Special Counsel Appointment Gets Bipartisan Praise", *The Hill*, 17 mai 2017.
66. "Republicans to Trump: Hands off Mueller", *Politico*, 12 jun 2017.
67. Idem.
68. Ver <https://projects.fivethirtyeight.com/congress-trump-score/?ex_cid=rrpromo>.
69. "Senators Unveil Two Proposals to Protect Mueller's Russia Probe", *Washington Post*, 3 ago 2017; Tracy, "As Mueller Closes In, Republicans Turn away from Trump".
70. Jeffrey M. Jones, "Trump Has Averaged 50% or Higher Job Approval in 17 States", Gallup News Service, 24 jul 2017. Disponível em: <http://www.gallup.com/poll/214349/trump-averaged-higher-job-approval-states.aspx>.
71. Ver <https://projects.fivethirtyeight.com/congress-trump-score/?ex_cid=rrpromo>.
72. "Trump's 10 Biggest Allies in Congress".
73. "In West Virginia, Trump Hails Conservatism and a New GOP Governor", *New York Times*, 3 ago 2017.
74. Mais uma vez, ver Mueller, *War, Presidents, and Public Opinion*, e estudos empíricos mais recentes sobre o efeito do "reagrupamento em torno da bandeira" nos

Estados Unidos, incluindo Oneal e Bryan, "The Rally 'Round the Flag Effect in U.S. Foreign Policy Crises, 1950-1985"; Baum, "The Constituent Foundations of the Rally-Round the-Flag Phenomenon"; e Chatagnier, "The Effect of Trust in Government on Rallies 'Round the Flag".

75. Huddy, Khatib e Capelos, "The Polls-Trends", p.418-50; Darren W. Davis e Brian D. Silver, "Civil Liberties vs. Security: Public Opinion in the Context of the Terrorist Attacks on America", *American Journal of Political Science* 48, n.1 (2004), p.28-46; Huddy, Feldman e Weber, "The Political Consequences of Perceived Threat and Felt Insecurity", p.131-53; e Adam J. Berinsky, *In Time of War: Understanding American Public Opinion from World War II to Iraq* (Chicago: University of Chicago Press, 2009), cap.7.

76. Howell, *Power Without Persuasion*; Ackerman, *The Decline and Fall of the American Republic*, p.67-85.

77. Howell, *Power Without Persuasion*, p.184.

78. Durante a campanha de 2016, cinquenta especialistas em política externa republicanos, muitos dos quais ex-funcionários da administração Bush, escreveram uma carta advertindo que a ignorância e a temeridade de Trump "colocariam em risco a segurança nacional dos Estados Unidos". Ver "50 G.O.P. Officials Warn Donald Trump Would Put Nation's Security 'At Risk'", *New York Times*, 8 ago 2016.

79. David Brooks, "Getting Trump out of My Brain", *New York Times*, 8 ago 2017.

80. James Wieghart e Paul Healy, "Jimmy Carter Breaks Protocol at Inauguration", *New York Daily News*, 21 jan 1977.

81. Christine Hauser, "The Inaugural Parade, and the Presidents Who Walked It", *New York Times*, 19 jan 2017.

82. Paul F. Boller, *Presidential Campaigns: From George Washington to George W. Bush* (Oxford: Oxford University Press, 2004), p.70.

83. O relato seguinte se baseia em Clarence Lusane, *The Black History of the White House* (San Francisco: City Lights Books, 2011), p.219-78.

84. Idem.

85. "President Trump Breaks a 150-Year Tradition of Pets in the White House", AOL. com, 28 jul 2017.

86. Yashar Ali, "What George W. Bush Really Thought of Donald Trump's Inauguration", *New York Magazine*, 29 mar 2017.

87. Como diz Walter Shaub, ex-diretor do Escritório de Ética Governamental: "Com toda seriedade, você podia ser secretário do Departamento de Energia e ter [ações] da Chevron, Exxon e BP e não violar a lei, contanto que estivesse disposto a ir para o trabalho todos os dias, colocar os pés na mesa, ler o jornal e não fazer absolutamente mais nada". Ver Lizza, "How Trump Broke the Office of Government Ethics".

88. Trump tinha uma série de potenciais conflitos de interesse relacionados a seus negócios internacionais e a seus vínculos extensivos com a Trump Organization. Poucas semanas antes da eleição, a Sunlight Foundation tinha criado uma lista

de conflitos "bandeira vermelha", postando 32 deles em novembro de 2016. Em julho de 2017, a lista havia crescido para mais de seiscentos potenciais conflitos de interesse. Muitos dos membros do gabinete e dos nomeados por Trump – oriundos dos ramos da energia, das finanças e do lobby – também se defrontavam com conflitos de interesse. Ver <http://www.sunlightfoundation.com>.

89. "As Trump Inquiries Flood Ethics Office, Director Looks to House for Action", NPR.com, 17 abr 2017. A equipe legal de Trump mencionava o ex-vice-presidente Nelson Rockefeller como um exemplo de funcionário executivo que não tinha se despojado plenamente de sua fortuna familiar. Contudo, o vice-presidente Rockefeller foi submetido a meses de audiências sobre potenciais conflitos. Ver "Conflicts of Interest: Donald Trump 2017 vs. Nelson Rockefeller 1974", CBSNews.com, 13 jan 2017.
90. Ver <https://twitter.com/realdonaldtrump/status/802972944532209664?lang=en>.
91. "California Official Says Trump's Claim of Voter Fraud Is 'Absurd'", *New York Times*, 28 nov 2016; "Voter Fraud in New Hampshire? Trump Has No Proof and Many Skeptics", *New York Times*, 13 fev 2017; "Trump's Baseless Assertions of Voter Fraud Called 'Stunning'", *Politico*, 27 nov 2016.
92. "Un Tercio de los Mexicans Cree Que Hubo Fraude en las Elecciones de 2006", *El País*, 3 jul 2008. Disponível em: <https://elpais.com/internacional/2008/07/03/actualidad/1215036002_850215.html>; Emir Olivares Alonso, "Considera 71% de los Mexicanos que Puede Haber Fraude Electoral", *La Jornada*, 29 jun 2012. Disponível em: <http://www.jornada.unam.mx/2012/06/29/politica/003n1pol>.
93. Sam Corbett-Davies, Tobias Konitzer e David Rothschild, "Poll: 60% of Republicans Believe Illegal Immigrants Vote; 43% Believe People Vote Using Dead People's Names", *Washington Post*, 24 out 2016.
94. "Many Republicans Doubt Clinton Won Popular Vote", *Morning Consult*, 27 jul 2017.
95. Ariel Malka e Yphtach Lelkes, "In a New Poll, Half of Republicans Say They Would Support Postponing the 2020 Election If Trump Proposed It", *Washington Post*, 10 ago 2017.
96. Ver <https://twitter.com/realdonaldtrump/status/837996746236182529>; ver também <www.politifact.com/truth-ometer/article/2017/mar/21/timeline-donald-trumps-false-wiretapping-charge%2F>.
97. "Many Politicians Lie, but Trump Has Elevated the Art of Fabrication", *New York Times*, 8 ago 2017.
98. *PolitiFact*. Disponível em: <http://www.politifact.com/personalities/donald-trump>.
99. David Leonhardt e Stuart Thompson, "Trump's Lies", *New York Times*. Disponível em: <https://www.nytimes.com/interactive/2017/06/23/opinion/trumps-lies.html?mcubz=1>.
100. Rebecca Savransky, "Trump Falsely Claims He Got Biggest Electoral College Win Since Reagan", *The Hill*, 16 fev 2017; Tom Kertscher, "Donald Trump Not Close

in Claiming He Has Signed More Bills in First Six Months Than Any President", *PolitiFact Wisconsin*, 20 jul 2017. Disponível em: <http://www.politifact.com/wisconsin/statements/2017/jul/20/donald trump/donald-trump-not-close-claiming he-has-signed-more>.

101. Ella Nilsen, "Trump: Boy Scouts Thought My Speech Was 'Greatest Ever Made to Them.' Boy Scouts: No", *Vox*, 2 ago 2017.

102. Pesquisas de meados de 2017 mostraram que 57% dos norte-americanos acreditavam que o presidente não era honesto. Ver Quinnipiac University Poll, "Trump Gets Small Bump from American Voters", 10 jan 2017. Disponível em: <https://poll.qu.edu/national/release-detail?ReleaseID=2415>; "U.S. Voters Send Trump Approval to Near Record Low", 10 mai 2017. Disponível em: <https://poll.qu.edu/national/release-detail?ReleaseID=2456>; "Trump Gets Small Bump from American Voters", 29 jun 2017. Disponível em: <https://poll.qu.edu/national/release-detail?ReleaseID=2471>.

103. Ver Robert Dahl, *Polyarchy: Participation and Opposition* (New Haven, CT: Yale University Press, 1971).

104. "With False Claims, Trump Attacks Media on Turnout and Intelligence Rift", *New York Times*, 21 jan 2017. Ver também <http://video.foxnews.com/v/5335781902001/?#sp=show-clips>.

105. Ver <https://twitter.com/realdonaldtrump/status/880408582310776832> e <https://twitter.com/realdonaldtrump/status/880410114456465411>.

106. "CNN, *New York Times*, Other Media Barred from White House Briefing", *Washington Post*, 24 fev 2017.

107. "Trump Not the Only President to Ban Media Outlets from the White House", ABC10.com, 24 fev 2017.

108. Daniel Patrick Moynihan, "Defining Deviancy Down: How We've Become Accustomed to Alarming Levels of Crime and Destructive Behavior", *The American Scholar* 62, n.1 (inverno de 1993), p.17-30.

109. Susan Collins, do Maine, votou com Trump 79% das vezes. Ver <https://projects.fivethirtyeight.com/congress-trump-score/?ex_cid=rrpromo>.

110. Ver <https://projects.fivethirtyeight.com/congress-trump-score/?ex_cid=rrpromo>.

111. "GOP Candidate in Montana Race Charged with Misdemeanor Assault After Allegedly Body-Slamming Reporter", *Washington Post*, 24 mai 2017.

112. "Attitudes Toward the Mainstream Media Take an Unconstitutional Turn", *The Economist*, 2 ago 2017; ver <https://www.economist.com/blogs/graphicdetail/2017/08/daily-chart-0>.

113. "Why Join the National Rifle Association? To Defeat Liberal Enemies, Apparently", *The Guardian*, 1º jul 2017.

114. "'We're Coming for You': NRA Attacks *New York Times* in Provocative Video", *The Guardian*, 5 ago 2017.

9. Salvando a democracia (p.194-218)

1. Mickey, *Paths out of Dixie*.
2. Mickey, Levitsky e Way, "Is America Still Safe for Democracy?", p.20-9.
3. Ver Larry Diamond, "Facing Up to the Democratic Recession", *Journal of Democracy* 26, n.1 (jan 2015), p.141-55; e Roberto Stefan Foa e Yascha Mounk, "The Democratic Disconnect", *Journal of Democracy* 27, n.3 (jul 2016), p.5-17.
4. Diamond, "Facing Up to the Democratic Recession".
5. Steven Levitsky e Lucan A. Way, "The Myth of Democratic Recession", *Journal of Democracy* 26, n.1 (jan 2015), p.45-58.
6. Levitsky e Way, *Competitive Authoritarianism*; Mainwaring e Pérez-Liñan, *Democracies and Dictatorships in Latin America*.
7. O controle republicano sobre os vários poderes do governo foi possibilitado pela concentração do voto democrata nos centros urbanos. Isso permitiu que os republicanos – que dominavam a votação em pequenas cidades e áreas rurais – se tornassem quase imbatíveis em uma grande parte do território nacional, ganhando uma vantagem no colégio eleitoral e no Senado.
8. Ver <https://www.census.gov/quickfacts/NC>.
9. Jedediah Purdy, "North Carolina's Partisan Crisis", *The New Yorker*, 20 dez 2016.
10. "North Carolina Governor Signs Controversial Transgender Bill", CNN.com, 24 mar 2016.
11. Citado em Mark Joseph Stern, "North Carolina Republicans' Legislative Coup Is an Attack on Democracy", *Slate*, 15 dez 2016.
12. Max Blau, "Drawing the Line on the Most Gerrymandered District in America", *The Guardian*, 19 out 2016.
13. Ver <http://pdfserver.amlaw.com/nlj/7-29-16%204th%20Circuit%20NAACP%20v%20NC.pdf>, p.10, 13.
14. "North Carolina Governor Signs Extensive Voter ID Law", *Washington Post*, 12 ago 2013; e "Critics Say North Carolina Is Curbing the Black Vote. Again", *New York Times*, 30 ago 2016.
15. "Justices Reject Two Gerrymandered North Carolina Districts, Citing Racial Bias", *New York Times*, 27 mai 2017.
16. "Critics Say North Carolina Is Curbing the Black Vote. Again".
17. "North Carolina Governor Alleges Voter Fraud in Bid to Hang On", *Politico*, 21 nov 2016; e "North Carolina Gov. Pat McCrory Files for Recount as Challenger's Lead Grows", NBCNews.com, 22 nov 2016.
18. "Democrats Protest as GOP Calls Surprise Special Session", WRAL.com, 14 dez 2016.
19. "NC Is in the Hot National Spotlight Yet Again as Media Focus on General Assembly, Cooper", *Charlotte Observer*, 16 dez 2016; Stern, "North Carolina Republicans' Legislative Coup Is an Attack on Democracy".

20. "A Brazen Power Grab in North Carolina", *New York Times*, 15 dez 2016.
21. "Proposed Cuts to Gov.-Elect Roy Cooper's Appointment Powers Passes NC House in 70-36 Vote", *News & Observer*, 15 dez 2016; e ver "Bill Would Curb Cooper's Appointment Powers", WRAL.com, 14 dez 2016.
22. "Before Leaving Office, McCrory Protected 908 State Jobs from Political Firings", *News & Observer*, 23 fev 2017.
23. "Senate Passes Controversial Merger of Ethics, Elections Boards", WRAL.com, 15 dez 2016.
24. Ver <https://www.ncsbe.gov/about-us>.
25. Purdy, "North Carolina's Partisan Crisis".
26. "Proposed Cuts to Gov.-Elect Roy Cooper's Appointment Powers Passes NC House in 70-36 Vote".
27. "Rebuked Twice by Supreme Court, North Carolina Republicans Are Unabashed", *New York Times*, 27 mai 2017.
28. Citado em Purdy, "North Carolina's Partisan Crisis".
29. Baron von Montesquieu, *The Spirit of the Laws* (Cambridge: Cambridge University Press, 1989).
30. Gunnar Myrdal, *An American Dilemma: The Negro Problem and American Democracy* (Nova York: Harper and Brothers, 1944), p.3-4.
31. David Faris, "It's Time for Democrats to Fight Dirty", *The Week*, 1º dez 2016.
32. Dahlia Lithwick e David S. Cohen, "Buck Up, Democrats, and Fight Like Republicans", *New York Times*, 14 dez 2016.
33. Citado em Daniella Diaz e Eugene Scott, "These Democrats Aren't Attending Trump's Inauguration", CNN.com, 17 jan 2017.
34. Citado em Theodore Schleifer, "John Lewis: Trump Is Not a 'Legitimate' President", CNN.com, 14 jan 2017.
35. Michelle Goldberg, "Democrats Are Finally Learning How to Fight Like Republicans", *Slate*, 19 jan 2017.
36. Faris, "It's Time for Democrats to Fight Dirty". Também Graham Vyse, "Democrats Should Stop Talking About Bipartisanship and Start Fighting", *The New Republic*, 15 dez 2016.
37. Michelle Goldberg, "The End Is Nigh", *Slate*, 16 mai 2017.
38. Daniella Diaz, "Rep. Maxine Waters: Trump's Actions 'Leading Himself' to Impeachment", CNN.com, 6 fev 2017.
39. Goldberg, "The End Is Nigh".
40. Idem.
41. Ver Laura Gamboa, "Opposition at the Margins: Strategies Against the Erosion of Democracy in Colombia and Venezuela", *Comparative Politics* 49, n.4 (jul 2017), p.457-77.
42. Ibid., p.466.
43. Laura Gamboa, "Opposition at the Margins: The Erosion of Democracy in Latin America", tese de doutorado, Departamento de Ciência Política, Universidade de Notre Dame (2016), p.129-51.

44. Ibid., p.102-7.
45. Idem.
46. Gamboa, "Opposition at the Margins: Strategies Against the Erosion of Democracy in Colombia and Venezuela", p.464-68.
47. Ibid., p.468-72.
48. Omar Wasow, "Do Protests Matter? Evidence from the 1960s Black Insurgency", manuscrito não publicado, Princeton University, 2 fev 2017.
49. "Interview with President Ricardo Lagos", em Sergio Bitar e Abraham F. Lowenthal (orgs.), *Democratic Transitions: Conversations with World Leaders* (Baltimore: Johns Hopkins University Press, 2015), p.85.
50. Ibid., p.74.
51. Idem.
52. "Interview with President Patricio Aylwin", em Bitar e Lowenthal, *Democratic Transitions*, p.61-2.
53. Idem.
54. Constable e Valenzuela, *A Nation of Enemies*, p.271-72.
55. "Interview with President Ricardo Lagos", p.83.
56. Idem.
57. Peter Siavelis, "Accommodating Informal Institutions and Chilean Democracy", em Gretchen Helmke e Steven Levitsky (orgs.), *Informal Institutions and Democracy: Lessons from Latin America* (Baltimore: Johns Hopkins University Press, 2006) p.40-8.
58. Ibid., p.49.
59. Ibid., p.48-9.
60. Ibid., p.50.
61. Ver, por exemplo, Nathaniel Persily (org.), *Solutions to Political Polarization in America* (Nova York: Cambridge University Press, 2015).
62. Jacob Hacker e Paul Pierson, *Off Center: The Republican Revolution and the Erosion of American Democracy* (New Haven, CT: Yale University Press, 2006); Mann e Ornstein, *It's Even Worse Than It Looks*; Grossman e Hopkins, *Asymmetric Politics*; Michael Barber e Nolan McCarty, "Causes and Consequences of Polarization", em Persily, *Solutions to Political Polarization in America*.
63. Nathaniel Persily, "Stronger Parties as a Solution to Polarization", em Persily, *Solutions to Political Polarization in America*, p.123.
64. Jeff Flake, *Conscience of a Conservative: A Rejection of Destructive Politics and a Return to Principle* (Nova York: Random House, 2017), p.8.
65. Daniel Ziblatt, *Conservative Parties and the Birth of Democracy* (Cambridge: Cambridge University Press, 2017).
66. Charles Maier, "The Two Postwar Eras and the Conditions for Stability in Twentieth-Century Western Europe", *American Historical Review* 86, n.2, p.327-52.
67. Ziblatt, *Conservative Parties and the Birth of Democracy*, p.172-333.
68. Jeffrey Herf, *Divided Memory: The Nazi Past in the Two Germanys* (Cambridge, MA: Harvard University Press, 1997), p.270. Algumas figuras nos primeiros anos do

partido tinham vínculos com o regime nazista, deixando-o sempre sujeito a críticas nessa frente.
69. Noel Cary, *The Path to Christian Democracy: German Catholics and the Party System from Windthorst to Adenauer* (Cambridge, MA: Harvard University Press, 1996), p.147.
70. Geoffrey Pridham, *Christian Democracy in Western Germany* (Londres: Croom Helm, 1977), p.21-66.
71. Ibid., p.32.
72. Citado em ibid., p.26-8.
73. Mark Penn e Andrew Stein, "Back to the Center, Democrats", *New York Times*, 6 jul 2017; Bernie Sanders, "How Democrats Can Stop Losing Elections", *New York Times*, 13 jun 2017; ver também Mark Lilla, "The End of Identity Liberalism", *New York Times*, 18 nov 2016.
74. Penn e Stein, "Back to the Center, Democrats". Também Mark Lilla, "The End of Identity Liberalism".
75. Danielle Allen, "Charlottesville Is Not the Continuation of an Old Fight. It Is Something New", *Washington Post*, 13 ago 2017.
76. Thomas Piketty, *Capital in the Twenty-First Century* (Cambridge, MA: Harvard University Press, 2013).
77. Robert Gordon, *The Rise and Fall of American Growth: The U.S. Standard of Living Since the Civil War* (Princeton, NJ: Princeton University Press, 2016), p.613.
78. Katherine Kramer, *The Politics of Resentment: Rural Consciousness in Wisconsin and the Rise of Scott Walker* (Chicago: University of Chicago Press, 2016), p.3.
79. Ian Haney Lopez, *Dog Whistle Politics* (Oxford: Oxford University Press, 2013).
80. Gosta Esping-Andersen, *The Three Worlds of Welfare Capitalism* (Princeton, NJ: Princeton University Press, 1990).
81. Paul Krugman, "What's Next for Progressives?", *New York Times*, 8 ago 2017.
82. Idem.
83. Harold Wilensky, *American Political Economy in Global Perspective* (Cambridge: Cambridge University Press, 2012), p.225.
84. Para um exemplo de quando isso funcionou, ver o relato revisionista de Eric Schickler da coalizão do New Deal, *Racial Realignment*.
85. E.B. White, "The Meaning of Democracy", *The New Yorker*, 3 jul 1943.

Agradecimentos

Nós não poderíamos ter escrito este livro sem a colaboração de um extraordinário grupo de estudantes assistentes de pesquisa. Somos profundamente gratos a Fernando Bizarro, Kaitlyn Chriswell, Jasmine Hakimian, David Ifkovits, Shiro Kuriwaki, Martin Liby Troein, Manuel Meléndez, Brian Palmiter, Justin Pottle, Matt Reichert, Briita van Staalduinen, Aaron Watanabe e Selena Zhao. Agradecimentos especiais a David Ifkovits e Justin Pottle por seu trabalho impecável na organização das notas. O fruto da pesquisa desses estudantes permeia inteiramente este livro. Nós esperamos que eles se vejam nele.

As ideias neste livro surgiram a partir de inúmeras conversas com amigos e colegas. Agradecemos especialmente a Daniel Carpenter, Ryan Enos, Gretchen Helmke, Alisha Holland, Daniel Hopkins, Jeff Kopstein, Evan Lieberman, Robert Mickey, Eric Nelson, Paul Pierson, Pia Raffler, Kenneth Roberts, Theda Skocpol, Dan Slater, Todd Washburn e Lucan Ahmad Way por sua disposição de ouvir, debater e nos ensinar. Agradecimentos especiais para Larry Diamond, Scott Mainwaring, Tarek Masoud, John Sides e Lucan Ahmad Way por lerem os primeiros esboços do manuscrito.

Estamos em dívida com nossa agente, Jill Kneerim, por muitas razões. Jill inventou o projeto deste livro e nos guiou através dele do princípio ao fim. Ela foi a fonte de um estímulo muito necessário e de conselhos judiciosos – e uma excelente editora, além disso.

Nós agradecemos à nossa editora na Crown Publishers, Amanda Cook, pela fé depositada em nós, bem como por sua paciência e perseverança em tirar, na lábia, um livro legível de um par de cientistas políticos. Também somos gratos a Meghan Houser, Zach Phillips, Kathleen Quinlan e Penny Simon, da Crown, por seu trabalho duro e apoio paciente, assim como a Molly Stern pela grande energia que trouxe ao projeto.

Steve agradece aos membros do Soccer Dads Club (Chris, Jonathan e Tod) por seu bom humor e apoio constantes (e, é claro, por seus insights da política).

Por fim, estamos profundamente agradecidos às nossas famílias. Steve agradece a Liz Minco e Alejandra Minco-Levitsky, as duas pessoas que mais importam. Daniel agradece a Suriya, Talia e Lilah Ziblatt por seu entusiasmo e paciência incessantes. E Daniel também agradece a seu pai, David Ziblatt, por conversas, insights, companheirismo intelectual e inspiração permanente.

Índice remissivo

Números de página em *itálico* se referem a tabelas

11 de Setembro de 2001, ataques terroristas, 95, 147, 150, 184

Abramowitz, Alan, 165
Acheson, Dean, 136
Ackerman, Bruce, 125
"aconselhamento e consentimento", 133, 141, 147-8
Adams, John, 104, 119
Afeganistão, Guerra do, 147
afro-americanos, 122-3, 198
    direitos eleitorais dos, 91-4, 111-2, 122-3, 163, 175-7, 197, 198-9
Agência de Segurança Nacional (NSA), 170
agências de inteligência, 82, 170
agências éticas, 170, 172
Alabama, 91, 92, 93-4, 112
alegações de fraude eleitoral, 66, 176, 177, 187-8, 200
Alemanha, 164
    nazista, 25, 30, 42, 97, 212-3
    Ocidental, 211-3
    Weimar, 25, 30, 35, 99
Alessandri, Jorge, 114
Alito, Samuel, 151
Allen, Danielle, 214-5
Allende, Salvador, 14, 114-5
América Latina, 100, 113, 116, 139
ansiedade de status, 167
Anthony, Steve, 143
anticomunismo, 135-6
antissemitismo, 41-2, 50
aparelhamento da corte, 83, 117-8, 125, 128-30, 135, 160-1, 179
árbitros, captura de, 81-4, 86, 94, 101-3, 170-3, 179
Argentina, 31, 80, 83, 89, 100, 110, 118, 124, *180*
Arkansas, 92, 94
asiático-americanos, 164, 198
Associação Nacional de Rifles (NRA), 192-3

Áustria, 39-40, 72
autocensura, 87
autoridades fiscais e financeiras, uso como arma das, 82, 86-7, 88, 139
autoritários, autoritarismo, 14, 29, 30
    apoio público a, 42, 43-4, 182-3
    boletim autoritário após um ano de, *180*
    capacidade de se distanciar dos partidos pró-democráticos, 34-5
    jogo duro constitucional e, 109-10
    legitimidade de oponentes negada por, 32, *33*, 67, 70, 106-7
    marginalização ou afastamento de jogadores importantes por, 84-5, 170, 173-4, 179
    na história dos Estados Unidos, 42-3
    necessidade de frente unida contra, 36-40
    normas democráticas rejeitadas por, 18-9
    prontidão para restringir liberdades civis, 32, *34*, 69, *71*, 78-9
    prova dos nove para, 31-2, *33-4*, 66-9, *70-1*
    regras do jogo reescritas por, 31-2, *33*, 66-7, 70, 81-2, 90-4
    uso de crises por, 94-8, 183-4
    violência encorajada por, 31, 32, *33*, 67, 70
Ayers, Bill, 151, 152
Ayers, Whit, 188
Aylwin, Patricio, 115, 209-10
Azaña, Manuel, 105, 106

Bachmann, Michele, 61
Baker, Howard, 138
Balbín, Ricardo, 86
Barber, William, 199
belgas, 30, 36
Berezovsky, Boris, 88
Berlusconi, Silvio, 79, *180*
Bermeo, Nancy, 34

Bezos, Jeff, 69, 174
Bharara, Preet, 171
Binder, Sarah, 132
Black Lives Matter, 197, 207, 214
Blaine, James, 122
Blankley, Tony, 144
Bolívar, Simón, 27
Bolívia, 32
Borah, William, 54
Borges, Jorge Luis, 89
Borja, Rodrigo, 111
brancos, em migração para o Partido Republicano, 175
Brandeis, Louis, 14
Brasil, 14, 100, 195
Breakdown of Democratic Regimes, The (Linz), 32
Breitbart News, 63
Brennan Center for Justice, 176
Brinkeley, David, 56
Brinkley, Douglas, 66
Brooks, David, 184-5
Broun, Paul, 153
Brown contra o Conselho de Educação, 128
Brüning, Heinrich, 25
Bryce, James, 123, 133-4
Brzezinski, Mika, 190
Bucaram, Abdalá, 111, 134
Buchanan, Pat, 58, 60, 63
Bump, Philip, 177
Burr, Richard, 160-1
Busek, Erhard, 40
Bush, George H.W., 95
Bush, George W., 95, 146-7, 148, 183, 186
Bush, Jeb, 60, 61, 62

Cain, Herman, 61-2
Caldera, Rafael, 27, 28-9, 35
Calhoun, John C., 120
Câmara dos Comuns, britânica, 108
Câmara dos Representantes dos Estados Unidos, 109, 134, 146, 148, 156
Cantor, Eric, 157
Carlos I, rei da Inglaterra, 112-3
Carolina do Norte, 91, 92, 94, 198-201
Carolina do Sul, 91, 92, 93
Carson, Ben, 60
Carter, Jimmy, 185
Castro, Fidel, 84, 107
católicos, 36-7, 212-3
Ceaser, James, 48

Chaffetz, Jason, 160, 172
Chase, Samuel, 128-9
Chávez, Hugo, 15-6, 24, 27-9, 30, 31, 32, 35, 79, 80, 84, 87, 89, 107, 118, 169, 174, 180, 183, 190, 204-5
chechenos, Chechênia, 97
Chile, 14, 17, 30-1, 113-6, 208-10
Christie, Chris, 60, 61, 62
CIA (Agência Central de Inteligência), 114, 170
Chu, Luis, 85
Ciccia, Miguel, 85
Cleveland, Grover, 109, 133
Clinton, Bill, 145-6
Clinton, Hillary, 61, 66, 72-4, 156, 160, 161, 188, 213
CNN, 173-4, 190, 191
Coats, Daniel, 170
Coffman, Mike, 154
Cohen, David S., 203
Colégio Eleitoral, 47-8, 103
Collins, Susan, 182
Colômbia, 195, 205
Comey, James, 170-1, 173, 181, 204
Comissão McGovern-Fraser, 56, 57
Comissão Presidencial de Aconselhamento sobre Integridade Eleitoral, 175, 177, 179, 197
comitê America First, 54
Comitê Nacional Republicano, 137
Complô contra a América (Roth), 41, 53, 54
Compromisso de 1877, 122, 140
comunidade americana, A (Bryce), 123
comunismo, 25, 135
conflitos de interesse, 186-7
Congresso dos Estados Unidos, 130-1, 133-4
    ver também Câmara de Representantes dos Estados Unidos; Senado dos Estados Unidos
Constable, Pamela, 113
Constituição dos Estados Unidos, 19, 46, 47, 99, 194
    e dependência de normas democráticas, 217
    freios e contrapesos na *ver* freios e contrapesos
    interpretações concorrentes da, 100-2
    limites do mandato presidencial sob a, 135
    normas não escritas e, 201-2
    poderes presidenciais sob a, 125, 126

propensão dos autoritários a violar a, 33, 70
tamanho da Suprema Corte não especificado na, 117-8, 128-9, 160-1
ver também emendas específicas
constituições:
    crises nacionais e, 95, 96, 97-8
    "reforma" de, 90-1, 92
construção de coalizão, 206-8, 209-10
Convenção do Partido Democrata, de 1968, 55
Convenção Nacional Republicana, de 2016, 64-5
convenções partidárias, 44-6, 48-50, 59
    primárias vinculantes, 57-8, 60, 64-5
    ver também convenções específicas
Coolidge, Calvin, 133
Cooper, Roy, 210
Corker, Bob, 182
Correa, Rafael, 32, 79, 86, 174, 180, 190
cortesia, 131-2
Costa Rica, 30
Costa, Cindy, 65
Cotton, Tom, 160
Coughlin, Charles, 42, 44, 155-6
Coulter, Ann, 63, 151, 168
Couzens, James, 52
Cox, Archibald, 139
Cox, Edward, 130
Credo Americano, 202
crises, uso por autoritários, 94-8, 183-4
crises de segurança, normas democráticas e, 183-4
cristãos evangélicos, 162, 165
Cruz, Ted, 60-1, 62, 156, 160, 161
Cuba, 84, 114

Daley, Richard, 55-6
Dean, Howard, 61
Décima Nona Emenda, 123
Décima Quarta Emenda, 111
Décima Quinta Emenda, 92, 111
Décima Sétima Emenda, 123
Décima Sexta Emenda, 123
Degrelle, Léon, 36, 37
DeLay, Tom, 146-7, 149, 150, 151
demagogo, 18, 19, 20, 30, 31, 42, 47, 48, 49
    ver também autoritários, autoritarismo
democracia:
    E.B. White sobre, 217-8

negociações, compromissos e concessões como partes integrais da, 80
democracias, morte de, 13, 14-5, 16-9, 21, 80-98, 194-5, 208-9, 210, 217
    processos eleitorais, 15-7, 24-31
democratas na lista negra, 16-7, 179, 195
Departamento de Justiça dos Estados Unidos, 128, 172-3, 182
desigualdade:
    de renda, 215-7
    racial, 20, 115, 122-3, 140, 194, 198, 200-1, 214-6
    socioeconômica, 115, 125-8
Diamond, Larry, 194
Díaz, Susy, 85
direitos civis, 123, 140
direitos eleitorais, de minorias, 91-4, 111-2, 122-3, 163, 175-7, 197, 198-9
diversidade étnica:
    polarização e, 213-6
    reação à, 20
Doğan Yayin, 86-7
Dole, Robert, 145
Douglas, Helen Gahagan, 136
Duda, Andrzej, 180
Dudamel, Gustavo, 89

Eisenhower, Dwight, 59, 128, 137
El Sistema, 89
El Tiempo, 110
eleições, Estados Unidos:
    Colégio Eleitoral e, 47-8
    de 1876, 122
    de 1920, 44-5
    de 1936, 117
    de 1952, 137
    de 1968, 54-6
    de 2000, 146-7
    de 2008, 151-3, 175
eleições de 2016 nos Estados Unidos, 19, 20, 42, 168, 182, 183, 195, 202, 213
    afirmações de Trump de votos ilegais nas, 177, 187-8
    corrida pela indicação republicana nas, 59-61, 62-5
    eleição geral nos, 65-75
    normalização das, 73-5
eleições primárias, 49, 55
    de 2016, 62-4
    vinculantes para delegados, 56-8, 59, 60, 64-5

Enrile, Juan Ponce, 95, 97
Epstein, Lee, 129
Equador, 32, 79, 86, 111, 134, 174, 179, *180*, 192
Erdoğan, Recep Tayyip, 79, 86, 88, 97-8, 107, 169, 179, *180*, 183, 184
Ermakoff, Ivan, 71
Ernst, Joni, 153
Ervin, Sam, 138
escravidão, efeito polarizador da, 120
Escritório de Ética Governamental (OGE), 172, 187
Espanha, sublevação nos anos 1930 na, 105-6
espírito das leis, O (Montesquieu), 201
estado de direito, 99
estados, abandono das normas democráticas pelos, 148-50
Estados Unidos:
    cenários pós-Trump para os, 196-8
    demagogos nos, 42
    diversidade racial crescente dos, 20
    guarda dos portões da democracia nos, 13, 40-58
    história das normas democráticas nos, 104-5, 109-40
    isolacionismo nos, 54
    política externa pró-democrática dos, 195
    Reconstrução nos, 91-4
    regras não escritas, 102-3, 121, 123, 186, 190-1, 210; *ver também* regras informais ou instituições informais; normas democráticas
    sistema bipartidário dos, 47-8, 72
Evans, Terence, 176

Faris, David, 203
Farley, James A., 43
fascismo, 23-4, 27, 30, 36, 84
FBI (Departamento Federal de Investigação), 170-1, 173, 179
federalista, O, 47, 126
federalistas, 104, 118-9
Fidesz, partido, 91
Filipinas, 95, 100
Fillon, François, 72, 74
Finlândia, 30, 36, 38-9
Fiorina, Carly, 60, 62
Flake, Jeff, 192, 211
Flórida, 91, 92, 94
Flynn, Michael, 170

Forbes, Steve, 58, 60, 63
Ford, Henry, 18, 50-2, 59, 155
Fox News, 62, 63, 150, 151, 166, 211
França, 72, 74, 104
Franco, Francisco, 106
Freeman, Joanne, 120
Frei Montalva, Eduardo, 116, 209
freios e contrapesos, 19, 20, 80, 98, 99, 100, 118, 123, 124, 125-31, 132, 145, 180, 201
Frum, David, 62
Fujimori, Alberto, 24, 32, 76-8, 79, 80, 82-3, 85, 96, 169, 179, *180*, 183, 184

Gamboa, Laura, 205
Garland, Merrick, 141, 160
Gazprom, 87
Geórgia, 91, 92, 94, 176
Gianforte, Greg, 192
Gil-Robles, José María, 105
Gingrich, Newt, 142-4, 145, 146, 154, 168
Ginsburg, Tom, 101-2
Giolitti, Giovanni, 24, 26-7
Giuliani, Rudy, 154
Globovisión, 87
Goebbels, Joseph, 97
Goldwater, Barry, 139, 163
golpes de Estado, 14-5, 16-7, 27, 98, 100, 113, 204
Gore, Al, 146, 187
Göring, Hermann, 54, 97
Gorsuch, Neil, 142, 175
Grã-Bretanha, 30, 104, 108, 164
Graham, Lindsey, 64, 182
Grande Depressão, 25, 42, 117-8, 135
Grant, Ulysses S., 109
Grassley, Chuck, 182
guarda dos portões da democracia:
    abdicação do Partido Republicano quanto à responsabilidade pela, 71-5
    acordos de bastidores e, 45-6, 48-9, 50
    Colégio Eleitoral e, 47-8
    convenções partidárias e, 50
    papel dos principais partidos na, 31, 34, 36-40, 44-58, 61
    preocupações dos fundadores com a, 46-8
    sistema presidencial como desafio à, 46
Guerra Civil (Estados Unidos), 99, 121, 214
Guerra Fria, 14, 43, 114, 136
Gusinsky, Vladimir, 87
Gutiérrez, Lucio, 32

Índice remissivo

habeas corpus, 121, 126, 184
Hadley, Arthur, 43, 58
Haldeman, H.R., 138
Hamilton, Alexander, 46-7, 50, 119, 126
Hanna, Mark, 127
Hanna, Richard, 73
Hannity, Sean, 63, 66, 166
Harding, Warren G., 45-6, 51
Harrison, Benjamin, 101, 129
Harrison, William Henry, 185
Harvey, George, 44, 45
Hastert, Dennis, 146
Hayes, Rutherford B., 121-2
Hays, Will, 44
Himmler, Heinrich, 50
Hindenburg, Paul von, 25
histeria antimuçulmana, 150
Hitler, Adolf, 24-6, 29-30, 31, 34, 35, 36, 41, 50, 97, 100, 106
Hochschild, Arlie, 168
Hofer, Norbert, 39-40, 72
Hofstadter, Richard, 119, 167
Hoover, Herbert, 51, 133
Horwill, H.W., 129
Howell, William, 184
Huckabee, Mike, 62, 155
Humala, Ollanta, *180*
Humphrey, Hubert, 55-6
Hungria, 31, 82, 83, 91, *180*, 194
Huntley, Chet, 56
Huq, Aziz, 101, 102

Ibrahim, Anwar, 86
igualdade racial, 122, 162, 214
    efeito polarizador da, 140, 210
    retirada da agenda política da, 20, 115, 123, 140, 194, 198, 200-1, 214-6
imigrantes, imigração, 65, 164-5, 197, 214
impeachment, 133-4, 204
imprensa livre, 192
    ataques contra a, 13, 18, 32, *34*, 69, 71, 79
Indiana, 176
Ingersoll, Robert, 121-2
Ingraham, Laura, 166
instituições democráticas, subversão de, 16-7, 18-9, 81-98
Irã, 160
Iraque, Guerra do, 147, 148
Israel, 197
Issa, Darrell, 166
Itália, 23-4, 26, 30, 35, 79, 84, *180*

Jackson, Andrew, 109
Jackson, Jesse, 58
"javali, o cavalo e o caçador, O", 23
Jefferson, Thomas, 47, 104, 108-9, 119, 128-9
Jim Crow, 140, 175
Jindal, Bobby, 60
jogadores importantes, marginalização de, 84-5, 170, 173-4, 179
jogo duro constitucional, 109-12, 115, 119, 122, 124, 145-6, 196-7
Johnson, Andrew, 122, 128, 134
Johnson, Hiram, 45
Johnson, Lyndon, 53, 54, 55, 163
Jones, Thomas, 93-4
Judiciário:
    ataques contra o, 14, 17, 110, 169, 171-2
    subversão do, 81, 84, 86, 124
Justice, Jim, 183

Karmasin, Sophie, 39
Kasich, John, 60-1, 62
Katrina, furacão, 183
Kennedy, Robert F., assassinato de, 55
Key, V.O., 92
Keyssar, Alex, 92
Khodorkovsky, Mikhail, 88, 89-90
Khol, Andreas, 39
King, Martin Luther, Jr., assassinato de, 54
King, Steve, 151
Kobach, Kris, 175, 177, 197
Koc, grupo, 88
Koch, família, 166-7, 211
Krauthammer, Charles, 148
Kushner, Jared, 186

Lagos, Ricardo, 209
latinos, 149, 164, 176, 198
Le Pen, Marine, 72, 74
Leahy, Patrick, 150-1
Lee, Mike, 141, 160
legislativos, jogo duro constitucional e, 110-1, 114, 122, 124
Lei de Concessão de Plenos Poderes, Alemanha, 97
Lei de Eleições Federais (1890), 122-3
Lei de Permanência no Cargo (1867), 122
Lei do Direito de Voto (1965), 140, 163, 175
Lei dos Direitos Civis (1964), 140, 163, 175
Lei dos Estrangeiros e Lei de Sedição (1798), 104

Lei Nacional de Relações de Trabalho, 130
Lei Patriótica dos Estados Unidos, 95, 184
leis de identificação de eleitores, 175-8, 197, 199
Leopoldo III, rei da Bélgica, 37
Levin, Mark, 63, 166
Lewis, John, 176, 203
Líbano, 197
liberdades civis, 17, 32, 34, 69, 71, 78, 96, 97
Liddy, G. Gordon, 138
Limbaugh, Rush, 150, 166
limites de mandatos, 108-9, 135
Lincoln, Abraham, 99, 121, 126, 128, 184
Lindbergh, Charles, 41, 53-4
Linz, Juan, 32, 35, 109
Lipset, Seymour Martin, 54
Lithwick, Dahlia, 203
Lizza, Ryan, 173
Lodge, Henry Cabot, 122
Loesch, Dana, 192-3
Long, Huey, 18, 42-3, 44, 52-3
López Obrador, André Manuel, 187
López, Leopoldo, 86
Louisiana, 91, 92, 94
Lowden, Frank, 45
Lugo, Fernando, 110-1, 134

macarthismo, 135-7, 155
Macron, Emmanuel, 74
Madison, James, 47, 104
Maduro, Nicolás, 16, 89, 110, 171, 190
Malásia, 90
Manchin, Joe, 183
manipulação das fronteiras distritais, 90-1, 149-50, 199, 200; *ver também* redesenho distrital
Mann, Thomas, 146, 148
Marcos, Ferdinand, 95, 96, 100, 107
marxistas, 105, 113
Matthews, Donald, 131-2
McCain, John, 64, 152, 160, 182
McCarthy, Joseph, 18, 43, 44, 136, 137, 151
McCarthy, Kevin, 157
McConnell, Mitch, 141, 157
McCrory, Pat, 199, 200
McGovern, George, 44, 55-6, 57, 59
McGregor, Jack, 73
McKinley, William, 127
McNerney, Jerry, 203
Medicare, 216
mentiras, 188-90

México, 187
mídia:
    acusação de evasão fiscal contra a, 86-7
    alternativa, 61, 64
    autocensura da, 87
    de direita, 150-1, 166, 211
    liberdade da, 85
    personalidades influentes na, 62, 63, 150
    polarização da, 63
    processos de calúnia e difamação contra a, 86
    relações de presidentes com a, 189-90
    resposta a demagogos da, 79
    visão dos republicanos da, 192
    Trump e a, 169, 173-5, 189-91
Minha luta (Hitler), 25, 50
minorias:
    direitos eleitorais de, 91-4, 112, 123, 163, 175-8, 197, 198-9
    em migração para o Partido Democrata, 175, 214
Mississippi, 91, 92, 94
Michel, Bob, 143
Mitterlehner, Reinhold, 39
moções de conclusão, 132, 145
monarquias, reserva institucional e, 107
Montesinos, Vladimiro, 82, 85-6
Montesquieu, barão de, 201
Morales, Evo, 32
Morales, Raúl, 115
Morsi, Mohamed, 15
Moulitsas, Markos, 204
"movimento *birther*", 154-5
movimento dos direitos civis, 163, 164, 206-7
Moynihan, Daniel Patrick, 191
Mueller, Robert, 169, 171, 179, 182
mulheres, emancipação das, 123
Mussolini, Benito, 23-4, 29, 30, 31, 36, 42, 84, 106
Myrdal, Gunnar, 202

nacionalismo branco, 53, 60, 123, 196, 197, 211, 213
nazistas, nazismo, 25, 30, 42, 97, 212-3
Nelson, Bill, 160
Nelson, Eric, 112-3
nepotismo, 186
New Deal, 117-8, 130
New York Times, The, 43, 69, 89, 147, 151, 159, 173, 174, 185, 189, 190, 191, 193, 200, 214

nipo-americanos, confinamento de, 96, 184
Nixon, Richard, 69, 99, 128, 133, 134, 136, 137-9, 163, 179, 181, 190, 191, 195, 196
normas democráticas, 19-20, 102-16, 117-40, 217-8
    ataque de Gingrich contra as, 142-4
    crises de segurança e, 183-4
    desdém de Trump pelas, 66-7, 142, 169-93
    erosão gradual das, 16-7
    igualdade racial excluída das, 122-3, 140, 194, 214
    polarização e, 115, 120-3, 124, 144, 161-8, 194, 208-9
    realinhamento ideológico dos partidos e, 162-4
    rejeição pelos autoritários das, 18-9
    resiliência da Constituição sobre as, 201-2
    restauração das, 210, 218
    seu abandono pelos estados, 149-50
    ver também reserva institucional; tolerância mútua; regras do jogo, reescrever as
Norquist, Grover, 166

O'Brien, Larry, 57, 138
O'Mahoney, Joseph, 130
Obama, Barack, 20, 59, 67, 74, 141, 151-3, 154-60, 175, 187, 188, 202
obstrução/obstrucionismo, 131, 132, 144-5, 147-8, 157-8, 175, 197
opinião pública:
    autoritarismo e, 42, 182
    crises de segurança, 183-4
oponentes, legitimidade de, negação autoritária de, 32, *33*, 67, *70*, 84-5, 106-7
Orbán, Viktor, 31, 82, 83, 91, *180*
ordens executivas, 125, 126, 127, 128, 135, 158-9
órgãos de imposição da lei, subversão de, 81-2
Ornstein, Norman, 146, 148
Orquestra Sinfônica Simón Bolívar, 89
Ortega, Luisa, 171

Palin, Sarah, 152, 153, 155, 156
Palmer, Paul, 54
Papen, Franz von, 24-5
Paraguai, 110, 134
"Paranoid Style in American Politics, The", (Hofstadter), 167
Parlamento britânico, 108, 113

partidarismo extremo *ver* polarização
Partido da Independência Americana, 53
Partido Democrata, Estados Unidos, 57, 58, 109, 119, 122, 123, 213, 214
    e chamados para adotar as táticas sujas dos republicanos, 202-5
    e a era da Reconstrução, 91, 92-3, 112
    migração de minorias para, 163, 175, 214
    na reforma dos processos de indicação, 55-7
Partido Islâmico Malaio (PAS), 90-1
Partido Republicano, Estados Unidos, 120, 121-2
    abandono da tolerância mútua pelo, 151-7, 168
    abandono de reserva pelo, 20, 156-61
    abdicação das responsabilidades de guarda dos portões pelo, 71-5
    agenda legislativa do, 181
    ansiedade de status do, 167
    como principal impulsionador da polarização, 210-1
    corrida pela indicação em 2016, 59-61, 62-5
    estratégia de "política como guerra", 143-6
    era da Reconstrução, 92-4
    homogeneidade cultural e racial do, 167, 175, 213
    influência da mídia de direita sobre o, 166, 211
    legislativos estaduais controlados pelo, 176, 198-200
    mídia tal como vista pelo, 192
    migração de sulistas brancos para o, 163
    migrações evangélicas para o, 165
    perseguição de comunistas ou pessoas suspeitas de comunismo pelo, 136-7
    pressão de interesses de fora sobre o, 166-7, 211
    reformas do, 56, 57, 211, 212-3
    relação de Trump com o, 64, 180-2, 191-2, 196
partidos políticos:
    bases sociais, étnicas e culturais dos, 163
    Colégio Eleitoral e, 47-8
    como guardiões da democracia, 31, 34, 36-40, 44-58, 61, 62, 71
    imigração e transformação dos, 164-5
    polarização dos, 20, 74

Paul, Raince, 174
Paul, Rand, 62
Pearl Harbor, ataque japonês contra, 96
Pence, Mike, 175
Penn, Mark, 214
Pepper, Claude, 136
Pérez, Carlos Andrés, 27
Perón, Juan, 31, 80, 83, 86, 89, 90, 100, 110, 118, 124, *180*
Perry, Rick, 60, 62, 150
perseguição de comunistas ou pessoas suspeitas de comunismo, 135-6
Peru, 24, 32, 76-9, 82, 83, 96, 179, *180*
Pierce, William, 73
Pinochet, Augusto, 14, 17, 107, 209-10
polarização, 123, 198-201
    construção de coalizão versus, 207-8
    da mídia, 63
    desigualdade de renda e, 215-7
    diversidade étnica e, 213-5
    escravidão e, 120-1
    igualdade racial e, 140, 210
    morte de democracias e, 208, 210
    normas democráticas e, 115, 120-3, 124, 144, 161-8, 194, 208-9
    Partido Republicano como principal impulsionador da, 210-1
    partidos políticos, 20, 74
    redução da, 211-2, 213-5
    religião e, 210
    tolerância mútua e, 115, 118
políticos:
    abdicação das responsabilidades de guarda dos portões pelos, 71-5
    em alianças com outsiders carismáticos, 25-31
    reserva institucional e *ver* reserva institucional
    tolerância mútua e *ver* tolerância mútua
Politics of Unreason, The (Lipset e Raab), 54
Polônia, 83, *180*, 194
Pompeo, Mike, 170
populistas, populismo, 32, 53
Presidência dos Estados Unidos:
    aparelhamento da corte e, 125, 128
    conflitos de interesses e, 186-7
    limites de mandato e, 108-9, 135
    ordens executivas e, 125, 126, 127, 128
    poder de indulto/perdão da, 125, 126, 128, 172
    poderes expandidos da, 117, 125-6, 127
    relação da mídia com a, 189-90
    reserva e, 126-9
    ver também presidentes específicos
Price, David, 201
"primárias invisíveis", 58, 60, 62-4
Primeira Guerra Mundial, 51
processo de indicação presidencial:
    acordos de bastidores no, 44-7, 48-9, 50
    aumento do dinheiro de fora no, 61
    convenções no *ver* convenções partidárias
    mídia alternativa e, 61
    mídia polarizada e, 63-4
    outsiders políticos e, 57-8, 59
    "primárias invisíveis" no, 60, 62-4
    primárias no *ver* eleições primárias
    reforma do processo de indicação pelos democratas, 56-7
    reforma do processo de indicação pelos republicanos 56
processo eleitoral:
    na morte de democracias, 15-7, 23-31
    "reforma" do, 90-4, 210
protestantes, 212-3
protestos, construção de coalizão e, 206-8
Purdy, Jedediah, 198
Putin, Vladimir, 65, 86, 87, 88, 97, 107, *180*, 184

Raab, Earl, 54
racismo, 44, 50
Reagan, Ronald, 57, 133, 163, 165
Receita Federal, 138
Reconstrução, 91-4, 121, 122, 140, 197, 214
rede social, 61
redesenho de distritos eleitorais, 14, 149-50, 199
redesenho distrital de 2003, 149-50
    ver também manipulação das fronteiras distritais
Redish, Martin, 172
Reed, James A., 129
regras do jogo reescritas:
    autoritários, por, 31-2, *33*, 66-7, *70*, 81-2, 90-4
    na Carolina do Norte, 200
    pós-Reconstrução, 91-4
    tentativas de Trump, 175-8, 179
regras informais ou instituições informais, 102, 109, 123, 129, 131, 209; *ver também* normas democráticas

Reid, Harry, 147
religião, polarização e, 210
republicanos, jeffersonianos, 104, 119
reserva institucional, 19-20, 103, 107-12, 123, 124, 135, 141-2, 184, 201-2, 205
    democratas evitam a, 147-8
    erosão na era Obama, 156-61
    falta de reserva de Trump, 184, 187
    na Câmara de Representantes dos Estados Unidos, 134, 145
    no Senado dos Estados Unidos, 130-5, 141
    Presidência dos Estados Unidos e, 126-9
    polarização e, 116
Reyes, Tomás, 209
Ribicoff, Abraham, 55
Ricardo II, rei da Inglaterra, 107
Richardson, John, 93
Robart, James, 171
Robertson, Pat, 58, 60, 63
Rodino, Peter, 139
Roe contra Wade, 165
Rogers, Michael, 170
Rommey, Mitt, 64
Roosevelt, Franklin Delano, 41, 109, 184
    poder executivo expandido por, 117, 135
    tentativa de aparelhar a corte de, 117-8, 129-30, 135, 161, 179
Roosevelt, Theodore, 127, 185
Rosenstein, Rod, 171
Rostenkowski, Dan, 143
Roth, Laurie, 153
Roth, Philip, 41, 53
Rove, Karl, 147
Rubio, Marco, 60, 62
Rússia, 87, 88, 97, 179, *180*
    e a eleição de 2016, 169-70, 182, 183, 195
Ryan, Paul, 157

sala enfumaçada, 45-6, 48, 50
Salandra, Antonio, 24
salário mínimo, 216
salvaguardas constitucionais, fracasso das, 99-116
Sanders, Bernie, 61, 213
Sasse, Ben, 192
Savage, Michael, 63, 166
Sayre, Anthony D., 112
Scalia, Antonin, 133, 141
Scarborough, Joe, 190
Schleicher, Kurt von, 25

Schlesinger, Arthur M., Jr., 42, 125
Schmuckenschlager, Stefan, 40
Segal, Jeffrey, 129
Segunda Guerra Mundial, 135, 211-2, 217
seguridade social, 130, 215-6
Senado dos Estados Unidos, 103, 130, 131, 134
    obstrucionismo no, 131, 132, 145, 147-8, 157, 175, 197
    poder de "aconselhamento e consentimento", 133, 141, 147-8
    reserva no, 130-5, 141
Sendero Luminoso, 76
Sessions, Jeff, 171, 173, 182, 197
Shaub, Walter, 172-3
Shaw, Henry, 120
Shays, Chris, 146
Shinawatra, Yingluck, 15
Siavelis, Peter, 210
Silver, Nate, 61
Smathers, George, 136
Smith, Steven, 132
Sociedade John Birch, 137, 155-6
Sosa, Cecilia, 84
Sri Lanka, 195
Starr, Kenneth, 145
Stein, Andrew, 214
Stevenson, Adlai, 137
Stoddard, Rick, 73
suborno, 84-6
Suécia, 164
superdelegados, 57
Suprema Corte dos Estados Unidos, 99, 128, 139, 165, 176, 187, 196
    decisão Cidadãos Unidos da, 61
    impeachment de magistrados da, 128-9
    poder de "aconselhamento e consentimento" do Senado e a, 132-3, 141-2, 202-3
    tamanho da, 117-8, 119, 122, 128-9, 160-1
    tentativa de aparelhamento da corte por Roosevelt, 117-8, 129-30

Taft, Robert, 136
Tailândia, 194
Tea Party, movimento 153-4, 155, 156, 159-60, 167, 168
Tennessee, 92, 93
terrorismo, 94-8
Texas, 92, 94
Tohá, José, 115

tolerância mútua, 20, 103-6, 112, 123, 124, 135, 201, 202, 206
    construção de coalizão e, 207-8
    efeito da escravidão sobre a, 120
    igualdade racial e, 122-3, 162-3
    macarthismo e, 135-8
    polarização e, 116, 118
    republicanos abandonam a, 150, 151-7, 168
    versus traição, 104-5
Tomic, Radomiro, 114
Toombs, Robert, 92, 120
Toomey, Pat, 160
Tracy, Abigail, 182
traição, 104
Treason (Coulter), 151
Truman, Harry, 128, 136
Trump, Donald, 20, 168
    abandono da tolerância mútua por, 156
    ataques contra as normas democráticas de, 142, 169-93
    autoritarismo de, 13-4, 66-9, 206
    como demagogo, 19, 20, 65
    como desafio para a democracia global, 195
    corrida para a indicação republicana, 59, 60-1, 62-5
    eleição de 2016, 19, 65-75
    falta de reserva de, 184, 187
    mentiras de, 188-90
    negação da legitimidade de oponentes por, 169, 187
    opiniões antimuçulmanas de, 65
    possível impeachment de, 204, 206
    postura anti-imigração de, 65
    "primárias invisíveis" e, 60, 62-4
    rebaixamento das normas de comportamento aceitável por, 191-3
    relação do Partido Republicano com, 64, 72-3, 74, 180-2, 191-2, 196
Trump, Ivanka, 186
Tunísia, 195
Turquia, 79, 86, 88, 97, 179, 180, 194
Tushnet, Mark, 109, 134

União Soviética, 135
Updike, John, 55
Uribe, Álvaro, 205
Uruguai, 67
Uzan, Cem, 88

Valenzuela, Arturo, 113, 114
van Buren, Martin, 119
Van der Bellen, Alexander, 39-40, 72
van Zeeland, Paul, 37, 38
Vargas Llosa, Mario, 76, 77
Vargas, Getúlio, 42, 100
Venezuela, 15-7, 24, 27-9, 30, 32, 80, 86, 87, 89, 90, 110, 118, 124, 171, 174, 180, 190, 192, 194, 204-5
Vietnã, Guerra do, 54-5
Vigésima Segunda Emenda, 108, 109, 135
violência:
    estímulo de Trump à, 67-9
    estímulo dos autoritários à, 31, 32, *33*, 67, 70
Virgínia Ocidental, 183
Virgínia, 92, 94
Vítor Emanuel III, rei da Itália, 24

Walker, Scott, 60, 61, 62, 154
Wallace, George, 18, 43-4, 53, 67
Washington Post, The, 69, 73, 174, 177, 190, 191
Washington, Booker T., 185
Washington, George, 108-9, 126-7, 133
Wasow, Omar, 206
Waters, Maxine, 204
Welch, Joseph, 137
White, E.B., 217
Whitmire, John, 150
Whittington, Keith, 108, 134, 146
Wilson, Woodrow, 44, 121, 129
Wood, Gordon, 127
Wood, Leonard, 45

Zakaria, Fareed, 154
Zuloaga, Guillermo, 87

1ª EDIÇÃO [2018] 20 reimpressões

ESTA OBRA FOI COMPOSTA POR MARI TABOADA EM DANTE PRO E IMPRESSA
EM OFSETE PELA GRÁFICA SANTA MARTA SOBRE PAPEL PÓLEN DA
SUZANO S.A. PARA A EDITORA SCHWARCZ EM OUTUBRO DE 2025

A marca FSC® é a garantia de que a madeira utilizada na fabricação do papel deste livro provém de florestas que foram gerenciadas de maneira ambientalmente correta, socialmente justa e economicamente viável, além de outras fontes de origem controlada.